Elisabeth Moltmann-Wendel

Wer die Erde nicht berührt, kann den Himmel nicht erreichen

Elisabeth Moltmann-Wendel

Wer die Erde nicht berührt, kann den Himmel nicht erreichen

Autobiographie

Elisabeth Moltmann-Wendel
Frankfurt 1997

Benziger Verlag
Zürich und Düsseldorf

Die Deutsche Bibliothek – CIP-Einheitsaufnahme

Moltmann-Wendel, Elisabeth:
Wer die Erde nicht berührt, kann den Himmel nicht erreichen :
Autobiographie / Elisabeth Moltmann-Wendel. – Zürich :
Benziger, 1997
ISBN 3-545-20129-5

2. Auflage 1997

Druck und Verarbeitung:
Graphischer Großbetrieb Friedrich Pustet, Regensburg
Printed in Germany
ISBN 3-545-20129-5

Inhalt

Den Frauen an der Basis, mit denen ich lernte

Einführung

An einem Augustmorgen 1972 drehte sich die Welt für mich um hundertachtzig Grad. Wir machten Ferien auf der Schwäbischen Alb. Die Kinder waren zum Spielen gegangen, und ich wanderte langsam über die Wiese hinter unserem Ferienhaus zum Wald hinauf und versuchte zu sortieren, was nicht mehr an seinem Platz stand. Vor einiger Zeit hatten Freunde aus den USA, Kristin und Fred Herzog, Blair und Doug Meeks, mir Bücher und Artikel der amerikanischen Frauenbewegung mitgebracht. Ich hatte sie in den letzten Tagen intensiv gelesen, vor allem den Sammelband, den Robin Morgan herausgegeben hatte: «Sisterhood is Powerful», 1970, und die hatten meine Welt auf den Kopf gestellt: Die Verfasserinnen der Artikel stellten die Frauen ins Zentrum ihrer Reflexionen. Sie forderten gleichen Wert, gleiche Würde und gleiche Rechte, aber sie machten klar, daß dies nicht mit einer Anpassung und Einordnung der Frau in die gegenwärtige Gesellschaft zu tun sei, sondern eine Kulturwende bedeutete. Und dabei waren auch theologische Artikel gewesen, die diese Kehrtwende nicht als gottlosen Egoismus, dem Christenfrauen nur mit schlechtem Gewissen folgen konnten, sondern als Gottes Willen sahen, dem Frauen nur mit bestem Gewissen nachkommen mußten. Auch in Deutschland gab es Stimmen zur Frauenbewegung. Es gab den Protest gegen den §218, den ich schon öffentlich vertreten hatte. Aber nie hatte es eine theologische Stimme gegeben, die mich aus meinem christlichen Ordnungsdenken aufgeweckt hätte. Mich hatte die achtundsechziger Studentenbewegung mit ihrem radikalen Umdenken, weniger allerdings mit ihrem radikalen Handeln bewegt. Das neue ökumenische Denken, das mit der Weltkirchenkonferenz in Uppsala 1968 begonnen hat, wo der (für mich noch nicht die) einzelne in seinen von Gott gewollten Menschenrechten gesehen wurde, begeisterte mich. Es war neu und faszinierend, von sozialen Erfahrungen statt von theologischen Prämissen auszugehen, wobei sich alles bisher Gültige auf den Kopf stellte. Aber was das für Frauen und für mich selbst bedeuten könnte, das war mir bis dahin nicht aufgegangen. Plötzlich war ich miteinbezogen in den großen Umbruch, der Schwarze, lateinamerikanische Christen, Studenten, Minderheiten und Entrechtete in aller Welt erfaßte. Und ich brauchte nicht *für* sie zu sprechen. Ich konnte von *mir* sprechen.

Mich hatte die Radikalität dieses Denkens ergriffen. Das war nicht die deutsche Frauenbewegung, wie ich sie kannte, mit ihren Bildungs- und Erziehungsprogrammen. Das war ein Umsturz, der alle bisherigen Umwälzungen übertraf. Das war auch der Umsturz der «sexuellen Revolution», der für Frauen nur eine neue Abhängigkeit, auf Grund der Pille stets verfügbar zu sein, einbrachte. Die erste Bewegung – wie Robin Morgan schrieb –, die die Kraft hatte, alle Klassen, Rassen, Altersstufen, alle wirtschaftlichen und geographischen Barrieren zu durchstoßen. Ein «revolutionärer Feminismus», der nicht einfach Emanzipation verhieß, die – wie die Geschichte zeigt – stets mit der Anpassung an die herrschende Schicht endete, sondern der die Vielfalt der Unterdrückungen aufwies und bekämpfte und zugleich deutlich machte, daß hier Unterdrückte und Unterdrücker biologisch, emotional und sozial miteinander verbunden waren. Der einzige Weg zur Befreiung war, daß Frauen ihr Leben selbst in die Hand nahmen und es selbst bestimmten.

Das Buch, das mir die politische Bedeutung des Feminismus am klarsten dargestellt hatte, war Kate Millets «Sexus und Herrschaft», für die der «Koitus als Modellfall für Sexualpolitik auf intimster Basis» diente. Es war mein eigentliches «Bekehrungsbuch».

An diesem Sommermorgen prallte alles, was ich lange in mich eingesaugt, was ich gedacht und gierig gelesen hatte, noch einmal aufeinander. Aber wer war ich, daß ich das nötig hatte? «Du hattest doch alles», sagte mir einmal eine feministische Theologin, die gerade eine schmerzhafte Scheidung hinter sich hatte. «Wieso kommst du zu solchen Fragen?» Nach außen war da wirklich heile Welt. Ich hatte vier Kinder, die gesund und munter waren. Ich hatte einen Mann, Jürgen, Theologieprofessor in Tübingen, der mich liebte und allem, was ich tat, anregendes Interesse zollte, und den ich liebte. Ich hatte ein paar Aktivitäten in der Kirche entwickelt: Im Kirchengemeinderat und in einem ökumenischen Arbeitskreis versuchte ich, neue Formen einzubringen. Ich arbeitete ein wenig theologisch-literarisch, hatte darin schon veröffentlicht und schrieb seit einigen Jahren für die Zeitung «Die Welt» Artikel für deren Samstagsbeilage: «Die Geistige Welt». Das alles erforderte Kraft und gab mir kurzfristige Glücksgefühle. Trotzdem blieb ein Gefühl von Unruhe und Unerfülltheit. Zerrissen in viele Stücke, stets das Gefühl, nicht alles ganz und perfekt machen zu können, den Kindern etwas zu entziehen, wenn ich in der Endphase eines Artikels saß, nicht gesellig genug sein zu können, nicht genug Zeit für mich und andere zu haben, Jürgen nicht auf Reisen zu begleiten – die Defizite und Erschöpfungen schienen kein Ende zu nehmen. Ein amerikanischer Artikel von Beverly Jones beschrieb treffend meine Situation und hatte es mir angetan:

> «Es ist ihr so verzweifelt darum zu tun, mit ihrem Gatten zu sprechen, weil sie mit irgend jemandem sprechen muß und er alles ist, was sie hat. In Wahrheit versteht die Frau den fast biologischen Grund ihrer Verzweiflung meist nicht. Sie sieht sie mehr psychologisch. Sie meint, daß ihr Gatte, wenn er nicht mehr mit ihr spricht, sie nicht mehr liebt oder nicht mehr achtet. Vielleicht fühlt sie auch, daß Mangel an Achtung seinerseits dazu führt, daß sie ihre Selbstachtung verliert (eine gerechtfertigte Annahme, da er ihre einzige Bezugsperson ist). Vielleicht fühlt sie sich auch betrogen und hereingelegt, weil sie gehofft hatte, an seinem Leben teilnehmen zu können, zumal sie ja auch so viel für ihn in der Ehe tut. Und nun wird daraus nichts, weil er sich nicht mitteilen will.
>
> Was sie nicht versteht, ist, daß sie ihre Fähigkeit, zusammenhängend zu denken, verliert, wenn sie ihre Gedanken nicht aussprechen kann und wenn diese nicht angenommen, abgelehnt

oder irgendwie beurteilt werden. Diese Art von Rückkoppelung ist wichtig für das gesunde Funktionieren des menschlichen Geistes. Darum ist Einzelhaft so verheerend. In der Gesellschaft ist es das dritte ‹rechtliche Abschreckungsmittel›, das gleich nach der Todesstrafe und dem erzwungenen Wachhalten oder anderen Folterqualen kommt, die zum Tode führen.

Diese Art von verbaler Isolierung, diese Weigerung, der Frau zuzuhören, verursacht, daß sich ihre Gedanken auf sie selbst zurückwenden, daß sie an Qualität verlieren, degenerieren und den Bezug zur Wirklichkeit verlieren. Da die Frau sich nun vor allem intellektuell und emotional nicht mehr sicher fühlt, merkt sie, daß sie unter ihr Niveau absinkt. Darum trommelt sie immer wieder gegen die Tür.»

Wir waren beide einmal als gleichgestellte und ebenbürtige Partner angetreten. Wir studierten Theologie, bereicherten uns gegenseitig: er mit philosophischen Kenntnissen, ich mit politischen Perspektiven. Ich war noch ein halbes Jahr vor ihm promoviert worden, und wir starteten fröhlich und abenteuerlustig zu einem gemeinsamen Theologenleben – möglichst in der DDR. Das mißlang, weil er drei Jahre in englischer Kriegsgefangenschaft war und als politisch unzuverlässig galt. So gerieten wir in die westdeutschen Kirchen. Ich ohne Rechte auf Vikariat, zweites theologisches Examen und Ordination. Er als Vikar, später als Pfarrer. Aber aus dem Bremer Dorfpfarrer wurde bald ein Hochschullehrer, schließlich ein Universitätsprofessor, und als sein Buch «Theologie der Hoffnung» erschienen war, auch noch ein Weltreisender. Und wir zogen und zogen um. Von Berlin ins Siegerland, von da nach Wuppertal, nach Bremen, zurück nach Wuppertal, nach Bonn, nach Tübingen, in die USA und wieder nach Tübingen. Und auf jeder Station blieb für mich etwas zurück: Menschen, Beziehungen, Landschaften, Freundschaften, Beständigkeiten. Das Ferienhaus in Erpfingen auf der Alb war zum ersten Mal Eigentum und Ruhepunkt, wo ich Boden unter den Füßen hatte. Eine einsame Schutzhütte zum Nachdenken, zur Distanz zur Familie, zur Suche nach meinem Ich. Und als ich sie an diesem Morgen verließ, hatte sich eine neue Welt aufgetan.

Im Herbst 1972 fuhr Jürgen zu einer Vortragsreise nach Kanada und den USA, und ich hatte seit langem geplant, ihn zu begleiten, um Material für einen Zeitungsartikel über die Womens' Lib – wie man damals sagte – zu sammeln. Aber die Materialsammlung, die ich schließlich nach Hause brachte, war nun eine ganz andere: theologische Artikel, die die Grundlage für eine Theologie werden sollten. Und ich selbst stand auch nicht beobachtend zur Seite, sondern wurde mitten hineingerissen in eine Bewegung, die alle Frauen, die mir damals begegneten, erfaßt hatte. Es begann in St. Louis bei einem Women's Lunch, dem Mittagessen der Professorenfrauen, wo wir uns nicht über Kinder, Soziales und Reisen austauschten, sondern uns unsere eigenen Erfahrungen als Frauen im Schatten bekannter Männer erzählten. Die Frauenbefreiung hatte uns die Zungen gelöst und das formelle Essen zu einem lockeren, lachenden Miteinander verwandelt. Einige Frauen hatten sich gerade selbständig gemacht. Eine hatte ein Theologiestudium begonnen. Sogar das sonst in diesen Kreisen tabuisierte Thema Sexualität kam zur Sprache. Am nächsten Tag brachte mir die beginnende Theologin mit einigen anderen theologischen Artikeln etwas ganz Kostbares, den Aufsatz von Valerie Saiving Goldstein: «The Human Situation: A Feminin Viewpoint», der bis heute als die Grundlage einer Feministischen Theologie gilt, weil er die unterschiedliche Situation von Frauen und Männern für das theologische Verständnis von Sünde, Gnade und Liebe aufweist.

In Columbus (Ohio), einer weiteren Station, traf ich auf ebenso engagierte Kirchenfrauen, die mich aus der Männerkonferenz gleich in ihre Gruppen entführten, und mit denen ich Kirchenerfahrungen austauschte. Vor einigen Jahren wären wir freundlich, aber fremd auseinandergegangen. Und schließlich in New York, im Union Theological Seminary, stieß ich auf akademische Frauen, Studentinnen und Professorinnen, u.a. Letty Russell, die gerade diskutierten, wie sie einen Aufruf der Frauenbewegung zum Reformationsfest 1972 in die Tat umsetzen konnten. Es hieß da:

> «Ein neuer Tag bricht für uns an. Wir sehen den Heiligen Geist am Werk, der eine neue Zukunft für Frauen schafft. Wir sehen ein neues Bewußtsein, eine neue Bestätigung unseres Selbst, eine neue Gemeinschaft von Schwestern, eine neue Freiheit vom angestammten Platz und vorgezeichneter Rolle. Wir sehen neue Möglichkeiten, die Vision zu verwirklichen, daß in Christus weder Jude noch Grieche, weder Sklave noch Freier, weder Mann noch Frau ist.»

Letty Russell führte mich in den Buchladen von Union Theological Seminary, eine Schatzkammer von theologischer Frauenbefreiungsliteratur, einer Spezies, die in Deutschland noch völlig fremd war. Sie faszinierte mich so, daß ich mit einem großen Buchstapel wieder herauskam. Krister Stendal, Rosemary R. Ruether, Leonard Swidler waren Namen, die mir hier zuerst begegneten, und die in der Feministischen Theologie bis heute eine Rolle spielen. Allerdings gab es auf dieser Reise auch Dinge, die fremd blieben: Auf einer Treppe im Union sitzend, geriet mir ein Artikel von Mary Daly in die Hände, der den Abschied vom christlichen Vatergott verkündete. Der Vatergott hatte mir noch keine Probleme gemacht, und Sprache und Stil von Daly sprachen und sprechen mich bis heute nicht an. Meine Revolution hatte mit Kate Millet und nicht mit Mary Daly begonnen, und das hieß, daß für mich die Revolution bei der Gesellschaft einzusetzen hätte. In Princeton, unserer letzten Station, kam dann eine junge Frau in unser Apartment, wollte mich dringend sprechen und klagte mir, daß sie nicht mehr an Gott, den Vater glauben könne. Da war ich hilflos und konnte nicht mal die gleiche Betroffenheit zeigen.

Wichtig auf dieser Reise war für mich aber auch, daß bekannte theologische Lehrer wie Daniel D. Williams, Paul Lehmann, Hans Hoekendijk und ihre Ehefrauen der neuen Bewegung und ihren theologischen Konsequenzen neugierig, zustimmend, sympathisierend gegenüberstanden, eine Situation, die es bis heute in der akademischen Sphäre Deutschlands kaum gibt.

Als ich zurückkam, schrieb ich für die für Frauenfragen offenen

«Evangelischen Kommentare» einen Artikel: «Weibliche Kulturrevolution», in dem ich die amerikanische Frauenbefreiungsbewegung und die kirchlich-theologischen Reaktionen dazu beschrieb: auf der einen Seite die Rückständigkeit amerikanischer Kirchen in der Ordinationsfrage, die Männer- und leistungsorientierte Gesellschaft, die es Frauen mit anderen Werten schwermacht, einen Platz zu finden; auf der anderen Seite die Bürgerrechtsbewegung, die das Land erfaßt hatte und an die Frauen mit Hinweisen auf die Parallelität von Sklaven- und Frauenunterdrückung anknüpften. Wichtig schien mir damals die starke Orientierung der Theologie an der Psychologie, die eine gewisse Offenheit für Frauenfragen ermöglichte, und die Prozeßtheologie, in die sich Frauen mit einem anderen Selbst- und Gottesbild einfädeln konnten. Diesen Artikel lasen viele in der Frauenarbeit engagierte Frauen und horchten auf, daß es in der Welt noch andere Theologien gab, in die Frauen sich einbringen konnten.

Ich beschloß, die wichtigsten theologischen Aufsätze zu veröffentlichen, aber da der Kulturkontext mir so unterschiedlich erschien, wollte ich zuerst eine Einführung in die deutsche und auch in die christliche Frauenbewegung geben. Die Vorarbeiten dazu gerieten zu einer mich ergreifenden Reise in die deutsche Vergangenheit, die – wie ich heute sehe – immer noch ein Stück Gegenwart ist: politischer und christlicher Konservativismus, ein Ordnungsdenken, das alle Widerständigkeit niederhält, der Sieg konservativer Mittelmäßigkeit, der letzten Endes die Macht behält.

Zunächst ging ich jedoch auf Spurensuche nach Frauen und Frauenliteratur, die der Frauenbefreiungsbewegung in den USA entsprachen. Da war wenig, was von solcher Konsequenz wie in den USA war. Auf kirchlicher Seite gab es aus den sechziger Jahren – angestoßen von den Gedanken des Zweiten Vaticanums – nur einige katholische Untersuchungen: Gertrud Heinzelmann: «Wir schweigen nicht länger», Elisabeth Schüssler: «Der vergessene Partner», Aufsätze von Elisabeth Gössmann und Ida Raming, aber nichts, was den jetzigen feministischen Ansprüchen genügte. Es waren – wie einige Frauen es später selbst nannten – feminologische Arbeiten. Die großen internationalen Werke: Simone de Beauvoirs «Das andere Geschlecht» und Betty Friedans «Weiblichkeitswahn» waren interessant, aber sie kamen aus ihrem speziellen kulturellen Kontext. Hinter Beauvoir stand der leiblose französische Existentialismus und hinter Friedan die amerikanische Suburb-Frau. Sie waren zugeschnitten aufs Bürgertum und hatten nicht den umfassenden, ganzheitlichen, globalen Ansatz des Feminismus. Die etwas älteren christlichen Bücher zur Frauenfrage von Anna Paulsen und Gertrud von LeFort waren mehr daran interessiert, einen Ordo, ein geistliches Gedankengebilde aufzuzeigen, in das sich die Frau integrieren sollte.

Wo sollte ich Spuren suchen, die mich und meine Generation nicht völlig im Nichts anfangen ließen?

Ich fand die Spuren schließlich bei den Frauen, die von den Menschenrechten ausgingen, wie sie vor der deutschen achtundvierziger Revolution auch bei uns zum politischen Credo gehört hatten. Nach der mißglückten Revolution waren sie verlorengegangen, in der Restauration verdächtigt worden und im wilhelminischen Reich und in der in ihr aufblühenden bürgerlichen Frauenbewegung nie mehr recht zum Zuge gekommen. Ich fand sie bei Louise Otto-Peters, die bis heute als die Anführerin der deutschen Frauenbewegung gilt, aber deren große politisch-christliche Vision «Dem Reich der Freiheit werb' ich Bürgerinnen», kaum mehr bekannt war. Ich fand sie bei einer unbekannteren Führerin der Frauenbewegung der nächsten Generation, bei Minna Cauer, einem märkischen Pfarrerskind, das 1848 siebenjährig mit der Fahne der Revolution durch das Dorf gelaufen war. Sie opponierte gegen die Bürgerlichkeit der Frauenbewegung und ihre Vertreterinnen Helene Lange und Gertrud Bäumer, stand der Sozialdemokratie nahe und träumte von einem sozialen Staat, der die sozialen Aufgaben des Christentums übernehmen sollte. Als die Woge der Kriegsbegeisterung 1914 gerade auch in der Frauenbewegung hohe Wellen schlug, wurde sie Pazifistin. Ich fand diese Spuren auch bei mir bis dahin unbekannten Frauen wie Marie Stritt, die demonstrativ aus dem «Bund deutscher Frauenvereine» zurücktrat, als der geplante Mutterschutz nicht auf uneheliche Mütter ausgedehnt werden sollte; bei Helene Stöcker, die die neue Ehe-Ethik vertrat und Mitbegründerin der «Internationale der Kriegsdienstgegner» wurde; bei den Pazifistinnen Anita Augspurg, die von Gertrud Bäumer der vaterlandslosen Gesinnung bezichtigt wurde, und bei Lida Gustava Heymann, die wegen «zersetzender Friedensarbeit» im Ersten Weltkrieg aus Bayern ausgewiesen wurde. Hier lagen für mich die Wurzeln einer politischen Frauentradition. Hier war eine verschüttete Geschichte, an die Frauen heute anknüpfen konnten. Auf dem Sockel der Geschichte standen jedoch nur die bekannten Erscheinungen wie Helene Lange, die sich in der wilhelminischen Restauration vor allem um Bildung und Erziehung bemühte, und Gertrud Bäumer, die als Ministerialrätin im Innenministerium und als Leiterin der Sozialen Frauenschule in Hamburg zu hohem Ansehen aufstieg, aber deren nationale Gesinnung stets die Anliegen der alten Frauenbewegung verdunkelte.

Noch schwieriger war die Suche nach einem christlichen Frauenbild, das die Emanzipation begleiten konnte. Anders als in den USA, wo Freikirchen und Sekten ungewöhnliches theologisches Denken ermöglichten, wo die Menschenrechte Tradition hatten, stieß ich im deutschen Kontext nur auf staatstragendes christliches Ordnungsdenken, das in der Ehe die gottgewollte Lebensform sah und, wo neue soziale Notstände auch neue soziale Aufgaben forderten, stets wieder auf die dienende Funktion der Frau gepocht wurde. In Panik gerieten Kirchenmänner und Theologen, wenn die einzelne ihre Rechte behauptete. Die christlichen Frauenverbände, die sich im 19. Jahrhundert und am Beginn des 20. Jahrhunderts formierten, suchten zwar im Rahmen ihrer Möglichkeit ein Stück Selbstbestimmung zu erreichen, letztlich blieben sie aber in konservativer Christlichkeit stecken, so daß die Vorsitzende des Deutsch-Evangelischen Frauenbundes noch nach der politischen Erlangung des Wahlrechtes sich gegen das Frauenwahlrecht aussprechen konnte. Eine Frau fiel allerdings aus dem Rahmen dieses Ordnungsdenkens: Elisabeth Malo, deren Spuren ich aber erst später nachging. Sie war in ungewöhnlicher Weise an Frauenbewegung und Frauenrechten interessiert und veröffentlichte um 1900 mutige theologische Texte. Den katholischen Frauen konnte ich nicht genug Aufmerksamkeit widmen. Sie waren einerseits noch stärker als Protestantinnen von liberalen und sozialistischen Gedanken ferngehalten. Auf der anderen Seite sahen sie mit ihren Orden auf eine eigenständige Frauentradition zurück, an die sie anknüpfen konnten.

Eine für meine eigene theologische Geschichte irritierende Erkenntnis machte ich bei diesem Wühlen in Biographien, Ethiken und Dogmatiken: An der Seite der Frauenemanzipation stand nie irgendeine reformatorische Bewegung, an denen ich mich bisher orientiert hatte, wie z.B. die dialektische Theologie, sondern weit stärker die neuprotestantische liberale Theologie eines Johannes Weiss, Adolf von Harnack, Emil Brunner. Wo konnte aber eine Theologie für Frauen ihren Ort finden? Barth und Bonhoeffer, die bis dahin für mich gültigen Gesellschaftsdenker, versagten für die Frauenfrage. Es war ein Weg in Neuland.

Um zu schreiben, fuhr ich immer wieder ein paar Tage nach Erpfingen. Jürgen kam dann, der einzige in meinem Umkreis, der sich für meine Fragen interessierte, um sich die fertigen Seiten anzusehen. Ich war so verliebt in meinen Stoff und die Lust an der Darstellung, daß ich nicht mal neidisch wurde, als meine Nachbarin sich in der heißen Märzsonne kaffeebraun brennen ließ.

Ende Juli gab ich das Manuskript dem Chr. Kaiser Verlag in München. Aber der Verlagsleiter forderte über meine historische Einleitung hinaus noch einen gegenwärtigen Bezug. So schrieb ich zähneknirschend in unserem Urlaub auf Bornholm noch einen neuen Schluß. Und ich endete mit folgenden Gedanken:

> «Wir tragen einen großen Ballast an Vergangenheit mit uns herum: die negativen Tugenden der viel bespöttelten deutschen Hausfrau, den Bildungsstolz und die Fähigkeit innerer Emigration. Es fehlen uns die marianische Leichtigkeit und die nur schwer zu erobernde puritanische Selbstsicherheit. Wir leben in einem Staat, der stets mehr nach Ordnung als nach Recht verlangte, einer Kirche, die nie Reich Gottes werden wollte, und einer Gesellschaft, die es nie werden durfte.

Unsere Rolle als Frau ist stärker als in anderen Ländern von Geschichte belastet, und unsere inneren Widerstandskräfte sind auch geübter als anderswo gegen das Neue und für das Bewährte. Die Reich-Gottes-Erwartung, die damals aus Mitteleuropa auswanderte, hat einen Großteil der Macht eines dynamisch-eschatologischen Christentums mitgenommen. Erst wo das Christentum wieder als solche erneuernde Macht erfahren wird, kann es fruchtbar von Rollen befreien und von erwarteten Verhaltensweisen unabhängig machen.

Ein weltweites Christentum der verschiedensten Spielarten hat uns heute die Grenzen unserer eigenen Tradition erkennen lassen. Ein vorwärtsdrängendes Christentum auf den wiederkommenden Christus hin sollte stärker als das bewahrende Christentum die Erfahrung der neuen Generation sein.»

«Das Neue», das steckte in den neun amerikanischen Artikeln, in denen Frauen Zentrum eines neuen theologischen Denkens waren. Und dies betraf unsere hohe Christologie, unser ermüdetes christliches Partnerschaftsdenken, unsere verdrängte kosmische Eschatologie. Die kommenden Themen der Frauen und einer Feministischen Theologie waren hier angetippt.

Auf der Rückfahrt zum Flugplatz wurde mir der Titel des Buches klar: «Menschenrechte für die Frau». Für die Neuauflage wünschte sich der Verlag dann einen anderen Titel, da die Menschenrechtsdebatte in eine andere Richtung gegangen sei. «Frauenbefreiung – Biblische und theologische Argumente» wurde der neue Titel der zweiten und dritten Auflage, und die neuen Bände erhielten auch noch neue theologische Entdeckungen.

Als das Buch im März 1974 erschien, lag ich mit einer Gallenoperation in der Klinik. Irgendwie hatte diese Arbeit gegen den Strom und in einem noch unbekannten Wasser schwimmend meine Kräfte aufgezehrt. Als eine Bekannte mich besuchte und erzählte, daß ihre Tochter gerade in der Sendung «Funkboutique» mein Buch höchst positiv besprochen gehört hatte, als Jürgen mir eine eingehende Darstellung von Renate Ludwig für die Zeitschrift «Evangelische

Theologie» brachte, fing es an, mir besserzugehen. Die Besprechungen, die bald und in großer Zahl kamen, waren erstaunlich positiv für diesen in Deutschland ungewöhnlichen Zugang zu Frauenfragen. Kritik gab es von einigen katholischen Gruppen, daß ich ihre Konfession nicht näher behandelt hätte. Fragen entstanden nach der Beziehung von Erlösung und Befreiung, und zwei Kritiken meinten, daß man in Deutschland im Unterschied zu den USA doch einer gegenwärtig ruhigen, abwartenden Haltung der christlichen Frauen den Vorzug geben sollte. Ein Professor aus dem Beratungsteam des Chr. Kaiser Verlages hatte von der Veröffentlichung des Buches abgeraten, weil die Frauenbewegung schon wieder an ihr Ende gekommen sei. Jürgen und Johann Baptist Metz hatten diesen Protest jedoch erfolgreich gekontert. Tatsächlich hatte die Frauenbewegung in der Kirche gerade angefangen.

Ich selbst hatte einen Schlüssel für mein Anders-Sein gefunden und ihm in dem Buch einen Ausdruck gegeben. Dieser Schlüssel war auch später ein Schlüssel für die unbestimmte Sehnsucht vieler anderer Frauen, die mir bis heute immer wieder sagen, daß ich das ausdrücke, was sie selbst schon lange spürten. Bald darauf öffnete mir der Schlüssel die Tür zu vielen neuen Möglichkeiten.

Meine Erinnerungen sollen nun keine Geschichte der Feministischen Theologie oder der kirchlichen Frauenbewegung sein. Sie sind zudem aus dem protestantischen Kontext heraus geschrieben und erheben nicht den Anspruch, auch alle aus dem katholischen Raum kommenden Anstöße und Ereignisse zu schildern. Daß wir nur gemeinsam etwas bewegen können: evangelische, katholische, religiös interessierte und politisch engagierte Frauen, bleibt jedoch meine Grundüberzeugung. Diese Erinnerungen sind meine persönliche Geschichte, wie ich sie mit Frauen und unter Frauen, in Kontroversen und in Gemeinsamkeiten mit Männern erlebte. Sie erzählen, was mich beeindruckte, prägte, erschreckte, und was mich veränderte.

Zunächst möchte ich in meine erste Lebenshälfte zurückblicken, ohne die diese Wendezeit nicht denkbar gewesen wäre. Dann will ich von den Anfängen der feministischen-theologischen Bewegung und ihrem Aufbau berichten und schließlich auch die Konflikte schildern, die schmerzhaft für alle Seiten, voller schwergewichtiger theologischer Probleme und doch weiterführend für Frauen, für Theologie und Kirche waren und sind. Um meinen Text nicht durch Anmerkungen zu unterbrechen, finden sich für einzelne Kapitel Literaturhinweise und für den letzten Teil auch Textdokumentationen am Ende des Buches.

Danken möchte ich allen, die das Manuskript teilweise oder ganz mitlasen und konstruktive Kritik einbrachten: Eva von Hertzberg, Anne Jensen, Evi Krobath, Rosemarie Stappenbeck, Christian Stappenbeck, Bärbel Wartenberg-Potter, Hildegard Zumach. Als ich das Buch schrieb, waren mir die Neugier und das Interesse meines Mannes Jürgen Moltmann, der in meiner Geschichte auch ein Stück seiner eigenen Geschichte entdeckte, und die warme Anteilnahme von Gisela Hauber, die den Text im Computer erfaßte, eine große Hilfe. Danken möchte ich zuletzt dem Benziger Verlag, seinem Leiter Raul Niemann und seinem Lektor Peter Wild für ihre Beratung und ihr Engagement.

Tübingen, im August 1996
Elisabeth Moltmann-Wendel

Durch soviel Formen geschritten,
durch Ich und Wir und Du...

Gottfried Benn

Von Herne nach Potsdam

Eine meiner ersten Erinnerungen ist ein Frühlingssonntag in meiner Geburtsstadt Herne. Die Sonne scheint warm, ich habe zum ersten Mal Kniestrümpfe an, was mir ein ungeheures Freiheitsgefühl, frei von Leibchen, Strumpfhaltern und langen Strümpfen, gibt, und ich bin glücklich. Mit meinem Roller fahre ich neben meinen Eltern her, die zum Wahllokal gehen, denn es ist Reichspräsidentenwahl, der 13. März 1932. Aber meine Eltern sind nicht glücklich. Sie hätten gern den greisen Kriegshelden Hindenburg gewählt – Großväterchen Hindenburg, wie es immer fast zärtlich bei uns hieß –, aber er war nicht von der Deutschnationalen Partei aufgestellt, der meine Eltern politisch anhingen, sondern ein Unbekannter: Düsterberg. Den wählten meine Eltern, und das verdüsterte den strahlenden Tag.

Meine Eltern waren deutsch-national – deutsch-national bis auf die Knochen, wie wir sagten. Mein Vater Erich Wendel, Kaufmann von Beruf, der als Bergwerksrevisor bei der Bergwerksgesellschaft Hibernia arbeitete, war Weltkrieg-I-Teilnehmer, hatte in den Kämpfen bei Lodz ein Bein verloren und gehörte dem Frontkämpferbund «Stahlhelm» an. Meine Mutter Hanna Wendel, geb. Trapp, stammte aus einem märkischen Pfarrhaus, wo man bis 1933 den christlich-konservativen «Reichsboten» las, und sie gehörte zum kaisertreuen Bund «Der Aufrechte» und bezog deren Organ. Nach allen diesen Voraussetzungen wären sie fast prädestiniert gewesen, sich nahtlos in den nationalsozialistischen Aufbruch einzufädeln oder ihm wenigstens gelassen und hoffnungsvoll zu begegnen. Dies war aber nicht der Fall, und wenn ich heute die Frühgeschichte vieler späterer Kirchenkämpfer lese, wie faszinierend für sie die ersten einund-

Hanna und Erich Wendel mit Elisabeth (links) und Rosemarie (rechts) im Pfarrgarten von Lütte 1930.

einhalb Jahre des Dritten Reiches gewesen waren, so bewundere ich heute meine Eltern für ihre klare ablehnende Haltung.

Dies hatte wohl zwei Gründe: Einmal traute man dem hergelaufenen Anstreicher aus Österreich nicht zu, eine gediegene Obrigkeit abzugeben. In keiner Stunde meiner Kindheit ging auch irgend etwas Faszinierendes von ihm für uns aus, und alle Bekannten, die ihm zuweilen erlagen, genossen offene oder heimliche Verachtung. Zum zweiten waren meine Eltern als treue Gemeindeglieder einer Herner Kirchgemeinde (Herne-Mitte) schon früh auf die Kirchenfeindlichkeit des neuen Regimes aufmerksam geworden. Mein Vater war hier ehrenamtlicher «Gemeindediakon», und d.h. wohl zuständig für die Vermögensverwaltung. Unter dem Einfluß wacher Herner Pfarrer (Helmich und Kill) waren ihnen die Machenschaften der Deutschen Christen, ihr wachsender Einfluß und ihre Machtergreifung in den Presbyterien 1933 wie eine Katastrophe erschienen, und sie stellten sich – obwohl mein Vater nach einer verschleppten Angina schwer herzkrank war – mitten hinein in die Auseinandersetzungen.

Wie leidenschaftlich das geschah, zeigt ein Mittagessen in unserer Familie. Wir aßen in der Gartenlaube, und meine zehnjährige Schwester Rosemarie – angeregt durch die häuslichen Diskussionen, aber verunsichert, wo sie denn ihren Vater verorten sollte – fragte: «Vati, du bist doch Deutscher Christ?» Mein Vater, sonst eher sanften Gemüts, doch von Krankheit und Kirchenkampf genervt, herrschte meine Schwester an: «Raus!» Meine verdatterte Schwester lief in den Garten. Von da an wußten wir, daß «Deutscher Christ» etwas Furchtbares war.

Im Mai 1934 machte mein Vater in Bad Oeynhausen noch mal einen Versuch, seine Krankheit zu lindern. Aus dieser Zeit ist noch ein Brief des Pfarrers Helmich erhalten, in dem er meinem Vater, der ihn darum gebeten hatte, vorsichtige Hinweise auf die Vorbereitung der Barmer Synode gab, von dem Gespräch, das mein Vater mit Präses D. Koch in Oeynhausen gehabt hatte, etwas wissen wollte und ihm die lokale kirchenpolitische Lage schilderte. Meine Schwester besinnt sich, daß an ihrem elften Geburtstag, dem 29. Mai, die Barmer Synode begann, mein Vater eigentlich hinfahren wollte, aber es wegen seines schlechten Gesundheitszustandes nicht konnte.

Dabei hätte man es ihm nicht an der Wiege gesungen, daß er sich kirchlich engagieren würde. Er stammte aus einer liberalen Halberstädter Kaufmannsfamilie, hatte nach dem Abitur eine kaufmännische Lehre in Brandenburg gemacht und mit dem Bruder meiner Mutter in der gleichen Schülerpension gewohnt. Der nahm ihn an Wochenenden in sein Elternhaus, das Pfarrhaus in Lütte bei Belzig, mit, wo es neben Gastfreundschaft auch drei unverheiratete Schwestern gab, von denen der Charme der Jüngsten es meinem Vater am meisten angetan hatte. In dieser großzügigen, bürgerlichen, konservativen, aber weltoffenen Atmosphäre, die meine Großeltern verbreiteten, muß mein Vater ein Christentum kennengelernt haben, das ihm gefiel, in das er unter dem Einfluß meiner Mutter immer stärker hineinwuchs und für das er sich seit 1933 leidenschaftlich einsetzte.

Aber wie politisch diffus auch in unserer Familie die Stimmung war, zeigt ein Brief meiner Mutter an ihre Eltern vom Gründonnerstag 1934.

«Dienstag war ich zu einer Versammlung der bekenntnistreuen Gemeindeglieder im Lutherhaus; für Erich war der Weg zu weit. Pastor Helmich hatte zwei Einladungen geschickt. Es sprachen sehr ernst und schön: Pastor Kill und Pastor Steil (Holsterhausen). Ich ging mit Hackländers zusammen hin, sie brachten mich auch abends noch nach Haus, was mir sehr unangenehm war, denn es war heller Mondschein und noch nicht spät. – Elisabeth hat für uns in der Schule ein Hindenburg-Bild und für Euch ein Hitler-Bild besorgt, was sie Euch absolut schenken will... Als Regenmantel habe ich mir vor einer Woche einen schönen dunkelblauen Trenchcoat gekauft, der ist doch wärmer als ein Gummimantel und nicht so empfindlich wie ein heller Mantel. Leider werde ich wohl jetzt auch nicht mehr zu Rindskopf gehen können, da sich der eine Inhaber sehr mit jungen Mädchen vom Geschäft abgegeben haben soll und in Untersuchungshaft gekommen ist. Da hat er versucht, sich das Leben zu nehmen, und liegt nun im Krankenhaus. Alles stand offen in der ‹roten Erde‹...»

Aus diesem Familienbrief wird mehreres aus dieser Zeit deutlich: Einmal, daß eine beginnende Untergrundkirche im Entstehen war, zu deren Versammlungen man nur mit bestimmter Einladung kommen konnte, wie es sich in den «Bibelstunden» der Bekennenden Kirche, zu denen meine Mutter später in Potsdam ging, fortsetzte. Meine Mutter, in der Öffentlichkeit eher schüchtern und in allem an den Ehemann angelehnt, ging hier allein und aus Überzeugung hin.

Weiter wird sichtbar, daß die Schule bereits staatstragend für das Dritte Reich wirkte, indem sie ihren Zweitkläßlern – ich war 1933 in die Schule gekommen – Bilder der Staatsführer anbot oder besser wohl aufdrängte. Mit der Wahl des Hindenburg-Bildes für meine Eltern meinte ich, deren Geschmack zu treffen. Daß ich das Hitler-

Bild meinen fernen Großeltern zugedacht hatte, hing wohl mit meiner Unsicherheit diesem Mann gegenüber zusammen, den meine Eltern verachteten und den die Schule zu verehren begonnen hatte. Zu meiner Schande muß ich aber gestehen, daß ich mir zu gleicher Zeit von dem Geld, das meine Tante meiner Schwester und mir für ein Spielzeug schenkte, nicht einen braven Reichswehrsoldaten wie meine Schwester, sondern einen forschen SA-Mann kaufte.

Aber noch etwas Drittes wird deutlich: Die Verleumdungen und die Verfahren, die über die jüdische Kaufhausfamilie Rindskopf hereinbrachen, gehörten in die frühe NS-Strategie, Juden moralisch zu verunglimpfen und sie dadurch geschäftlich zu ruinieren. Meine Eltern durchschauten das nicht. Es stand in der Zeitung, und sie waren noch daran gewöhnt, ihr zu vertrauen, auch wenn meine Mutter es mit gewissen Zweifeln berichtete. Sahen es aber auch die jungen, mutigen und besser informierten Pfarrer nicht: Helmich, Kill und Steil, der später in Dachau umkam? Hätten sie nicht ihre bekenntnistreue Gemeinde, die sie gerade um sich versammelt hatten, auf solche gezielten Kampagnen hinweisen können? Das sind Fragen, die wir uns heute stellen.

Mein Vater starb am 9. Oktober 1934. Er hinterließ uns eine kleine Rente, mehrere Wertpapiere und die Überzeugung, daß ein Christ ohne Kompromisse sich gegen die braune Flut stemmen müsse.

Ich war traurig, weil meine Schwester weinte, weil meine Mutter traurig war und schwarze Kleider trug. Aber ich war auch irgendwie froh, daß ich sie wieder ganz für mich hatte und des Vaters Krankheit nicht mehr alle Aufmerksamkeit auf sich zog. Der folgende Winter ist mir in dunkler Erinnerung. Ich lag wochenlang schwerkrank mit Masern im Bett. Alle Bekannten und Verwandten waren – fast entsetzlich – lieb und nett zu uns. Ich spürte ihr Mitleid, das ich nicht wollte. Der Herner Haushalt löste sich auf. Es wurde gepackt und geräumt. Der Umzug aus einem großen Haus und industrieller Wohlhabenheit in die Vierzimmerwohnung einer ostdeutschen preußischen Stadt – Potsdam, wo inzwischen schon meine Großeltern wohnten – wurde vorbereitet.

Zurück blieb für mich in Herne die frühe Erinnerung an einen sehr zärtlichen Vater, der wunderschön malen und mit Baukästen spielen konnte, der mir Schutz gab, wenn wir Sonntag morgens im Bett «Kämpfen» spielten: ich in seinen starken Armen, und wir beide gegen meine Schwester, deren Alltagsüberlegenheit damit ausgeglichen wurde. Vor langer Zeit war ich einmal auf seinem Schoß gesessen und hatte eine unheimliche Spinne beobachtet, die auf dem glatten Holz der Schreibtischuhr immer wieder abrutschte und vor der ich keine Angst zu haben brauchte. Von nun an wuchs ich in einer Frauenfamilie auf, ohne den Schutz, aber auch ohne die Restriktionen einer väterlichen Autorität. Die Schutzbilder blieben und damit vielleicht auch ein Stück positiver väterlicher Gotteserfahrung, von der ich mich nie ganz lösen konnte und wollte.

Der Wechsel von Herne nach Potsdam kam mir zunächst wie ein Farbwechsel vor. Dort schwere westfälische Erde, rauchende Schlote, rußgeschwärzte Häuser, die Schule ein dunkler Altbau, ein grau verwittertes Schloß Strünkede – hier heller märkischer Sand, Sand, wohin man auch blickte und wohin man trat: ein Sandweg zur Schule, ein Sandweg von unserem Haus zum Wald hin, helle oder barockgelbe Häuser wie auch das Schloß Sanssouci, helle Havelstrände, Türme, Schloßtürme, Kirchentürme, die sich im Wasser spiegelten, eine neu erbaute helle Schule mit lackierten Holzbänken und selbst ein Rektor mit hellem Lockenhaar und blondem Bärtchen. Illmer hieß er, war strammer Nationalsozialist und aus Südtirol importiert.

Auch die erste Lehrerin, die ich dort hatte, wirkte hell und freundlich, ganz anders als das steife und strenge Fräulein Buse in Herne, die mit ihrem Stock die dreiundsechzig Jungen und Mädchen regiert hatte. Fräulein Wolter ging bei schönem Wetter mit uns in den Wald, wo wir malten, Gedichte lernten oder sangen. Sie lehrte uns Heimatkunde, und wir trabten mit ihr durchs Potsdamer Stadtschloß, bekamen Ehrfurcht vorm Soldatenkönig, seiner Soldatenliebe, seinen Soldatenbildern, fuhren mit dem Dampfer nach Paretz zur Königin Luise, lernten etwas von altpreußischer Gerechtigkeit vor der Historischen Mühle, der auch der König sich beugen mußte, und mühten uns vor Standbildern und Denkmälern, die Wilhelms, Friedrichs und Friedrich Wilhelms zu unterscheiden. Mir tat sich eine neue farbige Welt auf, die ich mit Leidenschaft in mich aufnahm. Im ersten Schulaufsatz, den wir zu schreiben hatten, sollten wir einen solchen preußischen Spaziergang nacherzählen. Als wir die Hefte zurückbekamen, stand unter meinem Aufsatz ein merkwürdiges «Recht gut». Die anderen hatten «Gut», «Ziemlich gut», «Genügend» – das waren klare Urteile. Ich weinte fast, als ich aufstand und nach dem «Recht gut» fragte. «Ach, das habe ich ja fast vergessen», rief Fräulein Wolter, «dein Aufsatz ist ‹Sehr gut›!»

Bald darauf stand ich weniger vergnügt in der Bank. Der blonde Illmer war an einem Montagmorgen in die Klasse gerauscht und hatte gerufen: «Wer hat gestern nicht geflaggt?» Da stand ich und stotterte etwas davon, daß wir in Herne eine große schwarzweißrote Fahne gehabt hätten, die immer aus der Bodenluke herausgehängt wurde, daß wir in Potsdam für die kleine Wohnung eine kleine schwarzweißrote Fahne gekauft hätten, die wir jetzt aber nicht mehr heraushängen durften, und daß wir noch keine Hakenkreuzfahne hätten. Außer mir wies nur noch ein anderes Mädchen aus einer Obdachlosensiedlung solch Defizit auf. Alle anderen besaßen also Hakenkreuzfahnen, nur wir waren anders. Illmer nahm es zur Kenntnis und meldete vermutlich der Partei, daß das Fahnensoll fast zu hundert Prozent erfüllt war. Meine Mutter weigerte sich weiterhin, eine Hakenkreuzfahne zu erwerben, und erst im Krieg, als ein Parteigenosse sie immer stärker drängte, die Siege Großdeutschlands zu beflaggen, kaufte sie ein kleines, billiges Stück Hakenkreuztuch, das aber bald darauf bei der Annäherung der Roten Armee im Ofen verschwand.

Fräulein Wolter zollte ebenfalls Tribut an den neuen Geist. Die Religionsstunden teilte sie auf in christliche Winterreligion und germanische Sommerreligion. Ich registrierte das als unpassend. Aber sie hatte so eine lebendige Art, uns von Odin, Thor, Loki und Freya zu erzählen, daß mir diese einfältigen Helden bis heute vertraut sind. Nationalsozialistischer ging es dann bei Herrn Schmidt im nächsten Schuljahr zu. Wir hatten Musik und sollten Mundharmonika blasen lernen. Meine sonst sparsame Mutter kaufte mir ein wunderschönes geschwungenes Instrument. Mir ist noch in Erinnerung, was ich auf diesem kostbaren Stück blasen lernte:

«Es zittern die morschen Knochen
der Welt vor dem großen Krieg.
Wir haben den Schrecken gebrochen,
für uns war's ein großer Sieg.
Wir werden weitermarschieren,
bis alles in Scherben fällt,
denn heute gehört uns Deutschland
und morgen die ganze Welt.»

Bei den «Scherben» quietschten dreißig Mundharmonikas in den höchsten Tönen. Knapp zehn Jahre später war Potsdam in Scherben zerfallen und gehörte den meisten überhaupt nichts mehr.

Im Treppenhaus der Schule sangen wir mit Ergriffenheit bei den sich mehrenden Festveranstaltungen der neuen Regierung vom «Heilig Vaterland», das in Gefahr war. Anders als meine Eltern verband ich aber mit solchem Vaterland nichts mehr. Auf meines Vaters Grab war ein Kranz des «Stahlhelm» mit der Aufschrift gewesen: «Fürs Vaterland gestritten, fürs Vaterland gelitten...» Das hätte ihm entsprochen, weil es ein Teil seiner Geschichte gewesen war. Meine Mutter hatte unter das Bild ihres gefallenen Bruders einen Gedichtvers geheftet: «Dir, mein Vaterland, dir will ich mich weihn. Du, mein Vaterland, frei sollst du sein...» Vorsichtig fragte ich später einmal meine Schwester, ob «Vaterland» ihr etwas bedeute, und ich war erleichtert, als sie den Kopf schüttelte. Damit hatten wir die inzwischen mühsam zu kettenden Ideale meiner Eltern, Deutsch-Sein und Christ-Sein, aufgegeben. Das Weimarer Vaterland hatten wir nicht richtig erlebt. Das kaiserliche meiner Eltern war längst vergangen, und das neue mit dem ordinären Berserker an der Spitze, seinen braunen Mannen und den ihn anhimmelnden forschen Parteigenossinnen war nicht nach unserem Geschmack. Irgend etwas stimmte mit unseren Gefühlen und mit der neuen Zeit nicht überein.

Die Frauenfamilie gab zunächst Sicherheit und Geborgenheit. «Zuntz' sel. Witwe» nannte eine Freundin uns spöttisch, wenn wir zusammen auftraten oder spazierengingen: meine Mutter, Witwe mit zwei Töchtern, meine Großmutter, inzwischen ebenfalls Witwe mit ebenfalls zwei Töchtern. Frauenfamilie hieß, daß nicht der Rhythmus eines arbeitenden und die Familie erhaltenden Mannes unseren Tagesablauf bestimmte, sondern meine Schwester und ich. Ferner war der Rhythmus geprägt durch Einladen und Eingeladenwerden. Alle Frauen hatten im Großraum Berlin Freundinnen, und die brachten ihre Kinder und zuweilen auch ihre Männer mit. Für meine Mutter löste wieder die ostdeutsche Vier-Uhr-Kaffeetafel mit den selbstgebackenen Kuchen den Herner Fünf-Uhr-Tee mit den Konditortörtchen ab. An der Kaffeetafel wurde fröhlich geschwatzt, Geschichten, oft wahre Räuberpistolen, wurden erzählt, aber auch Informationen und Anti-Nazi-Witze ausgetauscht. Im Sommer fuhren wir häufig mit dem Dampfer zu den Potsdamer Wasserlokalen, im Winter ging es eher nach Berlin. Ich entwickelte eine stille Liebe zu den spitz und pointiert erzählenden Frauen, die stets auch einen Schuß Phantasie in ihre Erlebnisse einbrachten. An den seltener erscheinenden Männern fiel mir bald ihre sachbezogenere Redeweise auf, die mir ebenfalls imponierte. Da merkte ich, daß mir etwas fehlte. Abstoßend fand ich nur die sich und mich in Emotionalität ertränkenden Tanten. Eine von ihnen erzählte viele Jahre später beim achtzigsten Geburtstag meiner Mutter von ihrem Vater, einem bekannten Theologieprofessor, der sie nie geachtet, sie schikaniert und für dumm erklärt hätte. Wir erstarrten alle, weil hier ein Heiligenschein zerbrach. Lag da nicht die Ursache für die überwallende Gefühlswelt, die ihre Unsicherheit verbarg und mit der sie sich Achtung und Anerkennung verschaffen wollte?

Zu meinen Kindheitserfahrungen gehört aber ebenso wie die kirchliche Widerständigkeit die heile Welt der Landpfarrhäuser, in denen wir oft die Ferien verbrachten. Noch von Herne aus war das großelterliche Pfarrhaus in Lütte der Brennpunkt aller Sommerfreuden meiner Eltern. Hier regierte meine Tante, und meine Mutter konnte sich ungehindert alten Dorffreundschaften hingeben, während mein Vater fotografierte, wanderte und an einer Dorfchronik schrieb. Wir spielten am Bach, lernten auf von Schlosser Hermann geborgten Kinderrädern Fahrrad fahren und amüsierten uns in der kleinen, holzverschalten, von Libellen umschwirrten Badeanstalt. Für uns alle aber war die Bäckerei, wo Tante Rieke, die Bäckermeistersfrau, eine frühere Hausangestellte meiner Großeltern, regierte, die Quelle immer neuer Genüsse: Semmeln, saure Gurken, Schlackwurst, Malzbier und unendliche Dorfgeschichten.

Später wurde das Pfarrhaus in Niemegk, einem Flämingstädtchen, wo man sich noch mit «Frau Maurermeister» und «Frau Metzgermeister» anredete, der Ort unserer Ferienfreuden. In der großen Superintendentur unter alten Linden am Kirchplatz war der Tisch stets für zahlreiche Gäste gedeckt: für den Ortspfarrer, den Vikar, oft noch mit seiner Braut, für Haustöchter, Gäste, Patenkinder, und an ihm präsidierte Tante Trude, die Frau des Superintendenten, während er oft kränklich war und sich zurückzog. Das Haus selbst war voller Geheimnisse: Gänge mit alten Büchern und Bildern, ein kleines Kabinett mit einer Glastür, ein orgelähnliches Harmonium, ein Arbeitszimmer des Hausherrn mit dreizehn Tischen und ein Garten mit verschlungenen Wegen und über einem Rinnsal eine geschwungene weiße Brücke. Schon am Gründonnerstag, als noch keinerlei Osterfreude aufkommen durfte und sich gerade die Gemeindeglieder mit gesenkten Köpfen zum Abendmahl anmeldeten, kaufte mir Tante Trude einmal einen riesigen Osterhasen, weil ich Heimweh nach meiner Mutter hatte, die erst einen Tag später kam. Auf dem Eßtisch stand am Ostermorgen eine gewaltige Schüssel mit hellbraun bis dunkelbraun aus Zwiebelschalen gefärbten Eiern. Nachmittags mußten alle, auch der steife Pfarrer und der schüchterne Vikar, Ostereier suchen, und wir fanden zu unserem Entzücken sogar Bücher in den Buchsbaumhecken versteckt. Im Sommer wurden Autos bestellt, mit Kirschkuchen, Gästen und Freunden beladen, und man fuhr zur Burg Rabenstein. Besuchten wir Tante Trude später auf Radfahrten mit Freunden, so hatte sie immer etwas Überraschendes parat: große Kuchen, ungewöhnliche Eintöpfe im Krieg und einmal eine Eisbombe, die wirklich die Form einer Bombe hatte.

Als wir viele Jahre später ihr Grab auf dem Niemegker Friedhof besuchen wollten, half uns eine Frau. Das Grab war verwildert, sah lieblos aus, niemand hatte sich darum gekümmert. Aber ich sehe noch Tante Trude, die ehemalige Rotkreuzschwester, mit Wärmflaschen und Medizin zu Kranken eilen! Warum war sie vergessen? Die Frau erzählte uns nebenbei, aber sehr gleichgültig, daß sie in Tante Trudes Haushalt gearbeitet hätte. Doch sie kannte uns nicht und wir sie nicht. Hatte unser Ferienparadies zwei Seiten gehabt, eine perfekte für die Gäste und eine verborgene Küchenseite, wo die Mädchen gescheucht und ausgenutzt wurden? Auch das großelterliche Pfarrhaus dirigierte eine meiner Tanten mit strenger Hand und ebenso schönem Ergebnis für die Gäste. Als ich selbst für fünf Jahre Pfarrfrau war und ein attraktives Ambiente mit Garten, Wasser und viel Platz anzubieten hatte, kam meine Mutter stets mit alten Pfarrhauserwartungen zu Besuch. Sehr langsam merkte sie dann, daß ich mit einem ganz anderen Lebenskonzept und ohne geübte und gehorsame Haushaltshilfen solche Pfarrhausidyllen nicht wiederauferstehen lassen würde.

Die Pfarrfrau als selbständige Ökonomin im Gutsherrinnenstil mit allen guten und schlechten Seiten, für Soziales und Geselliges zuständig, wie sie sich bis heute noch mancher Pfarrherr ersehnt, war nicht abhängig und gedemütigt. So wurde es in einer Phase radikaler patriarchaler Kirchenkritik gerne gesehen. Sie war ein Zeitphänomen wie die Dame des Salons, und ihr Modell starb mit dem Ende des Zweiten Weltkriegs endgültig aus. Wer es noch einmal aufleben lassen wollte, geriet mit sich und seiner Umgebung in Krisen.

Leben in Widersprüchen

Trotz des so anderen Familienklimas, in dem ich aufwuchs, war ich seit 1936 Mitglied der Hitlerjugend (HJ). Zehn Jahre später merkte ich, daß dies vielleicht ein Jahr zu früh war, denn ich wurde als Studentin in Berlin vor eine amerikanische Entnazifizierungskommission geladen. Auf einem Fragebogen hatte ich wahrheitsgemäß meinen Eintritt vermeldet, was mir den Verdacht einbrachte, aus einer Nazifamilie zu stammen, da erst 1937 die Hitlerjugend zur Staatsjugend und der Beitritt Zwang wurde. Ich war also freiwillig und zu früh Hitler nachgefolgt. Mit lauter ehemaligen Parteigenossen wartete ich auf mein Verhör. «Hier kommt keiner ungeschoren raus», murmelte mein Nachbar düster vor sich hin. Mir war wie beim Jüngsten Gericht, als der vernehmende Beamte in alle Winkel meiner Familie leuchtete. Ich sah mich schon schmählich vom Studium ausgeschlossen, ich – die ich die letzten Jahre des Dritten Reiches stets gewiß war, daß ich ohne HJ-Karriere niemals studieren dürfte! Was wäre gewesen, wenn meine Mutter in der NS-Frauenschaft, mein Vater in der Partei gewesen wäre? Nach einigen bangen Wochen bekam ich die Nachricht, daß das Verfahren niedergeschlagen sei.

Ich konnte dem Amerikaner ja nicht von der blonden Uschi erzählen, die um die Ecke wohnte, frisch, freundlich, unternehmend und ein paar Jahre älter, die eine Lederlochschere besaß, die mich letzten Endes so früh in Hitlers Gefolgschaft brachte. Es war damals Sport unter uns, Lederarbeiten zu machen, aus kleinen Lederstücken Portemonnaies, Fahrkartenhüllen, Täschchen oder Bleistiftetuis herzustellen. Dazu mußte man Löcher in das Leder stanzen, durch die dann die Lederfäden gezogen wurden. Aber mit

Metallstift und Hammer die Löcher zu stanzen war mühselig, und mit einer Lochschere ging es schnell. Uschi war freigebig mit ihrem Wertstück, lud mehrere Mädchen meines Alters an ihren Eßtisch ein; wir zeichneten und bereiteten das Leder vor und durften abwechselnd die Lochschere benutzen. So entstand aus einer Nachbarschaftsgruppe die «Jungmädelgruppe», die Uschi dann in die HJ einführte. Ich machte darin keine Karriere wie die meisten Mädchen aus Oberschulen. Ich machte aber gerne mit, wenn es um Sport und Musik ging. Die einzige Funktion, die ich je hatte, war, eine Zeitlang Wimpelträgerin zu sein. Margot, die nächste Führerin, kam zu meiner Mutter, um deren Erlaubnis dafür zu holen. Meine Mutter war sehr zurückhaltend, gar nicht freundlich wie sonst zu Fremden, was mir peinlich war. Die Wimpelweihe am 1. Mai 1938 auf dem Pfingstberg in Potsdam, wo unsere blumengeschmückten Fähnchen den Segen des neuen Reiches bekamen, blieb aber auch mein einzig aktiver Beitrag. Als alle Dreizehnjährigen im Untergau aufmarschieren mußten, um für die Führerinnenkarriere ausgesucht zu werden, suchte ich krampfhaft nach Gründen für eine Verweigerung. Die Kommission näherte sich mir. Alice, meine Nachbarin, wurde gleich als Aspirantin erwählt, denn sie hatte sich vor kurzem beim Rodeln ein Bein gebrochen und stand schon wieder auf zwei Beinen. Das galt als forsch und sportlich. Ich wurde nach meinen liebsten Schulfächern gefragt und stieß hervor: Religion. Das war eine glatte Lüge, verfehlte aber ihre Wirkung nicht. Die Kommissionsglieder wechselten bedenkliche Blicke und wendeten sich der nächsten zu. Ich war frei.

Meine Pflicht-HJ endete in einer Spielschar, wo ich wie andere ähnlich Gesinnte mit meiner Flöte einen Unterschlupf fand. Wir spielten im Orchester und im Quartett vor Soldaten und in Lazaretten meist Klassisches, was die Krieger wohl wenig erfreut haben mag. In dieser kulturellen Nische fanden sich die, die Hitlers Jugendtruppe abstoßend fanden.

Doch wo soll man seine Identität finden, wenn das Vaterland nicht mehr stimmt und die Freundinnen in der Hitlerjugend aufgehen? Die «Untergrundkirche» meiner Mutter half ein Stück weit, das Anderssein zu verstehen. Jeden Mittwochabend ging meine Mutter – getreu dem Erbe meines Vaters – zu sogenannten Bibelstunden, die in einem Privathaus stattfanden und die betreut und geleitet wurden von jungen illegalen Pfarrern. Diese Pfarrer hatten ihre Examen nicht bei den offiziellen Kirchenleitungen abgelegt, sondern vor der Bekennenden Kirche (BK) und waren deshalb «illegal», hatten eine ungesicherte Existenz und geringen Lohn. Donnerstags morgens wurden meine Schwester und ich mit den neuesten Informationen beim Frühstück gefüttert: Niemöller freigesprochen, aber gleich beim Verlassen des Gerichtsgebäudes in eine grüne Minna verfrachtet: «Steigen Sie ein, Herr Pfarrer!» – Frau Niemöller bringt die Zeugnisse der Kinder ins Gefängnis. Aber die müssen «den Instanzenweg» gehen. Niemöller darauf spöttisch im Blick auf die mitgebrachten Äpfel: «Müssen die auch den Instanzenweg gehen?» – Bethel wird Anfang des Krieges am 19. September 1940 bombardiert. Der BK-Pfarrer ist, wie Teile der BK, der Ansicht, daß das Hitler angeordnet habe. Da aber protestierte die Gastgeberin: «So etwas darf in meinem Haus nicht gesagt werden!» Es stellte sich auch nachher als Irrtum heraus. – Die Informationen über Euthanasie dagegen waren zuverlässig. Als der jüngere Bruder meines Vaters, der nach dem Ersten Weltkrieg an der damals grassierenden Gehirngrippe erkrankt war und seit kurzem in dem Pflegeheim Sonnenstein bei Pirna lebte, plötzlich an einer «Lungenentzündung» starb, wußten wir, daß das Mord war. Meine Mutter fuhr sofort zu ihrer Schwiegermutter, ohne ihr aber die Wahrheit zu sagen. Dies erfuhr meine Großmutter am nächsten Morgen beim Brötchenkauf, als die Bäckersfrau Zweifel am natürlichen Tod meines Onkels äußerte.

Nach meiner Konfirmation bestürmte ich meine Mutter, daß ich nun auch in die Bekennende Kirche eintreten wolle. Da meine Mutter ängstlich war und um meine Zukunft fürchtete, steckte ich mich hinter meine Patentante, Lehrerin an der Heidelberg-Wieblinger Schule Elisabeth von Thaddens und eifrige BK-Anhängerin. Sie zerstreute schnell meiner Mutter Bedenken, und so wurde ich im

Oktober 1942 in Potsdam «auf Beschluß des Bruderrates in die Bekenntnisgemeinde aufgenommen und unter Nr. 3053 in die Liste der Bekenntnisgemeinde eingetragen». Ich war sechzehn Jahre und vielleicht das jüngste Glied. Neben der rosaroten Karte, die ich nun immer bei mir trug, steckte auch noch das Bild Martin Niemöllers mit dem mir damals und auch heute wieder rätselhaften Spruch:

«Wir haben nicht zu fragen, wieviel wir uns zutrauen; sondern wir werden gefragt, ob wir Gottes Wort zutrauen, daß es Gottes Wort ist und tut, was es sagt.»

Er war heilig, und was er sagte, mußte bedeutend sein. Ein Heiligenbild? Ein Talisman? Mindestens ein Stück Sicherheit in unsicherer Zeit. Richtschnur, die half, anders zu sein.

Meine Konfirmationszeit ließ mich dagegen kalt. Einmal war unser Gemeindepfarrer weder links noch rechts, weder Bekennender Christ noch Deutscher Christ, weder heiß noch kalt, und das war fast ebenso schlimm, wie ein Bischof in «intakten» Kirchen zu sein. Die Namen Meiser, Wurm, Marahrens standen für diesen Unglauben.

Zweitens mußte sich der Pfarrer mit einer Horde unwilliger Hauptschüler zwei Jahre herumärgern, was seinem Unterricht nicht guttat. Meine Schulfreundinnen eilten dagegen alle in die standesgemäße Garnisonskirche, aber das ließ nun wieder unser Gemeindeprinzip nicht zu. So sind mir aus dem Konfirmationsgottesdienst in der Nikolaikirche nur das Bach-Präludium, das unsere Organistin mir zuliebe spielte, und der Segensspruch, der mir tief in Herz und Körper einging, in Erinnerung: «Der wird dich stärken und bewahren vor dem Argen.» Mein Konfirmationsspruch, den wir uns selbst aussuchen sollten: «Unser Glaube ist der Sieg, der die Welt überwunden hat», war so unpersönlich wie möglich, entsprach aber meiner Protesthaltung gegen eine Weltanschauung, die das Leben einschnürte.

Um die konfirmierten Mädchen wetteiferten – sofern man unter nationalsozialistischem Druck davon überhaupt sprechen konnte – zwei evangelische Mädchenwerke: einmal der Mädchenbibelkreis (MBK) in Salzuflen und zweitens das Burkhardthaus in Berlin-Dahlem, die Zentrale christlicher Mädchenarbeit. Ich gehörte schließlich beiden an, ging in einen MBK-Kreis und war Glied einer Singschar in unserer Gemeinde, die vom Burkhardthaus geprägt war. Mir machten beide Zusammenkünfte Spaß. Die Unterschiede waren offensichtlich. Beim MBK gab es nur Schülerinnenarbeit, das Burkhardthaus erfaßte alle sozialen Schichten: In unserer Singschar gab es junge Handwerker, Schüler und Schülerinnen, Angestellte und eine Hausgehilfin, und diese bunte Mischung unter einer fröhlichen jungen Organistin machte den Reiz aus. Beim MBK herrschte eine eher nach innen gewandte Frömmigkeitskultur. Das Burkhardthaus war weltoffener und stand auch mit seinen Mitarbeitern der Bekennenden Kirche näher. Beim MBK saßen wir mit einer jungen Pfarrfrau um den Tisch, diskutierten ein Thema oder machten auch «Bibelarbeit», jedoch noch ohne Phantasie und streng rational, oder wir unternahmen Ausflüge. Bei einer Bootsfahrt in einem überladenen Ruderboot kenterten wir in einem aufkommenden Sturm auf dem Jungfernsee und mußten von der Marine-HJ gerettet werden. Kaum standen wir in nassen Kleidern am Ufer, als die Polizei kam und die Älteste von uns uns zuzischte: «Nicht sagen, wer wir sind!» Außerhalb der kirchlichen Räume waren christliche Jugendaktivitäten nicht erlaubt. Unser bodenloser Leichtsinn erschien in der Tageszeitung. Die «mutigen Lebensretter» wurden ausgezeichnet, doch wer wir eigentlich waren, blieb unentdeckt.

Mit der Singschar sangen wir in Gottesdiensten, in Altersheimen und Krankenhäusern. An Wochenenden wanderten wir im Sommer zu einem Wiesengrundstück bei Sakrow, wo eine Holzhütte stand, die der evangelischen Jugend gehörte, und wo intensiv gespielt und gesungen wurde. In dieser Singschar hörte ich auch zum erstenmal den Namen Bonhoeffer, als er 1943 verhaftet wurde. Hier tauschten wir Informationen aus abgehörten «Feindsendern», gefundenen Flugblättern und Gerüchte aus. Daß die Russenangst uns nur von Hitler und Edwin Erich Dwinger, einem Bücher schreibenden Freikorpskämpfer, eingeredet sei, hörte ich hier von unserer jungen Pfarrfrau und Theologin mit großem Staunen und halber Gläubigkeit. Sie hatte vor nichts Angst, versteckte eine Jüdin und war ein Vorbild an Unerschrockenheit.

In Otto Riethmüllers Jugendbrevier, das er als Leiter des Burkhardthauses verfaßt hatte und das wir auswendig konnten, hieß es: «...daß mir die Gemeinde, der Jugendkreis zur Heimat werde.» Und das war geschehen, vor allem, als in den Kriegsjahren die Lebenskreise immer enger wurden. Ein Satz mißfiel mir aber in dem Brevier: «Und tapfer will ich dazu helfen, daß mit mir viele junge Menschen für Christus und sein Reich gewonnen werden.» Einmal fand ich das «tapfer» aufgesetzt und unnatürlich. Zweitens war mir aller Missionseifer fremd. Ich wollte keine(n) bekehren. Meine engsten Freundinnen in dieser Zeit waren Atheistinnen, jedenfalls kirchenfern, und keine wollte die andere von ihrer Weltsicht überzeugen. Erika, die mir die Nächste in den letzten Schuljahren war, malte, hatte Kunstverstand, eine bezaubernde Phantasie und las Dostojewski. Lilo aus Bremen kam aus Kreisen der alten bündischen Jugendbewegung, dachte stets quer und war mit ihrem verwegenen Jungenhaarschnitt ein lebender Protest. Wir drei hielten uns aneinander in Abscheu vor der NS-Kultur. Im Sommer ruderten wir mit den Booten unserer Schule auf der Havel, lagen im Schilf, träumten und redeten. Wenn die Schule uns langweilte, fuhren wir an Winternachmittagen nach Berlin in die Universität. Zuerst stöberten wir bei Gesellius am Bahnhof Friedrichstraße nach Büchern. Dann saßen wir wie Studentinnen in den kriegsmäßig leeren Hörsälen, fühlten uns stolz, den Zeitungswissenschaftler Dovifat, den Philosophen Hochstetter und Theaterwissenschaften zu hören. Trotz aller Einbildung, daß wir der Schule entwachsen waren, verstanden wir jedoch nicht viel. «Das Ich setzt sich», lehrte Hochstetter Fichtes Philosophie. Ich begriff gar nichts, und Erika malte einen Stuhl.

Wir waren geübt, unsere geheimen Gedanken nicht herauszulassen und in Zwiespälten zu leben. Einmal mißlang mir das. Wir hatten uns als Aufsatz eine Geschichte ausdenken sollen, und ich hatte über die Familie eines Kriegers geschrieben, die dann von Parteigenossen die Nachricht vom Tod des Mannes bekommt. Dabei

Konflikt mit der Deutschlehrerin 1942.

hatte ich diese Todesboten etwas ironisch die «trostlosen Trostbringer» genannt. Nach der Stunde rief mich unsere Deutschlehrerin nach vorn, war hoch erregt und drohte mir, daß sie mich wegen solcher ungebührlicher Äußerungen anzeigen könne. Die Szene ist auf einem Foto, das eine aus unserer Klasse von uns beiden machte, festgehalten: Ich stehe mit bösem Gesicht und verschränkten Armen neben dem Pult, von dem die Lehrerin mit ebenso bösem Gesicht doziert. War sie selbst bedroht? Ich wußte, daß sie zum Kummer ihres Vaters in den zwanziger Jahren Sozialistin geworden war. Sie konnte sich doch nicht schon wieder gedreht haben! – Es geschah aber nichts weiter. Sie hatte wohl nur ihre staatsbürgerliche Pflicht erfüllen wollen. Aber mir kam es wie Verrat vor.

Und noch einmal ein kaum zu glättender Widerspruch am Ende meiner Schulzeit. Statt das Abitur zu machen, wurden wir im Herbst 1944 in den Arbeitsdienst eingezogen mit dem Versprechen, daß wir nach diesem nationalen Einsatz im April unser Reifezeugnis bekommen würden. Ich war im Frühsommer 1944 an einer Lungenentzündung und lebensgefährlichen Herzattacke schwer krank gewesen und hätte alle Möglichkeiten der Zurückstellung gehabt. Doch ich wollte weg. Weg von zu Hause. Weg von der nach meiner Krankheit überfürsorglichen Mutter. Ich wollte etwas erleben. Schon im August, als die Russen sich der deutschen Grenze näherten, waren alle Schulklassen zum Ostwall-Schippen nach Meseritz geschickt worden. Und ich war nicht dabei! So setzte ich alles dran, die selbst skeptischen Arbeitsdienstärztinnen von meiner Gesundheit zu überzeugen, und fiel ihnen fast um den Hals, als sie mich endlich tauglich schrieben. Allerdings mit einem bedenklichen Brief an meine zukünftige Lagerleitung mit der Weisung, mich zu schonen.

Das Lager Ringenwalde, in das ich im November einrückte, lag in der Schorfheide dicht bei Hermann Görings Jagdsitz Karinhall, von wo wir in Notfällen männliche Hilfe und zu Weihnachten ein Wildschwein bekamen. Die Lagerführerin hatte seltene Qualitäten: Sie bändigte die bösartige Unterführerin, so gut sie konnte, sorgte für einen menschlichen Ton; mich behielt sie – zu meinem Kummer – zunächst im Lager, so daß ich erst später in den Außendienst zu Bauern kam. Und auch dort reichte ihre Fürsorge noch hin: Ich durfte nicht aufs Feld wie die anderen, sondern saß in der Küche und mußte Strümpfe stricken oder Kartoffeln schälen. Zu Weihnachten erlaubte sie uns allen, in die Kirche zu gehen. Das eindrücklichste war aber, daß sie einem Mädchen, dessen Vater am 20. Juli beteiligt war und «dessen Kopf wackelte» – wie es hieß –, besondere Aufmerksamkeit, ja Zuwendung zukommen ließ.

Sonst war das Lager eine Mischung von Kaserne und Mädchencamp. In der Kaserne durften wir uns auf dem Hof nur im Laufschritt bewegen, gab es Appelle morgens und mittags, militärische Ab- und Anmeldungsriten, wenn wir das Lager zum Außendienst verließen, Spind-Appell, wobei alle Sachen auf dem Boden landen konnten, Strohsack-Kontrolle, wobei die mühsam zurechtgezupften Halme noch mal neu geglättet werden mußten, und schließlich die Vereidigung auf Führer, Volk und Vaterland.

Im Mädchencamp wurden wir «Maiden» genannt, sangen «Maidenlieder», «wichtelten» im Advent für eine andere Maid, machten abwechselnd der Lagerbelegschaft einen vergnügten Sonntag mit einem Extra-Essen, Tagesprogramm und fröhlichem Morgenlied. Neujahr 1945 tanzten wir in Zivil in das unbekannte neue Jahr.

Doch dann änderten sich die Verhältnisse. Erst kamen die Wanzen, die uns so zusetzten, daß wir zwecks Entwanzung des Lagers sogar Wanzenurlaub bekamen. Dann begann am 12. Januar die russische Offensive im Osten. Ein westpreußisches Arbeitsdienstlager floh zu uns. Dann kamen die Schwarzmeerdeutschen, so daß wir alle eng aneinander gepreßt auf dem Boden schliefen und Frauen und Kinder unsere Betten bekamen. Wir lernten, aus Decken Fluchtgepäck zu machen, denn die Russen waren inzwischen bis an die Oder vorgedrungen, und die war nur dreißig Kilometer von uns entfernt. Schließlich bekam ich Diphtherie, was die Lagerleitung angesichts unserer Enge in Panik versetzte. Man wollte mich aufs schnellste loswerden.

In Karinhall fand sich schließlich ein Lastwagen, der ohne Ladung nach Berlin fuhr, und so kam ich auf offenem Lastwagen am 15. Februar wieder nach Potsdam zurück. Meine Mutter war ob solchen Leichtsinns entsetzt, aber unsere gewissenhafte Lagerführerin war bereits von ihrer beinharten Kollegin aus dem westpreußischen Lager abgelöst worden. Ich genoß die friedlichen Krankentage und hatte inzwischen auch mein Soll an Abenteuern für mich erfüllt. Der Krieg mußte bald aus sein und mit ihm das Dritte Reich. Vielleicht ließ sich meine Diphtherie noch hinziehen! Warum kamen nur die Russen an der Oder nicht voran?

Am 23. März eröffnete mir der junge Arzt im Virchow-Krankenhaus in Berlin, wo ich mich zu Abstrichen einfinden mußte, daß er mich nun leider gesund schreiben müßte. Von der Reichsarbeitsdienstleitung wurde ich daraufhin in die «Deutsche Waffen- und Munitionsfabrik» nach Berlin-Borsigwalde geschickt, und diesmal hatten mich Lust und Mut total verlassen. Schon der erste Appell schreckte mich: Meine Bettnachbarin Ruth wurde dabei wegen Fahnenflucht zu einer längeren Haftstrafe verurteilt. Als die Russen im Januar an die Oder vorstießen, hatte sie in Angst Fabrik und Lager verlassen und war nach Hause, nach Wittenberge, geflohen. Mein Wunsch, daß die Russen oder vielleicht die Amerikaner sich ein bißchen beeilen sollten, war wieder so ein geheimer Gedanke, den man nicht auszusprechen wagte. Zumindest saßen wir nun in der Falle: Fliehen konnte schief ausgehen, wenn die Front wieder stoppte. Dableiben mit so viel Munition im Rücken konnte das Ende sein. Die zweieinhalb Wochen, die ich Patronen verpackte, kamen mir endlos vor. Wir alle versuchten immer wieder, einen Berechtigungsschein für die S-Bahn zu kriegen, um nach Hause zu kommen und vielleicht dort bleiben zu können. Doch immer wieder war das Wagnis noch zu groß.

Am 14. April erhielten wir in einer Feierstunde in der Schule unsere versprochenen Abiturzeugnisse. Wer konnte, hatte sich aus Lager oder Fabrik freigeben lassen. Unser Direktor Heintze hielt eine Rede, die normalerweise nach Kampf und Sieg geklungen hätte. Doch nun hatte sich der Ring um Berlin zu schließen begonnen, und da paßten keine heroischen Reden mehr. So las er aus Guido Kolbenheyers «Theophrast von Hohenheim» Deutschtümelndes und nach innen Gewandtes vor. Einige Wochen später verschwand er für immer in einem russischen Straflager. Die Zeugnisse, die wir auf Grund unseres nationalen Einsatzes bekommen hatten, erwiesen sich bald als wertlos. Sie berechtigten später im Westen und in West-Berlin zu keiner Universität. Wer hier studieren wollte, mußte noch mal auf die Schulbank.

Am Abend tranken wir bei meiner Großmutter zur Feier des Tages Wein, als die Sirenen gingen: Das alte Potsdam sank an diesem Abend in Schutt und Trümmer. Es hatte nichts genützt, daß es noch kurz vorher zur Lazarettstadt erklärt worden war. Als ich am nächsten Morgen zum Bahnhof wollte, weil meine Mittagsschicht wieder begann, mußten meine Mutter und ich zwei Kilometer über Trümmer, Bäume, Tote und aufgerissene Straßen steigen. Als wir schließlich auf der Eisenbahnbrücke ankamen, sank gerade die stolze Fassade des Palasthotels mit seiner Havelterrasse brennend ins Wasser und mit ihm ein Stück bürgerliches Potsdam, das nie wieder auferstehen würde.

Drei Tage später war der Ring um Berlin geschlossen, und die ersten Geschosse trafen die Innenstadt. Als am Sonnabend darauf keine Arbeitskräfte mehr in die Fabrik kamen und wir ein Gespräch der Betriebsleitung belauschten, daß die Arbeitsmaiden nun die Arbeit und dann auch die Verteidigung übernehmen sollten, war mein Entschluß gefaßt: nichts wie raus aus diesem Hexenkessel! Eine gefällige Arbeitsdienstführerin lotste mich mit ihrem Berechtigungsschein durch die S-Bahn-Sperre; nach einer dreiviertel Stunde Warten kam schließlich noch ein Zug – der letzte, wie nachher deutlich wurde –, und ich kam zur Erleichterung meiner Mutter am Nachmittag in Potsdam an. Drei Tage später, am 24. April um fünf Uhr dreißig, kamen die Russen. Der Krieg war für uns zu Ende. Der Schrecken «Nationalsozialismus» war vorbei. Aber das neue Freiheitsgefühl war diffus und wurde bald von neuen Schrecken überlagert.

Studium in Berlin und Göttingen

Als wir die ersten schlimmen Wochen der russischen Besatzung überlebt hatten, die Splittergräben und Bombentrichter, in denen wir immer noch Tote fanden, zugeschüttet hatten und das Leben sich auf die Beschaffung von Nahrungsmitteln konzentrierte, kam die Frage, was ich mit dem großen Freiraum tun sollte. Der erste Freiraum ohne dirigistisches System! In einem Sonntagsgottesdienst spitzte ich bei den Abkündigungen die Ohren: «Die theologische Fakultät», so las es der Pfarrer vor, «beginnt am 9. Juli 1945 in Berlin-Zehlendorf wieder mit Vorlesungen.» Ich war Feuer und Flamme. Zwar war Theologie nie mein Studienziel gewesen, eher Medizin in frühen Jahren oder zuletzt Altphilologie. Ich fühlte mich auch weder fromm noch religiös, aber Studium war Studium, und nachher konnte ich immer noch sehen. Ich bestürmte meine Mutter, daß ich nach Zehlendorf fahren müsse. Aber wie? Es fuhren weder Busse noch Bahnen. Die Strecke war fünfundzwanzig Kilometer lang, und die Russen waren allgegenwärtig, Räder zu klauen und Überfälle zu inszenieren. Noch besaßen wir zwei Räder – zwei Monate später schon keins mehr –, und so beschloß meine Mutter, mit mir zu fahren. Bei Pfarrer Lic. Otto Dilschneider erfuhren wir, daß die Vorlesungen im Gemeindehaus am Teltower Damm am Montag beginnen würden. Meine Mutter vertraute mich für diese zweite Fahrt einem ebenfalls nach Berlin fahrenden Bekannten an, meine Schwester hatte Freunde, die mich zweimal in der Woche bei sich in Schlachtensee schlafen lassen wollten, und so begann mein akademisches Leben.

Ich hatte Glück, daß mir auf diesen Fahrten nie etwas passierte. Professor Walter Eltester, der Kirchengeschichtler, der aus Rehbrücke kommend den gleichen Weg wie ich fuhr, wurde einmal übel überfallen, und sein Rad wurde demoliert. Bescheiden fragte er mich, wie ich denn immer so heil durchkäme. Darauf verabredeten wir uns häufig, und ich war stolz, daß ich ihm Geleitschutz geben konnte. An der Lenkstange hatte ich eine Tasche mit einem Glas Rhabarbergrütze, unsere tägliche Nahrung in diesem Frühsommer, die aber an heißen Tagen nach dem langen Geschaukel schon sauer war. Im Gemeindehaus gab es mittags Pferdefleischsuppe mit Trockengemüse, die wir alle heißhungrig verzehrten, nur nicht der Kirchengeschichtler Kurt Aland. «Warum so vornehm, Herr Oberassistent?» fragten wir.

Wir waren ein bunt zusammengewürfelter Haufen: Kriegsversehrte, einige mit einem jüdischen Elternteil, die bislang nicht studieren durften und sich mit großem Elan in die christliche Theologie stürzten, ehemalige Krieger, denen es gelungen war, der Gefangenschaft zu entgehen, Flakhelfer und Schulentlassene wie ich. Ich war die Jüngste und wurde dehalb von einigen in diesem Semester «Küken» genannt, was ich aber gar nicht lustig fand. Unter den fünfundzwanzig bis dreißig Studierenden waren etwa sieben Frauen, die sich keinerlei Gedanken machten, ob sie mal ordiniert und gleichberechtigt sein würden. Sie schienen mir weit intelligenter als die z. T. müden Krieger, und ihr Witz und ihre Diskutierlust steckten alle an. Die Theologie selbst war ihre Leidenschaft, und was daraus einmal werden würde, störte sie nicht. Soweit ich mich erinnere, kamen sie alle aus Kreisen der Bekennenden Kirche und wollten eine engagierte und nicht nur wissenschaftliche Theologie betreiben.

Wie unterschiedliche Motivationen Frauen in dieser Zeit hatten, Theologie zu studieren, zeigt aber z.B. die katholische Elisabeth Gössmann in einem Interview:

> «Ich habe meine Kindheit und frühe Jugend in der Nazi-Zeit verbracht, war sechzehn Jahre alt bei Kriegsende. Von der Politik erwartete ich nichts mehr, wie viele aus meiner Generation. Wir

zogen uns ins Unpolitische zurück, interessierten uns für Metaphysik und eben auch für die Theologie. Ich faßte damals, kurz vor dem Abitur, den Entschluß, mich nur mit dem letzten Sinn des Lebens zu befassen. Das war das Motiv für mein Studium.» (Publik Forum Nr. 14/15, 3. Jg., S. 46).

Meine Motivation war fast umgekehrt: Theologie mußte in die Politik reichen.

Für meinen ersten Studientag hatte ich mir notiert:
8–9 Uhr Hebräisch
11–13 Uhr Galater
15–16 Uhr Griechisch
16–17 Uhr Latein.

Neben den Sprachkursen, die für die meisten das wichtigste waren, wurden also auch Vorlesungen angeboten. Johannes Schneider las Galaterbrief. Otto Dibelius, der sich zum Ärger der BK gerade zum Bischof ernannt hatte, hielt eine Vorlesung über Kirchenkunde. Weitere Dozenten waren Dress, Dilschneider, Eltester, Aland und der Sprachlehrer Köhler. Hebräisch lehrte uns der Schlachtenseer Pfarrer Augustat, und zwar so effektiv, daß wir alle bereits am 14. September das Hebraicum bestanden. Aber vielleicht lag es auch weniger an unserem Können als am Leichtsinn unseres Lehrers, der in der letzten Stunde vor der Prüfung uns gründlich eine ungewohnte hebräische Sprachform erklärte: «Es lebe der König!» Gewitzt, daß das nicht ohne Grund geschehen sei, fanden wir zwei alttestamentliche Texte mit dieser Wendung, bereiteten sie sorgfältig vor und gingen wohlgerüstet in die Prüfung. Dies war wohl der letzte offizielle Rechtsakt der alten traditionsreichen Berliner Friedrich-Wilhelm-Universität, deren Briefkopf noch einmal unsere Zeugnisse schmückte. Als die Universität im Herbst wieder ihre Pforten öffnete, wurde sie bald darauf «Humboldt-Universität» genannt.

Ich hatte inzwischen so viele Reize in den alten Sprachen und in der Theologie entdeckt, daß ich beschloß, dabeizubleiben. In einem

Gartenlokal an der Krummen Lanke feierten wir mit den Dozenten bei Bier und Kartoffelsalat den Abschluß des höchst vergnügten und eindrücklichen Zwischensemesters, frei von allen Zwängen der letzten zwölf Jahre. Der Westteil Berlins war inzwischen von den Westmächten besetzt, und die hier wohnten, merkten noch wenig, was sich draußen im Land und im Ostteil der Stadt an neuen Restriktionen anbahnte.

Die Trennungen in der Stadt hatten auch Konsequenzen für das Theologiestudium. Waren im Sommer noch Dozenten der Universität mit kirchlichen Lehrern vereint gewesen, so entstand jetzt im Westteil der Stadt die Kirchliche Hochschule, die sich dem Geist von Barmen verpflichtet fühlte, und im Ostteil begann die theologische Fakultät innerhalb der Universität wieder ihre liberale Tradition fortzusetzen. Die Studierenden pendelten zwar zwischen beiden Institutionen hin und her. Letztlich mußten wir uns aber entscheiden, wo wir uns einschreiben lassen wollten. Dort liberale Theologie, hier die dialektische – so lautete für viele die Entscheidung. Aber welche Theologie hatte Widerstand gegen das Dritte Reich entwickelt? Welche versprach, weiter wachsam zu sein? Ich entschloß mich – wie die meisten Frauen aus dem ersten Zwischensemester – für die Kirchliche Hochschule, wo die Tradition, aus der ich kam, fortgesetzt wurde. Zu den Latein- und Griechischkursen von «Papa Köhler», unserem genialen Sprachlehrer, fuhren wir in die Vorlesungsräume der Universität, in die heizbaren Hinterzimmer im zerstörten Berliner Dom. Auch Heinrich Vogels Dogmatik lohnte die Fahrt in die Stadtmitte. Aber das Zentrum des theologischen Lebens war die Kirchliche Hochschule (KiHo), die nach dem Gemeindehaus am Teltower Damm vorübergehend ein Domizil in der Roonstraße bezog und schließlich in der Heimat 27 in Zehlendorf bis zu ihrer Schließung nach der Wende ihre endgültige Bleibe fand.

Was uns mit der Kirchlichen Hochschule geboten wurde, war nicht die Brillanz theologischer Vorlesungen, sondern das Kennenlernen von Personen und Traditionen aus der weltweiten Ökumene. Das war für uns eingeschnürte Christenmenschen, die fixiert waren auf den deutschen Kirchenkampf, ein notwendiges Lernfeld. Theologie war dabei keine abstrakte Wissenschaft, sondern eingebunden in Kontexte, und die Menschen, denen wir begegneten, hinterließen lebenslang Eindrücke aus Ländern, die wir nur aus dem Atlas kannten.

Am 22. Oktober kam Niemöller zum ersten Mal wieder nach Berlin. Als er, leicht gebeugt, in die Dahlemer Annenkirche eintrat, erhoben wir uns alle stumm. Reinhold von Thadden, der Initiator des Kirchentags, kam geschwächt und fast stimmlos von der Deportation ans Eismeer, saß unter uns und erzählte stockend von seinen Erlebnissen und seinen Plänen. Ein junger smarter französischer Offizier, George Casalis, der sich für die Versöhnung mit Frankreich engagierte und später ein wichtiger Vertreter der materialistischen Exegese wurde, war häufiger Gast. Eines Tages ging ein Raunen durchs Treppenhaus: «Bonhoeffers Braut kommt», und eine schmale schwarzgekleidete Gestalt eilte die Treppen hinauf. Die Schweizer Eduard Thurneysen, Fritz Lieb und vor allem Karl Barth mit seinem Vortrag «Christengemeinde und Bürgergemeinde» wurden begeistert empfangen. Doch den nachhaltigsten Eindruck hinterließ für mich und auch für andere der Schweizer Alttestamentler Walter Zimmerli, der ein ganzes Semster im Sommer 1947 seine Familie und sein Studienhaus in Zürich verließ, um uns gute alttestamentliche Theologie zu lehren. Wir bewunderten ihn vom Scheitel bis zur Sohle: seinen straffen Militärhaarschnitt, den aufrechten Gang und nicht zuletzt die märchenhaften Gummisohlen an seinen Schuhen. Er teilte mit uns die dünne Mohrrübensuppe, ließ sich von uns in die Oper und zu Pfarrkonventen mitnehmen, und einmal bewirtete er uns alle mit Aprikosenmarmelade-Brötchen, für die sein Studienhaus einen Tag gefastet hatte. Mir gefiel dieser Vorlesungsstil mit den präzisen Formulierungen, der anspruchsvollen Geschlossenheit. Daran fehlte es in der KiHo, und ich fing an, mich für einen Platz an einer westdeutschen Universität zu bewerben. Wenigstens ein Jahr wollte ich mal einen etwas spritzigeren Geist spüren.

Es war nicht einfach, für die überfüllten westdeutschen Institutionen Zulassungen zu bekommen. Als ich eine erhielt, beneideten mich viele, nur ich war enttäuscht: Es war Tübingen, und das kannte ich von Bildern als ein romantisches Neckarstädtchen mit schwäbisch-pietistischem Geist, und von seinen Theologen hatte ich nie etwas Aufregendes gelesen oder gehört, höchstens konservativ Betuliches. Helmut Thielicke war dort der Star, und der hatte in unseren Berliner Augen etwas Unverantwortliches getan: das Stuttgarter Schuldbekenntnis in seinen Karfreitagspredigten kritisiert. So startete ich einen neuen Versuch, um nach Göttingen zu gelangen, dem damaligen Mekka reformatorischer, kirchen- und gesellschaftskritischer Theologie. Irgendwann kurz vor Semesteranfang klappte es dann. Eine Studentin, die ich auf einer Freizeit kennengelernt hatte, hatte Schützenhilfe geleistet und dem für die Zulassung verantwortlichen Dozenten, der eigentlich nur blonde Mädchen bevorzugt zuließ, versichert, daß ich trotz meiner dunklen Haare sehr nett sei.

Mit einem Rucksack aus Luftwaffenbeständen, der meine ganze Habe enthielt, kam ich an einem nebligen Herbstmorgen 1947 in Göttingen an. Mein Zug kam von der Zonengrenze, die ich mit anderen Grenzgängern in der Nacht erfolgreich – und das heißt, ohne verhaftet, zurückgeschickt oder verfolgt zu werden – überquert hatte. Ein Grenzflüßchen war schwierig gewesen. Die Brücke war zerstört und durch zwei parallel liegende Balken ersetzt. Über die waren wir paarweise, uns an den Händen haltend, balanciert, was bei dem schweren Rucksack nicht ganz einfach war. In Göttingen fragte ich mich zur Schillerstraße 52 durch, wo die hilfreiche Studentin Dietgard Meyer wohnte. Sie lag noch im Bett, öffnete mir im Nachthemd, und gemeinsam krochen wir nochmal in das warme Nest und schliefen eine Stunde. Einschreiben, anmelden, Lebensmittelkarten bekommen und Wohnung suchen, das waren die ersten Etappen für eine Ostbürgerin, die zu einer Westbürgerin werden wollte. Die Wohnungssuche war das schwierigste, aber sie klappte auf Anhieb. Meine Schwester hatte mir die Adresse der Eltern einer Bekannten gegeben. Dort klingelte ich kühn, fragte nach einem Zimmer, hörte aber, daß es bereits vergeben sei. Ich wollte mich schon umdrehen und weggehen, als die Frau plötzlich sagte: «Ach, nehmen Sie es nur!» Ich war im siebten Himmel, auch wenn das Zimmer unheizbar und nur durch ein anderes Studentinnenzimmer erreichbar war. Die Hauptsache war ein Bett für die Nacht. So zog ich folglich den ganzen Winter tagsüber durch Göttingen auf der Suche nach einem warmen Platz, wenn das Seminar am Friedländer Weg geschlossen hatte. Wenn sich gar nichts fand, legte ich mich mit Handschuhen und Büchern ins Bett.

Bevor ich mich dem geistigen Abenteuer Göttingen hingeben konnte, war noch ein anderes Abenteuer zu bestehen. Ich mußte nach Potsdam, um bei der russischen Kommandantur den beantragten Dauer-Interzonenpaß abzuholen, der mir auf unerfindliche Weise bewilligt worden war, der jetzt bereitlag und mit dem ich zwischen Ost und West ungehindert hin- und herreisen konnte. Mit einer Schulfreundin, die ebenfalls noch mal nach Potsdam zurückmußte, starteten wir per Autostopp morgens in Göttingen, hatten aber einen Pechtag, erwischten nur langsame Gefährte: Rübenlader, Kleinautos, Busse, kamen von den großen Straßen ab und landeten erst abends in Helmstedt, dem ungeschicktesten Ort für einen «grünen» Grenzübergang. Ich hatte schon fünfzehn Grenzübergänge hinter mir, aber dies war der schlimmste und bald auch der letzte. Wir brauchten die ganze Nacht, um die neun Kilometer auf Strümpfen, um lautlos zu sein, verfolgt von Russen und Grenzpolizei und gejagt von Hunden, nach Marienborn zu kommen. Eingeklemmt in eine Zugtoilette erreichten wir am nächsten Mittag Potsdam. Aus Solidarität mit der Freundin – aber ich mit dem Dauerpaß in der Tasche – machten wir uns am folgenden Tag noch mal auf eine grüne Reise, diesmal aber mit einem ungefährlicheren Nachtmarsch. Dann erst begann das Studium in Göttingen.

Meine Erinnerung an den ersten Winter in Göttingen ist, daß wir rannten. Wir rannten, um Sitzplätze zu bekommen. Wir rannten quer durch die Stadt, morgens zur Metallkunde, um Gerhard von Rad zu hören, zur Mineralogie, zum Albanigemeindehaus und schließlich zum damaligen Zentrum der Theologie: zum Seminar am Friedländerweg.

Neben Gerhard von Rad und Günther Bornkamm waren für

mich das Dreigestirn Ernst Wolf, Hans Joachim Iwand und Otto Weber die wichtigsten Lehrer. Wer nicht kirchenpolitisch dachte, delektierte sich lieber an Friedrich Gogarten, der für Studierende meiner Richtung aber mit dem Stigma der Sympathie zu den Nationalsozialisten behaftet war. Zwischen unserem Dreigestirn und Gogarten gab es ebenfalls nicht aufzuhebende Differenzen.

Iwand, Systematiker, Ostpreuße aus Königsberg und untrennbar mit der ostpreußischen BK verbunden, war der Leidenschaftliche, Dramatische, der seine vom jungen Luther geprägte Theologie und deren Grundthese – die Rechtfertigung des Sünders – mit gesellschaftskritischen und kirchenkritischen Perspektiven verband. Sein zentrales Anliegen, das er uns vermittelte, war die Notwendigkeit, die Schuld am Osten aufzuarbeiten, sie einzusehen und auf Versöhnung hinzuarbeiten. Zu dieser Schuld am Osten gehörte auch die Judenvernichtung, obwohl «Auschwitz» noch kein eigenes Thema war. Bisher erlernte theologische Vorstellungen drehte er plötzlich um, reizte und provozierte uns. «Die Sünder sind schön, weil sie geliebt werden!» Er sprach's mit Delikatesse. Auf dem Pult brannte eine Kerze, denn es war abendliche Stromsperre. Sein Profil hob sich scharf, fast mephistophelisch, von der Dunkelheit ab. Er wollte mit diesem frühen Luther-Zitat unser kirchliches Sündenverständnis durcheinanderbringen und die bedingungslose Gottesliebe der Reformation deutlich machen. «Schön» – war das überhaupt eine Kategorie christlicher Anthropologie? Schön – was für eine sinnenhafte Vorstellung war das in unserer kargen, hungrigen Nachkriegswelt! Bei mir legte er damit den ersten Stein für ein feministisches Verständnis dieser Botschaft. Plötzlich konnte er auch die von der dialektischen Theologie so oft gemaßregelte Religion wiederentdecken, so daß ein Berliner Student verzweifelt ausrief: «Aber ich habe doch bei Ihnen gelernt, daß Religion Opium fürs Volk ist!» – Später konnte er CDU-Thesen vertreten, deren falsche Christlichkeit er in der beginnenden Adenauer-Ära immer angeprangert hatte. – Eines Nachmittags zogen wir mit seiner Frau und seiner Sekretärin, beladen mit Töpfen, Kannen und Blechkuchen, in das

Prof. Dr. Otto Weber, Göttingen 1950.

Hainholz, machten ein Feuer, kochten Kaffee und diskutierten weiter.

Ganz anders der Kirchenhistoriker Wolf, für den Iwand «ein guter Motor» war, der aber «geführt» werden mußte. Die brillanten Formulierungen in seinen Vorlesungen, gewürzt durch Attacken auf die sich konservierende Kirchlichkeit, seine Seitenhiebe mit spitzer Zunge gegen Bischöfe, Pietismus und fromme Heiligkeit waren ein Genuß. Nach dem weniger anspruchsvollen Vorlesungsstil der KiHo hatte ich zunächst Mühe, dem Tempo und der kunstvollen Begrifflichkeit seiner dogmengeschichtlichen Vorlesungen zu folgen. Dann packte mich der Ehrgeiz, gerade hier eine Fleißprüfung, die zum Erlaß der Studiengelder nötig war, abzulegen. Das ging allerdings ziemlich daneben, da Wolf sich auf die Apologeten und ich mich auf die altkirchlichen Konzilien vorbereitet hatte. Bis heute wichtig ist mir seine Formulierung vom «exemplarischen Christus», die er gegen das moralistische «Christus als exemplum» stellte. Nicht das vorbildhafte, sondern das beispielhafte Leben Christi, der mit uns und mit dem wir durch alle Höllen gehen, war für unsere gebeutelte Kriegsgeneration eine existentielle Botschaft.

Weber, der Dritte im Bunde, gehörte auf Grund seiner Geschichte, die ihn ins Kirchenministerium der Deutschen Christen geführt hatte, eigentlich nicht dazu. Aber da er sich offen zu diesem frühen Irrtum bekannt hatte, konnte er in vielen kirchenpolitischen und fakultätspolitischen Fragen mit Iwand und Wolf eng zusammenarbeiten. Er selbst verstand sich bescheiden als der, der «den Troß» nachholte, den seine beiden Kollegen erfolgreich anführten. Er gab uns auch den Rat, nicht in seine, sondern in deren Vorlesungen zu gehen. Wer aber trotzdem zu seinen theologiegeschichtlichen Vorlesungen ging, erfuhr eine Fülle historisch-theologischer Zusammenhänge, die pädagogisch exzellent dargeboten wurden.

Wenn ich nach einem Grundtenor aus dieser Göttinger Zeit suche, so war es die Rechtfertigungslehre, ein für viele StudentInnen heute unverständliches Monster. Mir war sie schon in der Berliner Zeit wichtig geworden als Freiheit von allen pietistischen Engführungen und als Absage an ein dürftiges, nur moralisches Christentum. Jetzt bekam sie aber eine neue Dimension als zu entdeckender Freiraum für gesellschaftliche und politische Teilnahme an der Welt. Iwands Engagement für den Osten, Wolfs kontinuierlicher Kirchenkampf gegen Restauration, Webers Wiederentdeckung politischer reformierter Traditionen bis hin zu gegenwärtigen neuen Ansätzen, z. B. dem holländischen Bekenntnis von 1949, das er uns vorstellte, waren davon geprägt. Hier waren die Grundlagen für eine politische kritische Theologie gelegt. Cooperatio hominis cum Deo (Mitarbeit des Menschen mit Gott am Heil) gab es nicht für das Heilswiderfahrnis – so lehrte es Wolf. Wohl aber gab es die cooperatio hominis cum Deo an den Aufgaben der Welt. Erst aus der Erfahrung der Gnade war aber solche Zusammenarbeit fruchtbar. Für mich setzten sich später aus Frauenerfahrung einige Akzente anders. Aber das

Grundanliegen, daß nur aus unserem Gutsein gute Taten folgen, daß nur ein guter Baum gute Früchte bringt, erhielt ich mir. Wie keine andere theologische Fakultät in Deutschland hat damals Göttingen Richtlinien für ein neues kritisches politisches Denken aufgezeigt, die in der Adenauer-Zeit in Vergessenheit gerieten, zwanzig Jahre später aber in neuer Gestalt und in neuem Kontext wiederauflebten.

Doch was war wichtiger für die Auseinandersetzung mit dem Osten als das Wissen um den Marxismus? Schon als ich im ersten Winter ziemlich heimatlos durch Göttingen zog, hatte mich eine Gruppe Studierender zum Nikolaustag nach Nikolausberg, einem kleinen Ort bei Göttingen, eingeladen, und diese Gruppe traf sich regelmäßig, diskutierte vor allem Barth und Bultmann, und zu ihr gehörte auch der Seminarassistent und spätere Professor für Neues Testament Philipp Vielhauer. Doch bald wuchs aus diesem Kreis auch ein marxistischer Arbeitskreis heraus, der sich – wegen der Zuteilung von Heringen als Zusatznahrung – als Kleinkreis der Studentengemeinde anschloß. Wir waren eifrig darauf bedacht, nicht die Theorie über die Praxis zu stellen, luden auch den biederen KPD-Vorsitzenden von Göttingen dazu ein, und ich wählte bei einer Kommunalwahl seine Partei. Angesichts des falschen, weil menschenverachtenden Sozialismus in der sowjetischen Besatzungszone wollten wir einen guten Sozialismus. Unsere ChefideologInnen waren unsere MitstudentInnen Rosemarie Streisand und Hanfried Müller, spätere ProfessorInnen an der Humboldt-Universität und dann auch dem realen Sozialismus untertan. Den Höhepunkt, aber auch den Abschluß dieser Phase politischer Orientierung bildete die Reise von Streisand, Müller und mir zum «3. Deutschen Volkskongreß für die Einheit Deutschlands und gerechten Frieden» am 29. und 30. Mai 1949 in Berlin.

Wir waren privat und aus Neugier aufgebrochen, galten aber schon ab Hannover für die dortigen KP-Genossen als Delegation und wurden schließlich in Berlin sogar als Vertreter westdeutscher Studentenschaften ehrenvoll begrüßt und gleich mit dem fast blinden Schriftsteller Arnold Zweig fotografiert. Am nächsten Tag wurde den Delegierten ein Manifest an das deutsche Volk zur Abstimmung vorgelegt, das zu einer «Nationalen Front für die Einheit Deutschlands und für gerechten Frieden» aufrief und den Zusammenschluß aller national gesinnten Kräfte forderte. Streisand und Müller stimmten gegen die Vorlage, weil sie Anstoß an einem Satz über die Einbeziehung von ehemaligen Nationalsozialisten nahmen, einen Zusatzantrag gestellt hatten, der die Einbeziehung nur von bereuenden Parteigenossen guthieß, der aber nicht berücksichtigt worden war. Ich – unsicher, weil ich mich weder der einen noch der anderen Seite anschließen wollte – enthielt mich der Stimme. Alle anderen stimmten zu. Walter Ulbricht, mit dem Müller die Angelegenheit ausdiskutieren wollte, wandte sich brüsk von uns ab. Wir hatten enttäuscht. Am Tag darauf meldeten die «Neue Zeit» und die «Tägliche Rundschau» die Annahme des Manifests mit zwei Gegenstimmen und einer Stimme Enthaltung. Ohne es zu wollen, hatten wir der diktatorischen Prozedur einen demokratischen Anstrich gegeben. Damit endete unsere Praxis politischer Theologie, und wir kehrten nach Göttingen zurück. Für mich endete damit auch das Spiel mit dem Sozialismus. Für die beiden anderen wurde aus dem Spiel eine bitterernste Lebensaufgabe, mit der sie sich von jedem theologischen Diskurs abschnitten.

Fast wäre schon im Sommer 1948 meine Göttinger Zeit zu Ende gewesen. Die Währungsreform im Juni gab uns gerade soviel Geld, mit Mühe und Not das Semester beenden zu können. Danach verließ ein Großteil der ostelbischen StudentInnen die Westzonen. Mich rettete davor noch einmal der Beruf meines verstorbenen Vaters. Der Bochumer Verband der Bergwerke zahlte meiner Mutter und damit auch mir weiter einen Teil der Rente in Westmark, während nun eigentlich der Osten dafür zuständig gewesen wäre. Das gab mir eine bescheidene Basis zum Leben und auch das moralische Recht, im Westen bleiben zu müssen, um für meine Mutter das Westgeld zu verwalten. Ihr selbst gab es in der späteren DDR einen gewissen Wohlstand, der allerdings stets mit der Angst verbunden war, wegen nicht angegebener Westgeldeinnahmen mit einem Bein in einem DDR-Gefängnis zu stehen.

Promotion und Heirat

Im Wintersemester 1948/49 machte ich bei Otto Weber ein Seminar über Calvins Staatsauffassung mit, über die ich eine Seminararbeit schrieb. Im Vergleich zweier Bekenntnisse fiel mir auf, daß in dem einen das Gebet kollektiv, in dem anderen individualistisch verstanden war. Ich vermute, daß Otto Weber dies bisher nicht bemerkt hatte, und ich vermute auch, daß er mich aus dem Grunde zu sich bat und mich fragte, ob ich nicht promovieren wolle. Ich fiel aus allen Wolken. Solche Ideen hatte ich noch nie gehabt, und ich fühlte mich dafür auch gänzlich ungeeignet. Weber nannte mir drei Gründe, warum er für eine Promotion plädierte:

Erstens sei ich schüchtern und hätte es im Berufsleben später mit einem Doktortitel einfacher, mich durchzusetzen. Zweitens gäbe es noch die günstige Regelung, daß *eine* Arbeit, und das heißt die Dissertation, für Fakultäts- und Doktorexamen ausreichte. Drittens wäre im Augenblick noch kein Druckzwang, so daß eine Promotion an keinen Kostengründen scheitern mußte. Da saß ich nun, keineswegs glücklich oder geehrt, und mir gegenüber saß Weber an seinem Schreibtisch, sprach nicht viel, saugte an seinem Stumpen und setzte riesiges Vertrauen in mich. Ich bat um Bedenkzeit. Allmählich verlor sich die Hemmung, und das Vertrauen, das einer so in mich setzte, ging auch auf mich selbst über. Schließlich sagte ich zu. Beim nächsten Mal war ich zu einem kleinen Abendessen mit dem Ehepaar Weber eingeladen, zu dem Frau Weber delikate Pfannkuchen gebacken hatte. «Donnerwetter», kommentierte meine Freundin das Ereignis, «wo doch Webers sonst so zurückhhaltend sind!»

Wir haben später gemerkt, wie von dem Dreigestirn Iwand, Wolf, Weber in dieser Zeit gerade Frauen eine besondere Förderung er-

Als Studentin 1950.

fuhren. Die Ordinationsfrage mußte gelöst werden. Unsere Lehrer waren überzeugt, daß Frauen nicht dümmer als Männer waren, aber das mußte auch praktisch bewiesen werden. Aber jenseits der Ordinationsfrage gab es für uns keine spezielle Frauenthematik, obwohl Charlotte von Kirschbaums «Die wirkliche Frau» schon erschienen war. Wir stellten die Kirche als Männerkirche nicht in Frage, und wer Pfarrerin werden wollte, war an Zugängen wie der Ordination interessiert, für die sich unsere Göttinger Lehrer effektiv damals schon engagierten.

Ich ließ mir von Weber einige Vorschläge für ein Thema machen und entschied mich für eine Arbeit über den holländischen Theologen Hermann Friedrich Kohlbrügge, der mit seiner Theologie der

Gnade Karl Barth beeinflußt hatte. Für Weber war mit dieser Kohlbrügge-Theologie auch ein persönliches Problem verbunden: Manche der Kohlbrüggianer waren im Kirchenkampf auf seiten der BK gewesen, andere, die Libertinisten, die «Bier-trinkenden-Kohlbrüggianer», waren in Kirchenfragen gleichgültig oder sogar auf die Seite der Deutschen Christen geraten. Die Frage, die er mir stellte, war, ob hier bei Kohlbrügge bereits Ansätze zu solcher Verschiedenheit seien. Ich lernte Holländisch und arbeitete mich in die reformierte Kirchengeschichte ein.

Weber war in jeder Hinsicht ein vorbildlicher Doktorvater: Er verschaffte mir Kaffee aus Südamerika, damit ich konzentrierter arbeiten konnte. Er ließ mich Korrekturen lesen, damit ich mir etwas Geld verdiente. Wenn ich für meine Arbeit mit Autostopp reiste, gab er mir Adressen von Freunden mit, falls ich irgendwo strandete. Mit beeindruckender Offenheit sprach er zu mir von seiner eigenen politischen Irrtumsgeschichte und riet mir von der Volkskongreß-Reise dringend ab. Wenn ich nicht weiterkam, saß er zunächst ungeduldig, Stumpen rauchend da und wippte mit dem Fuß auf und ab, fragte dann vorsichtig nach den Gründen und drängte danach nicht weiter. Meinem abgerissenen textilen Zustand machte seine Frau ein Ende, indem sie mir ein elegantes graues Kostüm beschaffte, es für mich passend machen ließ, so daß mein neuer Status auch ein gutes Äußeres hatte.

Um mir die Atmosphäre des Kohlbrüggeschen Geistes näherzubringen, schickte Weber mich in ein Pfarrhaus in der Grafschaft Bentheim, wo ein Pfarrer Schumacher streng kirchliche Tradition vertrat. Sonntags wurde nicht gekocht. Das Essen wurde vom Vortag warm gemacht. Dafür saß man zwischen zwei Gottesdiensten zusammen und sprach über die Predigt. Ein junges Paar, das heiraten wollte, aber bereits ein Kind erwartete, lief nach einem Traugespräch in Tränen aufgelöst aus dem Zimmer. Nun war ein weißes Kleid verboten, und die Gemeinde sah diese «Schande». Daneben gab es einen sehr gepflegten Lebensstil mit exzellenter Küche, die es mir besonders angetan hatte. Die «Bier-trinkende» Richtung lernte ich ebenfalls kennen, von denen einer spöttisch über die Frommen herzog, eine existentialistische Bibelauslegung betrieb und eine betont laxe Haltung verkörperte. Schließlich bekam ich auch noch ein Visum für Holland, um im Utrechter Kohlbrügge-Archiv meinen Ergebnissen noch die richtige Grundlage zu geben.

Ich hatte herausgefunden, daß Kohlbrügge sich in seinen jüngeren Jahren als neuer Reformator verstand, der den Augustinismus, und das heißt jedes substantielle Denken der Reformation, beseitigen wollte, um die reine Gnadenlehre wieder zu erneuern. Dabei wurde die Ethik blaß, und die Kirche fand ihren eigentlichen Ort im Himmel. Die konkrete Gemeinde, die unter Kohlbrügge entstand: die Niederländisch-Reformierte Gemeinde in Elberfeld, hatte sich von der Landeskirche separiert, entwickelte zwar eine vorbildliche Sozialordnung, die aber kaum noch Beziehung zu säkularen Ordnungen der Gesellschaft hatte. So konnten zwei Trends entstehen: einmal die strenge Kirchlichkeit, die in einer sich verändernden Welt die alten Werte beibehielt, und dann ein linker Kohlbrüggianismus, der mangels ethischer Verbindlichkeit sich jedem politischen Heilsbringer hingeben konnte. Einige Sätze des Kohlbrüggianers Heinrich Forsthoff machten das eindeutig klar:

> «Das große und entscheidende Herzstück der ganzen Reformation, nämlich den reformatorischen Glauben, der zur Lebenshaltung des Menschen wird und das ganze Verhalten des Menschen Gott und dem Nächsten gegenüber in sich befaßt, hat der Reformierte Bund sich nicht zu eigen gemacht... Das ist meine Überzeugung, daß diese wahrhaft evangelische Grundhaltung durch die nationalsozialistische Erhebung in einer Weise vorgebaut ist, wie es die Welt seit der Reformation nicht mehr erlebt hat. Man muß allerdings echter Nationalsozialist und evangelischer Christ zugleich sein, um darin den richtigen Einblick zu haben.» (RKZ 84, Jg. 1934, S. 180f.)

Als ich das Resultat Weber ablieferte und erleichtert war, meinte er vergnügt, nun solle ich das Ganze noch in verständliches Deutsch bringen. Nach zwei Jahren Promotionsarbeit war aber alles geschafft, doch ich war erst wie befreit, als Dietgard Meyer mir Ernst Wolfs «sehr guten» Eindruck meiner Arbeit vermittelte. Aus dem «Sehr gut» wurde im Gesamtergebnis dann doch nur ein «Gut», weil ich mich in der aufregenden Woche von Fakultätsexamen und Rigorosum beim mündlichen Examen mit meinem verehrten Lehrer Zimmerli verhedderte.

In der Fakultät hatte es noch den Einwuf von Joachim Jeremias gegeben, das «Fräulein Wendel» sei doch «sehr politisch». Das war aber von Weber als «längst abgetan» vom Tisch gewischt worden. Das Problem, wie man mich in der Urkunde benennen sollte, die jahrhundertelang auf den vir doctissimus, den gelehrten Mann, ausgerichtet war, wurde schließlich auch gelöst. Ich war die zweite Frau, die in der theologischen Fakultät promoviert wurde. Die erste war eine verheiratete Frau gewesen, und man hatte sie «domina doctissima» genannt. Jetzt machte man aus mir eine «virgo doctissima», eine gelehrte Jungfrau. Am Vorabend meines 25. Geburtstages bekam ich die Urkunde ausgehändigt und hatte eine der streß- und ereignisreichsten Zeiten meines Lebens hinter mich gebracht. Neben mir stand Jürgen, ohne den die Zeit viel schwieriger gewesen wäre. Zimmerli gratulierte auch ihm und riet ihm, nun nicht allzu lange Prinzgemahl zu bleiben. Am Abend fuhren Jürgen und ich auf dem Göttinger Rummelplatz Karussell.

Seit 1948 studierte Jürgen, der aus Hamburg stammte und drei Jahre in englischer Kriegsgefangenschaft gewesen war, in Göttingen, ohne daß wir uns kennengelernt hatten. Erst die Einladung des Kopenhagener Studentenbundes «Studenterkredsen», für die uns beide Iwand vorgeschlagen hatte, brachte uns in Kopenhagen zusammen. Diese Einladung war eine souveräne Geste eines von Deutschen terrorisierten Landes gegenüber deutschen Studenten nur vier Jahre nach Kriegsende. Sie wurde sorgfältig vorbereitet: Hans Thyssen und ein weiterer führender Vertreter von «Studenterkredsen» kamen in die deutschen Universitäten, führten mit den vorgeschlagenen Studierenden ein persönliches und politisches Einzelgespräch und entschieden dann erst, wen sie einladen wollten. Die vier Wochen Aufenthalt in Kopenhagen waren ebenfalls sorgfältig vorbereitet mit kulturellen Veranstaltungen, politischen und sozialen Informationen, Besuchen im Reichstag, in Schulen, Kirchen, in der Universität. Fragen des Widerstandes und die Südschleswigfrage, die damals brennend war, wurden erörtert, Ausflüge mit Bussen oder Fahrrädern unternommen, und dazwischen gab es Zeit für unendliche Gespräche zwischen den Dänen und uns und auch unter uns. Für mich tat sich damals nicht nur eine ersehnte, sondern eine realisierte demokratische Kultur auf, deren Bilder ich nie mehr vergaß. Die Schuldfrage war ständig präsent. Sie erschlug uns aber nie, und wir wurden sensibel und einfallsreich zu Schritten der Versöhnung und zu einem neuen Denken geführt. Kopenhagen mit dem alten Vartov-Gebäude an der Farvedgade, wo wir täglich zusammenkamen, der Rathausplatz mit seinem Glockenspiel, die Lange Linie mit der kleinen Meerjungfrau wurden uns vier Wochen lang nicht allein eine freundliche Gaststadt, sondern ein Stück Heimat. Damit wir nicht nur wie arme Schlucker durch die reichen Straßen schlendern sollten, bekamen wir auch ein großzügiges Taschengeld und Fahrausweise, die uns erlaubten, uns frei in der Stadt zu bewegen.

Ich sah Jürgen zum ersten Mal im dänischen Konsulat in Hamburg, wo wir uns unsere Einreisevisa holen mußten. Mein erster Eindruck war: Der ist freundlich, aber distanziert, klug, aber auch neugierig, Kennzeichen, die er bis heute hat. Ich war gespannt auf ihn, der erst am nächsten Tag in Kopenhagen ankam. Wir waren bei Gasteltern in verschiedenen Stadtteilen untergebracht, er bei einer Pfeife rauchenden Kriminalkommissarin, ich bei einem kommunistischen, sozial engagierten Ehepaar, das auch eine frühsozialistische erotische Freikörperkultur liebte, und unsere abendliche Straßenbahnfahrt brachte uns gemeinsam zum Toftegaardsplatz. Dort kauften wir uns einen «Negerkuß», und dann trennten sich unsere Wege. Mir gefiel seine Art, kurze und präzise Diskussionsbeiträge zu geben, seine hanseatische Zurückhaltung und wiederum sein Interesse an meinen Neigungen, z. B. den kommunistischen Reichstagsabgeordneten und Medizinprofessor Mogens Fog in seinem Büro zu besuchen, dessen pragmatische Politik uns Eindruck machte. Gegenüber den deutschen und sowjetischen dogmatischen Hardlinern hatte selbst der Kommunismus in Dänemark einen demokratischen Charme.

An einem der Wochenenden fuhren wir, aufgeteilt in Gruppen, zu unterschiedlichen Internatsschulen in Seeland. Ich kam mit einigen anderen nach Haslev, südlich von Kopenhagen. Wieder empfing uns dort die freie und heitere Atmosphäre, die uns so faszinierte. Mit seinen Lehrern und seiner Familie begrüßte uns der Direktor freundschaftlich zum Kaffeetrinken in seinem Wohnzimmer. Am Sonnabendmorgen nahmen wir am Unterricht in verschiedenen Schulklassen teil, wobei ich in größtes Erstaunen geriet, daß ein Lehrer die Vierzehnjährigen die Unterschiede von Sex, Eros und Agape lehrte. Das Wort «Sex» wäre in meiner preußischen Schule als «obszön» gar nicht vorgekommen, und bei «Eros» hätten wir albern gelacht.

Mit einem der jungen Lehrer, der nicht ganz so dänisch leicht und locker war wie die anderen, kam ich ins Gespräch. Er verehrte Kierkegaard, dem unsere anderen dänischen Freunde Grundtvig vorzogen, und las Dostojewski. Am nächsten Tag fand ich in Vartov einen Brief von ihm vor, in dem er mich zu einem Treffen im Haus seiner Mutter bat. Wir beide saßen an einem langen polierten Eßtisch, freundlich und zurückhaltend bedient von seiner Mutter, und hatten anschließend ein tiefgründiges Gespräch, in dem er mir seine Zuneigung respektive Liebe erklärte. Ich war erschreckt, beeindruckt, etwas stolz und ziemlich hilflos und bat um Bedenkzeit. Anderen deutschen Reisegenossen teilte ich am nächsten Morgen meine Probleme mit, worauf ein Göttinger Volkskundler auf meine Zweifel völlig fassungslos reagierte: «Schön blöd bist du, dich nicht in ein gemachtes Nest zu legen!» Jürgen erzählte ich von meinen Konflikten einige Tage später auf unserer abendlichen Fahrt zum Toftegaards-Platz. Wir hingen beide in der vollbesetzten Bahn an Lederschlaufen, und Jürgen sagte nur zu mir: «Hau doch den gordischen Knoten einfach durch!» Ich wußte nicht, was ein gordischer Knoten war, verstand aber, daß ich eine Entscheidung treffen müßte. Doch die

Art, wie er zuhörte, wie er riet, wie er teilnahm, löste bei mir noch etwas anderes aus. Da war ein Mensch, der in seinen Worten seine Arme weit ausbreitete und mich aufnahm, obwohl meine Liebesgeschichte ihm vermutlich keinerlei Freude machte. Am nächsten Tag schrieb ich dem netten Dänen einen Abschiedsbrief – mit leiser Wehmut, warum so wenig Freundschaften möglich wären, die unter dem Totalanspruch der Liebe gleich verlöschen mußten. Ein paar Tage später fuhren Jürgen und ich mit dem Nachtzug nach Hamburg zurück, und als wir uns verabschiedeten, wußten wir, daß wir uns in Kürze in Göttingen in einer ganz neuen Beziehung wiedersehen würden.

Manche früheren Freundschaften, die ich gehabt hatte, waren an dem Defekt gestorben, daß mein Gegenüber in unbedachten Momenten sich mich in einer traditionellen Frauenrolle vorstellte und davon auch offen sprach: «Ich komme dann immer in die Küche und erzähle Dir, was ich gerade theologisch gelesen habe!» Das war lieb gedacht, erregte aber meinen Zorn und hatte die baldige Trennung zur Folge. Ein anderer, der zuweilen von mir enttäuscht war, tröstete sich damit: «Ich denke, du wirst mal wie deine Mutter!» Das wollte ich nun keineswegs. Meine Mutter war einen bewundernswerten Weg in *ihrer* Geschichte gegangen, aber ihre Geschichte war nicht meine Geschichte, und dieser Typ schien hoffnungslos rückwärts gewandt zu sein. Da war kein «Prinzip Hoffnung» mehr drin. Mit Jürgen hatte eine Partnerschaft von zwei Gleichen mit unterschiedlichen Interessen und unterschiedlicher Geschichte begonnen, und wir nahmen das Wissen des anderen, seine Persönlichkeit und seine Reize mit wachsendem Interesse auf. Er war an *mir* und nicht an irgendeiner zukünftigen Frauenrolle, die seiner angestammten Mannesrolle entsprach, interessiert.

Der Rhythmus des folgenden Winters veränderte sich nun total. Hatte ich bis dahin von morgens bis spätabends über meinem Kohlbrügge gebrütet, so brachte mir Jürgen bei, daß es effektiver sei, eine Mittagsruhe einzulegen, nachmittags wieder kurz und konzentriert zu arbeiten und sich abends zu entspannen. Wir wurden zu eifrigen Kinogängern, die die Filme der dreißiger Jahre, die nie nach

Deutschland gekommen waren, und die neuen französischen und italienischen Produktionen in uns aufsaugten. Meine einzige blecherne Kaffeetasse aus Wehrmachtsbeständen ersetzte Jürgen durch zwei braune neue Tassen, aus denen wir nun gemeinsam meinen Kohlbrügge-Kaffee tranken und diskutierten. Er kam von Kierkegaard und dessen nach innen gekehrten philosophischen Traditionen her. Ich brachte meine gesellschaftlichen Positionen ein, und wir hatten das Gefühl, daß sich unser beider Arbeiten durch solche fruchtbaren Differenzen erweiterten. Er war von dem für die Betreuung von Doktorarbeiten zu genialen Iwand zu Otto Weber übergesiedelt, und unseren beiden reformierten Helden: Moyse Amyraut und Hermann Friedrich Kohlbrügge, taten die Vergleiche gut.

Prüde und scheu wie wir waren, gaben wir uns den ersten Kuß erst am Ende des Wintersemesters. Ich mußte am Tag darauf nach Utrecht, schlief aber auf Grund dieses schönen Ereignisses so tief und selig, daß mich erst Jürgens Schneebälle ans Fenster der Theaterstraße aufweckten und wir nur in letzter Sekunde den Zug erreichten. In Utrecht kam dann der Studentenpfarrer Dominé Touw, dessen Adresse ich Jürgen gegeben hatte, jeden zweiten Tag bei meiner Gastgeberin vorbei und wedelte verschmitzt mit einem «Liebesbriefchen».

Im folgenden Sommer verlobten wir uns offiziell und stellten uns erst seiner Westfamilie und dann meiner Ostfamilie vor. Nach seiner Promotion wollten wir heiraten und dann in die Kirche der DDR gehen, wo uns ein Pfarramt sinnvoll erschien. Da mit der Heirat für Frauen alle Rechte wie weitere Ausbildung, Vikariat, Ordination entfielen, machte ich mir auch keine Zukunftsgedanken mehr. Ein Pfarramt hätte mich nicht sonderlich gereizt. Eher eine Lehrtätigkeit an Seminaren, wo Theologie nicht abstrakt wie an der Universität, sondern mit Erdberührung gelehrt werden könnte. Aber solche Gedanken erübrigten sich nun. Daß wir nicht gegen diese «Zölibatsklausel» protestierten, erstaunt heutige junge Frauen. Vermutlich hatten wir die Vorstellung, daß alle Ehen lebenslang halten müßten und die Versorgung der Frau gesichert sei. Ferner sahen wir nicht, daß eine geistige Ebenbürtigkeit, die wir bewiesen hatten, keine soziale Gleichberechtigung war und uns die Defizite, die sich aus einer abgeleiteten Identität ergäben, über kurz oder lang einholen würden. Meine eigene Geschichte wurde ein Beispiel dafür.

Es blieb das Problem, die Zeit zwischen meiner und Jürgens Promotion zu füllen. Schließlich fand sich eine Lösung: Ein Schweizer Pfarrerehepaar, Ruth und Karl Lehner, suchten eine Haushaltshilfe, und da ich schon bei einem Ernteeinsatz von Göttinger Studenten die Schweiz bewundert hatte, nahm ich deren Angebot an. So lernte ich vom September 1951 bis zum März 1952 eine Schweizer Familie mit ihren Kindern kennen, lernte Röschti machen, nähen, auf Schweizerart stopfen und einen Teil eines heilen Europas kennen, wo die Biographien der Menschen nicht gebrochen, die Familien nicht zerrissen waren und die Menschen klare Berufs- und Zukunftspläne hatten. Angesichts unserer eigenen Pläne, wieder in den Ostblock einzutauchen, kam mir das wie ein Märchen vor. Da Jürgen und ich nicht wußten, wie wir unsere Familien zu einer Hochzeit zusammenbringen sollten, schlugen uns Lehners vor, doch in der Schweiz zu heiraten. So saßen wir am 17. März 1952 im Zivilstandsamt Basel und hörten uns die Ehepflichten an: «Der Mann bestimmt den Wohnsitz..., die Frau steht der Küche vor.» Das letzte mochte stimmen, dachte ich, voll von neuen Schweizer Kochkenntnissen. Doch das erste stimmte vielleicht für Schweizer, aber nicht für uns: Jürgen folgte ja mir in die DDR! Am Tag darauf feierten wir in Arisdorf eine schöne kleine Hochzeit und fuhren am nächsten Morgen nach Lugano. Eine Schweizerin hatte uns ihre Ferienwohnung zur Verfügung gestellt, ein festlicher Abschied für das junge Paar, das nun in den Osten ging. Wir genossen die Tage, solange die Franken reichten, wanderten den Monte Brè hinauf und hinunter, fuhren mit Autostopp nach Mailand zu Leonardos Abendmahl, tranken Chianti und machten uns dann auf nach Berlin.

«Der Mann bestimmt den Wohnsitz...»

In Berlin gab es eine große Zahl von Vikaren, von denen viele wie wir in den Osten wollten, und man hatte keinen Platz, keine Arbeit und kein Geld für sie. So steckte die Kirchenleitung uns erst mal ins Hubertuskrankenhaus in Schlachtensee, wo Jürgen dem Krankenhauspfarrer helfen sollte und wo wir in einer leerstehenden Krankenbaracke ein Krankenzimmer bekamen. Ich bot mich an, den Unterricht der Schwesternschülerinnen zu übernehmen, und bekam nach einiger Mühe auch noch einige Religionsstunden an einer Technischen Oberschule, was unser dürftiges 150-DM-Vikarsgehalt und 25-DM-Ehefrauzulage aufbesserte. Aber dann kam im Laufe des Sommers erst die erste, dann die zweite und schließlich die dritte Ablehnung unseres Zuzugsantrags für die DDR, weil Jürgen drei Jahre in englischer Kriegsgefangenschaft gewesen und spionageverdächtig war. Präses Scharf teilte uns im Herbst mit, daß Berlin uns nicht mehr ernähren könnte, und wir uns im Westen nach einer Existenz umsehen sollten. So mußten wir das immer spannende Berlin mit seinem «Unterwegskreis», zu dem Renate und Eberhard Bethge, Helga und Rudolf Weckerling, der Gefängnispfarrer Poelchau und viele andere uns gleichgesinnte TheologInnen gehörten, verlassen.

Aber wohin? Zu seiner Hamburger Heimatkirche hatte Jürgen keinen Kontakt mehr gehalten. Wieder half Otto Weber väterlich, vermittelte uns an den Reformierten Bund und in eine Vikarsstelle im Rothaargebirge in Erndtebrück. Als wir dort ankamen, war man nicht auf zwei Menschen eingestellt, fand aber außer dem vorgesehenen winzigen Dachzimmer zehn Häuser weiter noch ein zweites Zimmer. Aber wir machten es uns in dem einen Kämmerchen, in dem zwar nur ein Bett Platz hatte und der andere auf zwei Matratzenteilen auf dem Boden schlafen mußte, so gemütlich, wie es ging. Zum Kochen hatten wir auch nur eine Kochplatte, und so aßen wir hintereinander Kartoffeln und dann Gemüse oder Fleisch. Fiel Schnee, und das geschah sehr früh in dieser rauhen Gegend, bekamen wir unsere Bodentür kaum auf vor verwehten Schneemassen. Zu den Filialdörfern wanderten wir auf Skiern, und vor der Bibelstunde riefen die Bauern und der Lehrer oft an und baten, daß der Vikar ihnen im Rucksack Heringe mitbrächte. Die Konfirmanden teilten wir uns auf: Ich nahm die kleinere Gruppe der Konfirmanden und Jürgen die größere Gruppe der Vorkonfirmanden. Er mußte predigen, und ich hielt den Mädchenkreis und bekam dann bald auch noch sehr reizvolle Aufgaben: den Unterricht in Religion an einer Landwirtschaftsschule und an einer Landfrauenschule des Reiffensteiner-Verbandes, wo ich mit großem Spaß Theologie und Sozialkunde zu verbinden suchte. Aus dieser Zeit stammt aber auch ein Vortragsmanuskript, das ich kürzlich fand: «Die Gleichberechtigung der Frau in biblischer Sicht. Vortrag, gehalten am Jahresfest der Frauenhilfe Erndtebrück am 30. November 1952.» Die Frauenfrage hatte also begonnen, mich zu bewegen. Als es Frühling wurde, kauften wir uns von meinem Nebenverdienst ein gebrauchtes Motorrad, mit dem wir uns ungeheuer selbständig vorkamen.

Kaum hatten wir uns also eingelebt und auch eine Wohnung – bestehend aus Zimmer und Küche – bezogen, als schon wieder ein Marschbefehl kam. Diesmal fürs Predigerseminar in Wuppertal. Doch wohin mit mir? Ich fiel wieder durch alle Löcher. Udo Smidt, der Direktor, entschied dann aber frauenfreundlich, daß ich mitkommen dürfe. Doch das Predigerseminar in der Mainzerstraße war eine nur für männliche Theologen gedachte Institution mit nur einem für Männer gedachten Waschraum. Smidt löste das Problem, indem er der Hausgemeinde am nächsten Morgen verkündete, daß ich diesen Waschraum zu den Zeiten der Morgenandachten benutzen könne.

Wieder gelang es mir, Religionsstunden zu bekommen, diesmal

an einem ganz anderen Schultyp: einer Berufsschule, in der ich vor allem Repassiererinnen, d.h. Laufmaschenrepariererinnen, mit Religion vertraut machen sollte. Zum Ausgleich für diese ziemlich ermüdende Aufgabe wurde ich zu Vertretungen am Katechetischen Seminar hinzugezogen, wo ich Sozialkunde unterrichten mußte. Aber wieder ging es im Herbst weiter: Jürgen sollte Studentenpfarrer in Bremen und Dorfpfarrer in Wasserhorst bei Bremen werden. Damit war nach zwei Jahren des Herumziehens zum ersten Mal ein Ziel erreicht: ein Ort, wo wir eine Zeitlang bleiben konnten, und ein Haus, ein Pfarrhaus, ein erstes richtiges Zuhause. Ich war froh: Ich war schwanger und hatte die Sehnsucht nach einer festen Bleibe.

Unwiederbringlich zu Ende war für mich aber nun auch die Zeit des Herumexperimentierens in den verschiedenen Schulen. Ich hatte Reize darin gefunden, die Theologie mit den sozialen Wirklichkeiten zu verbinden, und wenn die SchülerInnen ein gewisses Maß an Reife hatten, waren sie mir immer sehr gespannt gefolgt. Und sie verhalfen mir mit ihren Fragen oder ihrem Nicht-Verstehen auch immer wieder zum Erdkontakt. Auf meine Frage, wie sich bei uns denn die Ebenbildlichkeit Gottes zeige, antwortete mir eine der Repassiererinnen: «Indem wir uns schminken!» Diese Antwort fand ich zunächst kurios, später merkte ich daran, wie abgehoben Theologie war, und wie schwierig und wie wichtig es ist, sie in die Wirklichkeit von Menschen hineinzubringen. Hatte nicht Kosmetik etwas mit Schmücken zu tun, und war es nicht ebenso wichtig, den Körper zu schmücken wie die Seele?

Auf den Gedanken, weiter im Schuldienst tätig zu sein, kam ich nicht. Ich wollte Kinder haben, und Beruf und Kinder zu vereinen, das paßte nicht in mein damaliges Frauen- und Weltbild.

Waren wir bisher herumgeschickt worden, so bestimmte von nun an Jürgen unseren Wohnsitz, und ich fädelte mich – so gut es ging – in sein Leben ein. Das Dorf Wasserhorst war dreizehn Kilometer lang und lag mit seinen Häusern rechts und links des Flusses Wümme, der zuzeiten ein gewaltiger Strom werden konnte. Das Pfarrhaus im Stil einer Stadtvilla von 1900 mit Türmchen, Erker, Veranda und einem großen Garten, der zur Wümme hinunter ging, war romantisch, nur viel zu groß für uns und viel zu kalt. Im ersten Winter taute ich die Eier zunächst an unserem einzigen geheizten Ofen auf, bevor ich sie in unserer reifbeschlagenen Küche briet. Als es wärmer wurde, umflatterten uns auf dem Boden die Fledermäuse, im Keller regierten die Ratten, die nach der winterlichen Überflutung des Gartens durch die Rohre aufgestiegen waren und meine Himbeermarmelade probierten. In der Küche hüpften mir einmal furchtlos Mäuse über den Tisch und tauchten ihre Nasen frech in mein gerade fertig gemachtes Apfelmus. Beim Frühstück besuchte uns eines Morgens ein Frosch, und ein Fasan landete mit Donnergetöse durchs Fenster kommend in unserem Wohnzimmer.

In diesem Biotop hatte ich in den fünfeinhalb Jahren Landleben drei nicht komplikationslose Schwangerschaften zu bestehen, besser zu erliegen, und wenn die Einsamkeit zu groß und die Winter zu kalt wurden, hatte ich stets die tröstliche Aussicht, daß die Schwangerschaften – wie auch immer – in der Bremer Uhlandklinik in Wärme, menschlicher Nähe und Geselligkeit enden würden. Ich las in den ersten Jahren mit Gier, wofür ich in den Studien- und Wanderjahren keine Zeit gehabt hatte: die von den Nazis verbotene schöne Literatur, russische Revolutionsgeschichte, mit der ich die mich bedrängende Situation in der DDR besser zu verstehen suchte, Widerstandsgeschichte der jüngsten Vergangenheit, Darstellungen der Frauenbewegung, um mich selbst besser zu finden, und schließlich versank ich voller Entzücken in den Gedichten Gottfried Benns, in den «blau- und rauschbereiten Fliederbüschen», in dem «Leben, das Brückenschlagen» ist «über Ströme, die vergehen», in den «lauen und laschen Stunden der Dämmerung», in das ganze traurig-ironisch-ästhetisch-preußische Dichtwerk. Sein Satz: «Unser Leben währet siebzig Jahr, und wenn's hoch kommt, war es eine Kongestion», wurde zu meinem Lieblingssatz. Eine Zusammenballung, das war mein Leben gewesen; nun war es eine Kette von aneinandergereihten Gleichmäßigkeiten geworden. Als Susanne geboren war, gab es am Tag oft nur eine Entscheidung: Sollte ich mit dem Kinderwagen den Deich rechts oder links herunterfahren?

Meine Dienste als Pfarrfrau waren eigentlich nicht gefragt, denn ich merkte bald, daß beim winterlichen Frauenkreis der Pfarrherr erwünscht war, so daß ich nur den Kaffee kochen, den Tisch decken und den Blechkuchen bestellen mußte. Und in meinem häufig schwangeren Zustand war auch der Jugendkreis in Jürgens Händen besser aufgehoben.

Unser erstes Kind starb aus unerklärlichen Gründen bei der Geburt. Für mich fiel eine Welt zusammen, in der es trotz aller Schwierigkeiten bisher Gelingen gegeben hatte. Wieder half Otto Weber. Er gab mir den Rat, meine Dissertation in einer verkürzten Form neu zu schreiben und herauszubringen, und ich lernte, Schmerz und Einsamkeit durch Schreiben fruchtbar zu machen. Als ich dann sehr bald wieder schwanger wurde und noch kein Jahr später nach dem dunklen Tag Susanne geboren wurde, bekam unser Leben wieder einen normalen Rhythmus. Ich genoß die Schwangerschaften, die in der von der Gesellschaft favorisierten Fruchtbarkeitsphase der fünfziger Jahre noch nicht modisch kaschiert werden mußten. Ich war somebody, nicht mehr ein Nobody, wie es sich mir in meiner Nur-Ehefrau-Existenz zuweilen aufdrängte. Ich genoß die Kinder, ihre Schönheit und Originalität. Eindreiviertel Jahre nach Susanne kam Anne-Ruth auf die Welt, und das große Haus erwärmte sich.

Aber langsam, schleichend geriet ich doch in eine Rolle, die ich mir nie gedacht hatte: Kinder waren keine Verzierung des Lebens. Sie forderten ganz und mehr als das. Mutter sein ohne die technischen und sozialen Hilfen der Gegenwart konnte keine Nebensache sein. Neidvoll registrierte ich aus meinen Büchern, wie die ersten frauenbewegten Frauen ihre Familien- und Gesellschaftspflichten bewältigt hatten: mit Hauspersonal, Fachkräften für Kinder und Küche, mit denen ich meine vierzehnjährige Erika nicht vergleichen konnte. Wer half uns aber aus dem Dilemma? Jürgen wechselte zwar bereitwillig Windeln, wenn ich mal abwesend war, aber Arbeitsteilung war damals keine Lösung. Und ein von Hausarbeit ermatteter Ehemann war auch nicht mein Traum. Am schlimmsten aber empfand ich, daß ich mit keiner der jungen Pfarrfrauen aus unserer Umgebung, die alle flott und ungeteilt sich Kindern, Küche und Kirche zugewandt hatten, meine Probleme besprechen konnte.

Die Kohlbrügge-Arbeit war 1957 erschienen, und zwar unter meinem neuen Doppelnamen, der nun wenigstens noch an ein Stück meiner alten Existenz erinnerte. Ein paar Wörterbuch-Artikel waren noch hinzugekommen, aber Theologie war nicht mehr spannend genug, um mich aus abendlicher Müdigkeit aufzuwecken. Das letzte, was ich mit Bewunderung gelesen hatte, war Bonhoeffers «Widerstand und Ergebung» mit seinem diesseitigen Christentum und seiner Kritik am Offenbarungspositivismus gewesen. Das konnte meinen Alltag begleiten. Zum erstenmal merkte ich aber auch in unserer Zweier-Geschichte, wie unsere so lange parallelen Wege auseinandergingen. Jürgen kannte jetzt Bücher, die ich nicht kannte. Er gab mir irgendwann auch nicht mehr seine Predigten oder Vorträge zur Kritik, sicher, weil er mich neben den wachsenden Kinderpflichten nicht noch mehr belasten wollte. Nur hatte ich das traurige Gefühl, daß ich auch seit längerem nichts Gescheites mehr dazu gesagt hatte und meine Mitarbeit also nicht mehr gebraucht würde. Der Versuch, mich mit seinen neuen Gedanken zu identifizieren, gelang nur halb. Ich begann, von einer Stadtgemeinde zu träumen, wo die Einsamkeit nicht so groß wäre und auch meine Fähigkeiten noch mal angesprochen werden könnten. Jürgen hatte sich neben seiner Gemeinde- und Studentengemeindearbeit inzwischen auch noch habilitiert und reiste einmal in der Woche als Privatdozent nach Göttingen. Das hatte Folgen. Die Kirchliche Hochschule Wuppertal rief eines Tages an und bot ihm eine Stelle an mit der Möglichkeit zu lehren, was er wolle.

Aus war's mit meinen Plänen einer intelligenten Stadtgemeinde und meinem Anteil daran. Als die Entscheidung für Wuppertal fiel, war ich unglücklich, weinte, wurde krank, weil ich das Drohnenleben Göttinger Professorenfrauen noch allzu lebendig in Erinnerung hatte, für das ich mich mit unserer Eheschließung ja nicht entschieden hatte. Aber immerhin, Wuppertal war eine Stadt, in die ich dann schließlich auch mit Neugier mitzog.

Mit (von links nach rechts) Esther, Susanne, Friederike und Anne-Ruth, Wuppertal 1963.

Doch gleich eine der ersten Begegnungen mit Kollegen von Jürgen bestätigten meine Befürchtungen. Ein früherer Mitstudent, der im gleichen Zeitraum wie ich promoviert und hier schon Professor war, begrüßte uns, und ich stellte mir so etwas wie die ehemalige Ebenbürtigkeit zwischen uns vor. Doch statt mich mit ins Dozentenzimmer gehen zu lassen, fing er mich an der Treppe ab und beorderte mich zu seiner Frau, um «Kindergartenprobleme» zu besprechen. Eins zu null gegen Wuppertal, dachte ich zornig und schluckte nun – wie auch in den nächsten Jahren – meinen Zorn hinunter. Die Ehefrauen, einige ehemalige Theologiestudentinnen, hatten sich voll auf Kinder-, Haushalt- und Ehegattenpflege eingelassen. Ich deckte zwar die beiden ersten Bereiche ab und fühlte mich auch mit einem Teil meines Selbst zu diesen fröhlichen Kindermüttern zugehörig, vor allem, als 1959 Esther und 1963 Friederike geboren wurden, was mich wieder stolz und glücklich machte. Doch die Ehegattenpflege entfiel: Mein Unabhängigkeit liebender Jürgen packte seine Koffer lieber allein und kochte sich auch seinen Kaffee selbst.

Ab 1960 trat noch etwas ganz anderes in unser Leben und veränderte es nachhaltig. Während eines Frühlingsurlaubs im Tessin bekam ich das bedrängende Gefühl, mein Liebster liebte nicht mehr mich, sondern etwas anderes. Aber das andere war keine weibliche Konkurrentin, sondern ein Buch und ein Mann: «Das Prinzip Hoffnung» und Ernst Bloch. Des Morgens versank er trotz strahlender

Frühlingssonne und schneeglitzernder Berge hinter seinem Liebesobjekt, sah nichts und hörte nichts, so daß ich Heimweh nach meinen bei den Großeltern in Hamburg weilenden Kindern bekam. Nachmittags wanderten wir dann, und er erzählte mir ganze Bloch-Passagen, von denen mir nur noch die Vorstellung von der «Heimat der Identität» in Erinnerung ist, wahrscheinlich, weil ich mich selbst so ohne Identität und ohne Heimat fühlte.

Dieses Gefühl der Heimatlosigkeit verstärkte sich ein Jahr später noch mehr beim Bau der Berliner Mauer, die mich längere Zeit von meiner Familie trennte und stets mit der geheimen Angst verbunden war, die Trennung könnte einmal vollständig und für immer sein. In dieser Zeit schenkte mir Jürgen zwei Bände Fontane-Werke. Zuerst las ich aus Liebe zu der verlorengehenden Heimat, dann mit wachsendem Interesse an Fontanes Konzept «Hoffnung», für das nach der Präsenz Blochs in unserer Familie alle Antennen ausgefahren waren, und schließlich mit der Absicht, daraus eine kleine Studie zu machen. Jürgen war höchst interessiert an diesem Hoffnungs-Denker, dessen Hoffnung bisher niemand wahrgenommen hatte. Nachmittags schickte ich nun meine Kinder mit einem Babysitter auf den Spielplatz, schloß meine Tür zu, was mir bei einigen den Ruf eintrug, eine Rabenmutter zu sein, und schrieb «Hoffnung jenseits von Glauben und Skepsis. Fontane und die bürgerliche Welt». 1964 erschienen meine kleine Hoffnung und Jürgens große Hoffnung: «Die Theologie der Hoffnung». Ich stellte sein Buch, an dem ich so viel erfahren und auch einiges erlitten hatte, auf das Büfett, zündete zwei Kerzen an, und die Kinder staunten: «Wie ein Altar!» Von nun an wurde Jürgen ein weitreisender Ökumeniker, mit dem ich jetzt häufiger Probleme hatte, da er seine Missionsaufgaben seiner Familienfürsorge überordnete.

Inzwischen waren wir nach Bonn gezogen, ein Wechsel, den ich gern mitgemacht hatte, denn Bonn erinnerte mich mit seinem Schloß, dem Fluß und seiner ästhetischen Bürgerlichkeit an mein residenzliches Potsdam. Und ich versuchte einen neuen Lebensstil: Wenn meine zuverlässige Putzhilfe, die auch auf die beiden Kleinen aufpaßte, an einigen Vormittagen kam, ging ich in die Stadt, setzte mich in ein Café am Marktplatz, das eine gewisse Kaffeehausatmosphäre hatte, las, schrieb, dachte nach und fühlte mich wohl. Nach zwei gelungenen Veröffentlichungen hatte ich mir den Lieblingsschriftsteller meines Vaters, Wilhelm Raabe, vorgenommen und entdeckte bei ihm die Symbolik von Sintflut und Arche. In welchem Zusammenhang benutzte er sie? Welche Bedeutung hatten diese biblischen Bilder für die Literatur bekommen? Ich hatte wieder ein Stück literarischer Erdberührung der Theologie gefunden und arbeitete das Thema aus. Als wir für kurze Zeit eine gewissenhafte irische Studentin bekamen, konnte ich das Manuskript fertigmachen, das unter dem Titel «Sintflut und Arche. Biblische Motive bei Wilhelm Raabe» 1967 erschien.

Die Bonner Wohnung war inzwischen zu eng geworden. Jürgen mußte den wachsenden Raumbedürfnissen der Kinder weichen und zog in eine unheizbare Dachkammer, wofür seinen Schreibtischbeinen ein Stück abgesägt werden mußte und wo nur ein Heizlüfter eine milde Wärme verbreitete. Von der Universität bekamen wir schließlich ein Grundstück in Bad Honnef zur Verfügung gestellt, für das ich ein Haus entwarf, das ganz unserem Lebensstil entsprach: für jeden ein Zimmer, ein separates Wohnzimmer und eine große Diele zum Essen, Spielen und für Geselligkeit. Das waren Schritte für mich zur eigenen Gestaltung des Lebens.

Doch dann kam wieder etwas Unvorhergesehenes dazwischen: Otto Weber starb, und in Göttingen hoffte man auf Jürgen. Zugleich kam ein dringender Ruf aus Tübingen mit einem Appell von Ernst Käsemann, daß hier Jürgens Aufgabe läge. Nach einigen quälenden Überlegungen fiel die Entscheidung für Tübingen. Ich war nicht selbstbewußt genug, ihn zu hindern und meine kleinen Schritte zur Selbstbestimmung zu retten. Wieder mußte ich packen und nun schließlich doch noch in das meinem Unabhängigkeitsdenken kaum entsprechende Tübingen ziehen. Was mir zwanzig Jahre vorher geglückt war, Tübingen zu entgehen, holte mich jetzt ein.

Ade Kaffeehaus! Ade Traumhaus! Ein Kaffeehaus fand ich in

Tübingen nicht wieder. Als ich es versuchte, merkte ich, daß man hier morgens putzte und kein literarisches Leben gewohnt war. Mit hochgezogenen Beinen über dem Putzlumpen konnte ich nicht in Ruhe denken. Ein Traumhaus fand sich erst viele Jahre später, als die beiden Ältesten schon aus dem Haus gingen. Vorerst zogen wir in eine große Wohnung über dem Seminar für Missionstheologie.

Daß wir in eine den modernen Zeitläufen ferne Provinz verschlagen waren, fiel uns gleich am ersten Morgen auf: «Kalbin zu verkaufen» stand im «Schwäbischen Tagblatt». War das noch Deutsch oder war es Dialekt? Die Kinder gingen vor Tau und Tag zur Schule, kamen aber schon um zwölf Uhr wieder und trotteten dann nochmals um zwei Uhr hin. Das erinnerte mich an die Schulen in Agnes Sappers schwäbischen Kinderbüchern. Mit diesen frauenunfreundlichen Terminen konnte eine Mutter nicht mal halbtags berufstätig sein! Der Dekan der Theologischen Fakultät guckte mißbilligend, als ich die Wäschepfosten von unserem Rasenstück entfernen ließ, weil ich eine Trockenmaschine hatte: «Wäsche muß doch an der frischen Luft trocknen!»

Natürlich gab es auch in diesem Bilderbuchland Lustiges, was uns gefiel: die roten Würste, die bei jeder Gelegenheit an Stöcke gespießt und am offenen Feuer gebraten wurden. Die Laugenbrezeln, den Württemberger Wein und das Stocherkahnrennen. Aber bald begann Heiteres und Betuliches verdeckt zu werden von Zeitereignissen, die auch Tübingen nicht verschonten. Die CSSR war auf dem Weg zu einem humanen Sozialismus, und wir fuhren nach Marienbad, wo der christlich-marxistische Dialog stattfand, der für Ost und West ein Hoffnungssignal war. Der Schah kam nach Berlin, der Student Ohnesorg wurde erschossen, und die Studenten fingen auch in Tübingen an, auf die Straße zu gehen. Im August fuhren wir mit der ganzen Familie für zwei Gastsemester an der Duke University in Durham in die Südstaaten der USA, wo wir zunächst eine behäbige, bürgerliche Kultur erlebten, aber am Ende nach der Ermordung Martin Luther Kings eine aufwachende, leidenschaftliche, junge Generation. Noch in den USA erfuhren wir von dem Attentat auf Rudi Dutschke, und die Studenten, die wir im folgenden

Sommersemester in Tübingen zu offenen Abenden einluden, waren weniger an Theologie als an Basisdemokratie, Stamokap und imperativem Mandat interessiert. Mit Blochs begann die immer etwas distanzierte, aber doch gleichgesinnte Freundschaft, die uns sonst in Tübingen fehlte. In Uppsala fand im Sommer 1968 die Weltkirchenkonferenz statt, die mich wegen ihrer Themen Menschenrechte und Partnerschaft aufhorchen ließ. Und wir beide nahmen an der parallelen Studentenkonferenz in Turku teil, wo statt christlicher Inhalte Theorien und Aktionen der Revolution verhandelt wurden. Im August kam dann der Rückschlag: die Besetzung der CSSR durch Truppen des Ostblocks und damit der Tod vieler Hoffnungen und der Anfang der Radikalisierung der Enttäuschten.

Meine bisherige Welt hatte sich langsam zu drehen begonnen. Was mir an Theologie verblieben war, paßte nicht mehr in diese Bewegung. Unser amerikanischer Freund James Cone besuchte uns und stellte uns seine «Schwarze Theologie» vor, die aus der Situation der schwarzen Bevölkerung in den USA kam, ihre Erfahrungen reflektierte und zur Befreiung aufrief. Die Menschenrechte, das Recht des Einzelmenschen jenseits von christlichem Ordnungsdenken waren so umstürzlerische Gedanken aus der Ökumene, daß keine Theologie mehr ohne soziale Folgen bleiben konnte. Ich stieß in dieser Zeit zufällig auf die Schriften und Briefe Bettina von Arnims, wo ich die gleiche, leidenschaftliche Vision von der Umkehrung der Verhältnisse vor der später mißglückten achtundvierziger Revolution fand, und das aus einem ganz eigenwilligen Christentum der Auferstehung! Bettina wurde mir eine Zeitlang zur Leitfigur: Sie schrieb – wie ich, sie war ebenfalls an Theologie und Politik interessiert, sie hatte Kinder und die täglichen Plagen des Haushaltes. Ihr Verhältnis zu Schleiermacher machte ich schließlich zum Thema eines Aufsatzes.

Diese anregende und aufregende Zeit war das letzte Vorspiel für die Feministische Bewegung und meine eigene Umdrehung. Das Leben war wieder eine «Kongestion» und war deshalb «köstlich». Ich war fünfundvierzig Jahre, und es tat sich noch mal etwas ganz Neues auf.

Es ist schwieriger, du selbst zu sein,
denn irgend etwas anderes

Virginia Woolf

Berlin: Sexismuskonsultation

Vom 15. bis zum 22. Juni 1974 fand in Berlin die erste ökumenische Frauenkonsultation des Weltrats der Kirchen statt. Ihr Thema war: «Sexism in the 1970», und der Untertitel hieß: «Discrimination of Women». Letty Russell, damals Pfarrerin an der schwarzen East-Harlem-Gemeinde und Professorin am Union Theological Seminary in New York – ich kannte sie aus New York –, war an der Vorbereitung und Durchführung der Konsultation beteiligt. Mich hatte die Evangelische Frauenarbeit in Deutschland delegiert, weil ich mich mit den Problemen des Sexismus befaßt hatte. Mir selbst war allerdings bis zu der Einladung unbekannt gewesen, daß es eine Evangelische Frauenarbeit gab. In der Gemeinde, in der ich Kirchengemeinderätin war, hatte ich nie etwas davon gehört. Meine Tante und meine Mutter waren in den dreißiger Jahren Mitglieder der Frauenhilfe gewesen, und ich hatte bei deren Jahresfesten an Kindertänzen im orangen Röckchen teilgenommen. Doch das gehörte für mich in eine längst untergegangene Kirchenkultur. Um so neugieriger war ich, als ich von der Evangelischen Frauenarbeit und ihrer Vorsitzenden Hildegard Zumach eine Einladung zu einer Vorbereitungskonferenz für die Sexismuskonsultation bekam. Sie fand in Iserlohn statt, und ich begegnete zum ersten Mal führenden Vertreterinnen der evangelischen Frauen, Leiterinnen der Frauenarbeit der verschiedenen Landeskirchen, der für die Frauenarbeit zuständigen Oberkirchenrätin Grimme und natürlich der munteren und aufgeschlossenen Hildegard Zumach. Zwischen all den praxiserfahrenen Frauen fühlte ich mich ziemlich fremd, und das Gefühl der Fremdheit steigerte sich noch, als ich merkte, daß die Vorbereitung auf die Konferenz nicht von dem Hintergrund ausging, den ich in den USA kennengelernt hatte. Die Evangelische Frauenarbeit hatte viele ökumenische Impulse aufgenommen, spiegelte aber auch in Iserlohn die deutschen theologischen Traditionen der einzelnen Landeskirchen wider, auch wenn sie darin eine eigene Struktur, z.B. in der Bibellektüre, geschaffen hatte.

Man hatte – was mir schon wie ein Sakrileg vorkam – einen Mann, einen Frankfurter Soziologen, zum Referenten geholt, und man ging von den Problemen der Arbeitswelt aus, um dem «Sexismus» nahezukommen. Ich schreibe bewußt «man», denn mir schien dies ein von moderner, protestantischer Theologie vorgegebener Ansatz zu sein, der das Spezifische der Frauenproblematik, wie es vom Weltrat der Kirchen verstanden wurde, gar nicht in den Blick bekommen konnte. In Teilen der deutschen Theologie schwamm man damals auf der soziologischen Welle, hatte der dialektischen Theologie den Abschied gegeben und praktisch wieder eine Zwei-Reiche-Trennung vollzogen. Von einer scheinbar abstrakten Theologie hatte man sich in die soziale Welt geflüchtet, um von dort Lösungen für die vor allem seit der achtundsechziger Bewegung anstehenden Probleme aufzuzeigen.

«Emanzipation und Entfremdung», so hieß die Thematik, und in Iserlohn war sie als «ein deutscher Beitrag» zu der internationalen Tagung gedacht. Aber gleich im ersten Satz seines Einführungsreferats schien mir der Soziologe Wallraven das Anliegen der Ökumene verfehlt zu haben, denn «Sexism in the Seventies» hieß für ihn in freier Übersetzung: Geschlechterrollenverteilung in den siebziger Jahren. Solche sozialpolitische Aufklärungsarbeit, meinte er, sei aber von deutscher Seite längst geleistet worden. Der Thematik des Weltkirchenrates sei also bei uns schon vorgegriffen worden. Entfremdung in Arbeitsprozessen, die nicht mehr durchsichtig sind, sei das Problem, und zwar das Problem beider Geschlechter, ein «Nicht-mehr-Zurechtfinden in der Wirklichkeit». Dies verhindere Ich-Identität und Selbstentfaltung. «Entfremdung» sei deshalb das angemessene Thema, um auf die Spannungen innerhalb der Gesellschaft zu verweisen. Damit war die anstößige «Unterdrückung» aus dem Programm herauskatapultiert.

«Entfremdung» gehört in die Tradition des deutschen Idealismus, ein Begriff, durch den man sich nach den revolutionären Denkmustern der Französischen Revolution einen eigenen gesellschaftlichen Weg suchte. Von Entfremdung ging und geht aber kein eigener politischer Elan zur Frauenfrage aus. Dies aber war die Absicht der Ökumenikerinnen gewesen, Frauen aus ihrer langen, unpolitischen Kirchentradition herauszuholen. Iserlohn war eine schwierige Konferenz: überfrachtet von deutscher, philosophischer Tradition, die Frauenfrage hinter der Arbeitsfrage versteckt, die erste internationale Frauenkonferenz vor sich und die Unsicherheit der deutschen Kirchen im Rücken. So war sie eine unzulängliche Vorbereitung auf die Fragen der kommenden Jahre. Es fehlte auch jegliche Beziehung zum Bereich Theologie und Kirche, die für das Theologie und Gesellschaft integrierende ökumenische Denken so charakteristisch ist. So blieben die Frauen – wie mir schien – hilflos zurück.

Die Vorbereitungspapiere aus Genf, die die deutschen Delegierten in den folgenden Monaten bekamen, sprachen eine andere Sprache. «Sexismus» – so definierte es Letty Russell – «ist jede Handlung oder institutionalisierte Struktur, die systematisch eine Person, eine Gruppe auf Grund des Geschlechts unterordnet.» Dieser in aller Welt verbreitete Sexismus solle in Berlin diskutiert werden, und es solle gefragt werden, was eine Befreiung von solchem Sexismus für die ganze menschliche Familie bedeuten könne. Trotz einer so deutlichen Sprache hatte die endgültige deutsche Version für den Untertitel dann doch wieder alle gesellschaftsverändernden Begriffe beiseitegelassen und «Sexismus in den siebziger Jahren» erklärt als: «Frauen, eine Mehrheit, die eine Minderheit sind» – eine in einem anderen Zusammenhang gebrauchte Formulierung der Journalistin Luc Jochimsen. Und auf der Konferenz selbst klang es in dem von deutscher Seite kommenden Referat der Psychotherapeutin Magdalene Hartlich dann noch verbindlicher:

> «Wir deutschen Frauen hielten nun folgende Feststellung für unaufschiebbar dringlich. Sie liegt in der Luft, wie wir hier zu sagen pflegen, und wir haben sie mit Kopf und Herz ergriffen, die Fest-

stellung nämlich: Die Emanzipation des Mannes hat noch nicht stattgefunden. Für mein Verständnis von Sexismus geht es um den Aufbruch beider Geschlechter aus ihrer psychosozialen Polarisation, um die Emanzipation der Geschlechter.»

Für mich waren das Veränderungen, die der damaligen deutschen Situation entsprachen. Böse Zungen hatten schon «Sexismus in den siebziger Jahren» als «Sexualität der Siebzigjährigen» (Kirchenführer) interpretiert! Auf jeden Fall waren die deutschen Erklärungsversuche ein Zeichen, daß hier ein deutsches, theologisches Ordnungsdenken sich gegen ökumenische Menschenrechts- und Reich-Gottes-Vorstellungen wehrte oder wehren mußte. Wie schnell allerdings viele Frauen sich diesen Impulsen aus der Ökumene geöffnet haben, aus denen auch ein unbekümmertes, politisches Handeln erwuchs, zeigten die nächsten Jahre. «Kauft keine Früchte der Apartheid!» wurde ab 1978 zu einer Demonstration neuer weiblicher Unabhängigkeit und Unbotmäßigkeit.

Die Konsultation, an der 154 Frauen aus 49 verschiedenen Nationen teilnahmen, fand im Berliner Johannesstift statt. Auf der Fahrt im Kleinbus vom Flugplatz Tempelhof nach Spandau nannten wir uns unsere Namen. Eine Frau aus Lateinamerika fiel vor mir buchstäblich auf die Knie: «You are the wife of Jürgen Moltmann!» Mir war das unangenehm, denn ich wollte hier nicht als irgendeines Mannes Ehefrau auftreten. Im Empfangsbüro tröstete es mich, daß Liselotte Nold, die Vorsitzende des Bayerischen Mütterdienstes, mich mit großer Begeisterung auf mein Buch «Menschenrechte für die Frau» ansprach. Aber wieder kam ich mir einsam vor zwischen all den gestandenen Frauen aus Kirchen und Gesellschaften, den imponierenden Inderinnen, den stolzen Frauen aus Afrika, den souveränen Engländerinnen und Australierinnen und den dominierenden Amerikanerinnen. Am fremdesten aber fühlte ich mich zwischen den deutschen Frauen, denen wohl eine ganze Welt zurechtgerückt wurde. Hildegard Zumach sagte später, daß ihr erst auf dieser Konferenz und dann ein Jahr später in Nairobi bei der Vollversammlung des Ökumenischen Rates das Licht aufgegangen sei, was es mit den Frauen in der Kirche, mit ihrer Unterprivilegierung, mit ihrer Rolle in Kirche, Familie und Gesellschaft auf sich habe.

Der gemeinsame Nenner für die meisten Frauen aus der Ökumene war die Erfahrung der Unterdrückung. Doch das wurde verschieden buchstabiert: Für einige war es der Rassismus, für andere der Kapitalismus oder die Kolonialmacht. Gemeinsam war allen wieder die schuldhafte Verstrickung der Kirchen in diese Strukturen. Sexismus wurde – auch in den Konferenzergebnissen – nicht als isoliertes Problem gesehen. «Born to be female», ein amerikanischer, etwas sentimentaler Filmstreifen, der das «Schicksal» eines weißen Mittelstandsmädchens in grünen «suburbs» zeigte, erntete nur Ablehnung. Eine junge Amerikanerin, Sarah Bentley-Doely, Schülerin von Letty Russell und in der amerikanischen Consciousness-raising-Bewegung aktiv, reagierte deshalb auch höchst verärgert: «I am very, very sorry...», daß die lesbische Frage nicht in die Konferenzpapiere einging. Die geheime Heldin der Konferenz schien mir Rahantavolo Lona Andriamanjato zu sein, eine Professorin für Hydraulik aus Madagaskar, Mitglied der Kommunistischen Partei, die auch begeistert in Ost-Berlin empfangen wurde und die mit ihrem Vortrag «Politisch-ökonomische Faktoren und die Lebensbedingungen der Frau in Asien, Afrika und Lateinamerika» die Prioritäten setzte: Die wirtschaftliche Ausbeutung sei die eigentliche Ururunterdrückung des Menschen. Das zeige sich in Ländern wie Japan und Brasilien, wo die Frau rechtlich schwer benachteiligt und in die Rolle der Frau und Mutter zurückverwiesen sei. Gegen diese Weltsicht protestierte die einzige japanische Delegierte Yosiko Isshiki, die ich zweiundzwanzig Jahre später in Japan wieder traf und mit der ich Eindrückliches und Skurriles dieser Konsultation nochmals austauschen konnte.

Neben den vier Hauptreferaten – Psychologie, Wirtschaft, DDR-Gesellschaft und Theologie – fanden in dieser Woche auch Prozesse statt, die erst später Bedeutung gewannen. Schon am ersten Abend, als wir im Bus zur Eröffnung der Konsultation in die Berliner Kongreßhalle fuhren, sprach mich eine Amerikanerin mit strengem

Dogcollar und ernstem Gesicht an, daß wir nun in Deutschland Feministische Theologie machen müßten. Es war Constance Parvey, die später das Programm des Weltkirchenrats «Die Gemeinschaft von Frauen und Männern in der Kirche» leiten sollte. Ich reagierte distanziert, dachte, daß mir meine Christologie für alle neuen Denkweisen bisher genügt hatte, und erinnerte mich mit etwas Schaudern an Konferenz-Vorbereitungspapiere, in denen von Letty Russell trocken und wissenschaftlich eine neue theologische Methode, die Feministische Theologie, vorgestellt worden war. Es gab da Begriffe wie «induktiv» und «deduktiv», die mir noch nicht begegnet waren und die bei mir nichts in Gang setzten. In der Arbeitsgruppe «Theologie» wurde auf Wunsch der neugierigen Teilnehmerinnen unter Russells Leitung ein paar Tage lang über Feministische Theologie diskutiert. In die abschließenden Konferenzberichte kam jedoch nicht die Bezeichnung «Feministische Theologie», sondern «Befreiungstheologie» als ein mögliches Instrument zur Befreiung der Theologie selbst. Der Graben zwischen Theorie und Praxis sollte dadurch überwunden und die Theologie nicht mehr belastend (oppressive) für Laien und Frauen sein. – Trotzdem gelangte «Feministische Theologie» in eine Pressekonferenz. Liselotte Nold griff erfreut auf, daß es nun endlich eine «Frauentheologie» gäbe, was eine Journalistin ironisch kommentierte, ob Christenfrauen nun einen bewaffneten Befreiungskampf beginnen wollten.

Mich erreichte das alles nicht. Was mir als theologisches Novum auf der Konferenz auffiel, war, daß nicht mehr der traditionelle, deutsche, paulinische Christus, gekreuzigt und auferweckt, im Mittelpunkt theologischer Aussagen stand, sondern der Jesus von Lukas 4, der den Gefangenen die Freiheit verkündet, den Armen das Evangelium verheißt und der die Zerschlagenen heilt. Das bewegte mich und machte mich nachdenklich. Hildegard Zumachs schlichter und eindrücklicher Satz: «Wir wollen die Emanzipation, die Jesus gewollt hat, aber die wollen wir ganz», genügte mir völlig.

Ein damals wenig beachtetes, aber grundsätzliches und zukunftsorientiertes Referat hielt die amerikanische Professorin Nelle Morton: «Auf dem Weg zu einer ganzheitlichen Theologie». Hier wurde ein Prozeß für ein feministisch-theologisches Denken eröffnet, der bei uns erst sehr viel später einsetzte. Unter anderem sagte sie:

> «Wir beginnen, das Theologiebetreiben als einen – organischen, gemeinschaftlichen und ganzheitlichen – Prozeß zu erfahren. Organisch, denn es kommt aus der tiefsten Tiefe unseres Seins – von dort, wo die Spaltung zwischen uns und dem Mann am größten ist. Organisch auch, weil Leib, Verstand, Geist eins sind. Wir haben dies erstaunlich Neue nicht durch unseren Verstand allein erreicht, sondern wir haben es existentiell gelebt. Getrieben durch unseren Schmerz, unser Eingefangensein, unsere große Not haben wir das einzige getan, was wir tun konnten: Wir sind einer in des anderen Gegenwart gezogen worden. Wir haben einander zur Rede gehört. Wir haben Gott als Geist erfahren, der Menschen durch sein Hören zur Rede befähigte – zur neuen Schöpfung. Das WORT kam als menschliches Wort, der menschliche Ausdruck zur Menschlichkeit. Der schöpferische Akt des Geistes bestand nicht im Sprechen des Wortes, sondern im Hören – im Hören der Kreatur zur Rede.»

Nelle Mortons Beitrag möchte ich heute als den frühen Versuch einer sowohl christlichen als auch postchristlichen Spiritualität verstehen, der auch zu Letty Russells Ansatz in deutlichem Gegensatz stand. Leitete Russell die Feministische Theologie aus der lateinamerikanischen Befreiungstheologie und aus der von Metz und Jürgen entwickelten politischen Theologie ab, so war Mortons Ansatz eher als ein Bruch mit allen theologischen Traditionen und – darin Mary Daly ähnlich – als existentielles, organisches, körperhaft-kosmisches Erleben verstanden. Ein neues, weibliches Gottesbild, Ganzheit und Gegenseitigkeit, die später die bewegenden Vorstellungen Feministischer Theologie wurden, breitete sie vor uns aus – allerdings vor einer Frauenschar, die – wie ich – noch ungläubig gegenüber diesem neuen Himmel und dieser neuen Erde war.

Ebenso kühl, wie ihr Vortrag mich berührte, war auch unsere persönliche Begegnung. Eine Amerikanerin dachte wohl, ihr eine

Prof. Dr. Nelle Morton auf der Sexismuskonsultation in Berlin 1974.

Freude zu machen, wenn sie ihr die Frau des Hoffnungs-Theologen Moltmann vorstellte. Doch Nelle Morton, mit altmodischem Dutt und rosa Schleifchen darin, reagierte gleichgültig. Um so schöner war dann eine Begegnung 1982 in Claremont (USA), wo sie als Emerita wohnte. Ich kam von den Earl-Lectures, die ich in Berkeley gehalten hatte, und sie lud mich und Bernadette Brooten, die damals in Claremont lehrte, zu einem von ihr selbst gemachten wunderbaren Frühstück ein, aus Eiern, Käse und Tomaten bereitet. Ihr Dutt war zu einer lockeren Kurzhaarfrisur geworden. Sie war herzlich und begeisternd. Als ich nach ihrem Tod in der Drew University 1989, wo sie jahrelang unterrichtet hatte, einen Vortrag hielt und ihr schönes Bild in Öl gemalt im Flur sah, begann ich mit meiner Erinnerung an Nelle Morton und ihren gewichtigen Beitrag zur Berliner Sexismus-Konsultation. Doch die Reaktion der StudentInnen, der Professoren und vor allem der Alumni war kühl, fast ablehnend. «Ach, Nelle Morton», sagte mir einmal einer ihrer früheren Kollegen, «sie war immer das schwächste theologische Pferd in unserem Stall.» Dies erschreckte mich damals. Heute geniert es mich, daß es mich erschreckte.

Loccum: Emanzipation der Frau

Zwei Tage bevor die Sexismuskonsultation in Berlin zu Ende ging, begann in der Akademie Loccum bei Hannover die erste große deutsche Frauenkonferenz im kirchlichen Raum mit dem Thema «Emanzipation der Frau». Es war eine Wochenendtagung, die vom 21. bis zum 23. Juni 1974 dauerte und ungefähr hundertzwanzig Frauen sowie einige Männer zusammenbrachte. Eingeladen waren «Vertreterinnen und Vertreter von Aktionsgruppen und Frauenverbänden, von Frauenbefreiungsbewegungen und pressure groups aus Politik, Wirtschaft und Kirche, Experten und Interessenten». Und es kam eine buntgemischte Schar: Studentinnen und Regierungsdirektorinnen, feministische Journalistinnen und Publizistinnen wie Claudia Pinl, Gesine Strempel, Frauen vom konservativen Flügel wie Irmgard von Meibom, Gewerkschaftlerinnen und Hausfrauen, die das Thema anzog. Gegenüber den würdigen, ihre Kirchen und Gesellschaften in Berlin vertretenden Christenfrauen, die die sozialen Lasten der Welt auf ihren Schultern zu tragen schienen, waren die Loccumer eine rebellische, teils vergnügte, teils verbitterte Schar, aus denen schnell jedes Gefühl herausbrach. Mir gefiel das.

Ich war vom Tagungsleiter Uwe Gerber zu einem Statement über die Rolle der Kirche im Emanzipationsprozeß eingeladen und mußte als einzige öffentlich die Kirche vertreten. Im Unterschied zu der christlichen Frauenkonferenz, wo nur Philip Potter am Begrüßungsabend in der Kongreßhalle als einladender Generalsekretär des Weltkirchenrates gesprochen hatte, begann die Akademietagung gleich mit zwei männlichen Hauptreferaten: Der Psychologe Ulrich Beer plädierte als «undressierter Mann» für das schwache Geschlecht, und der Kultursoziologe Demosthenes Savramis sprach über die Degradierung der Frau und die Überschätzung des Mannes. Nur die Journalistin Leona Siebenschön durfte sich am Abend noch zur fraglichen Emanzipation der Frau in Familie und Ehe äußern. Die Stimmung war leicht grollend.

Am nächsten Tag dominierten dann die Frauen. Alice Schwarzer begann mit einer improvisierten, freien Rede über Themen wie Mutterschaftszwang, das glückliche Sklavinnendasein der Hausfrauen und die Probleme der Berufstätigkeit: Frauenarbeit oder Frauenbefreiung, und faszinierte mit dieser Lockerheit. Ihr folgte die Münchner Feministin Hannelore Mabry, die zunächst einmal mit der Mitteilung schockierte, daß sie gerade menstruiere und nicht in bester Verfassung sei, was sie aber nicht hinderte, einen ebenfalls freien Vortrag über Marxismus und Feminismus und den klassenkämpferischen Aspekt des Feminismus zu halten. Sie schloß:

> «Unser Revolutionsruf heißt:
> Menschlichkeit statt Gewalt und Männerrecht – Kampf für eine Feministische Kultur.»

Ich war die vierte, die ein Statement abzugeben hatte, und angesichts der revolutionären Stimmung kam mir mein geschriebenes Papier höchst dürftig vor. Aber vor mir war noch eine Soziologin und Berufsberaterin aus Karlsruhe dran, die über Berufschancen der Frau sprach und keinerlei revolutionären Elan versprühte. So begann ich, mit mehr Mut, über die Menschenrechte zu sprechen, die in unserer deutschen Kultur, in der Frauenbewegung und in der Kirche kaum eine Rolle gespielt hätten, auf die uns aber jetzt die Ökumene mit all den Implikationen für die Frau – Ganzheit, Selbstverwirklichung, öffentliche Verantwortung, Rechte statt Pflichten – hingewiesen habe. Für die an deutsche Kirchlichkeit gewöhnten Frauen waren das Schalmeien aus einer ihnen fremden Welt, und die setzte Glauben voraus, der – wie Inge Sollwedel später schrieb – den meisten fehlte. Aber auf dem Flur in der Pause kam eine junge Frau strahlend auf mich zu: Jutta Menschik, die durch ihre vielen feministischen

Analysen bekannt geworden war, und sagte: «Das war gut», und als die gestandene Berliner Synodalin Liselotte Glaeser ganz ähnlich reagierte, war ich einigermaßen erleichtert. Trotzdem hatte ich das ungute Gefühl, Revisionismus statt Revolution vertreten zu haben, und in sozialistischen Kreisen war das die Sünde, die nicht vergeben wurde, schlimmer als alle konservativen Positionen.

Doch das Eigentümliche von Loccum war, daß sich hier keine dogmatischen Richtungen verglichen und daß hier nicht gewertet wurde. Am Ende unserer vier Statements hatte Alice Schwarzer sinniert: «Vier Frauen und zwei ganz unterschiedliche Darstellungsweisen!» Doch das war nicht wertend, nur beobachtend gesagt. Wichtig wurden in Loccum das Gespräch unter den so unterschiedlichen Frauen und die Atmosphäre von gleicher Betroffenheit, Wärme und Nähe.

Als Tagungsthema schälte sich das Thema «Sexualität» heraus. Hier war ein existentielles Problem für jede Frau, obwohl – wie auch eine Arbeitsgruppe feststellte – dies gar noch nicht bei allen ins Bewußtsein gerückt war. Hierin lag auch eine notwendige Reaktion auf den Ansatz der deutschen feministischen Bewegung: der Kampf um den § 218. Die Fristenregelung der sozialliberalen Koalition genügte den Frauen nicht. Streichung des § 218 war die Forderung. Mir ging in den Loccumer Gesprächen und in der lustigen, unbekümmerten Offenheit, mit der Frauen um Alice Schwarzer über ihre Sexualität und Sexualpraktiken sprachen, auf, wie männer- und leistungszentriert unsere sexuellen Vorstellungen sind und welch genaues Abbild unserer Leistungsgesellschaft sie abgeben. Dieses Thema war in Berlin nicht vorgekommen oder wurde nur – von Sarah Bentley-Doely – am Rande berührt und in der Öffentlichkeit gleich wieder fallen gelassen. Erst in den achtziger Jahren wurde es in ökumenischen Kreisen offener behandelt. Für mich begann aber damals der Körper des Menschen, des Mannes und der Frau, der unentdeckte und wichtige Ort zu werden, wo Unterdrückung und Befreiung sich ereignen. Ich hatte in Loccum eine neue Dimension entdeckt und fuhr sehr beeindruckt, mehr aufgewühlt als von der Berliner Konsultation, nach Hause.

Alice Schwarzer faßte ihr Ergebnis dieser Frauenkonferenz so zusammen:

> «Loccum ist für mich der Beginn eines Dialogs, von dem ich weiß, daß er weitergeht – in Loccum und anderswo. Ich hoffe sehr, daß wir beim nächsten Frauen-Wochenende auf den bereits gemachten Erfahrungen aufbauen können, und freue mich auf das Treffen.»

Mir war nur fragwürdig, und das war der etwas bittere Nachgeschmack von den eindrucksvollen Erfahrungen, ob das denn überhaupt mit Christinnen gewollt sei. Kirche als «Giftpilz der Gesellschaft», als «Infektquelle» – das waren Ausdrücke, die hier bejubelt worden waren. Partnerschaft als «Einschlafpille der Emanzipation», ein brillanter Ausdruck, den ich hier zuerst hörte, für unser schlaffes, konservatives Vokabular – das war ein Affront gegen alles neue, ökumenische, dynamische Partnerschaftsdenken, das in die Berliner Konferenzpapiere eingegangen war. Gab es da noch Gespräche? Um Frauen wie die Münsteranerin Iris Müller, die enttäuscht von der evangelischen Kirche, verbittert über die katholische Kirche war, scharten sich hier die Frustrierten. Viele Christinnen – belastet mit der Schuld ihrer Institutionen an den Frauen – blieben stumm, hörten und warteten ab. Die evangelische Kirche hatte eine ausgezeichnete Plattform geliefert, aber daß dieser Freiheitsimpuls von ihr ausging, wurde nicht beachtet, und es fehlte ihr auch jedes Selbstbewußtsein, dies bewußtzumachen.

Selbstbehauptung, Mündigkeit, Schwesterlichkeit

Als ich nach Hause kam, begann ich, an meinem Vortragsstil zu arbeiten. Ich hatte mehrere Einladungen zu Vorträgen bekommen, und es ging ja nicht, daß ich ängstlich Satz für Satz vorlas und nicht mal den Kopf hob. «Öffentliches Reden liegt dir wohl nicht», hatte Jürgen mal gesagt und gleich tröstend hinzugefügt: «Schreiben kannst du besser.» Das war nach einer Wahlveranstaltung für Kirchengemeinderäte gewesen. Ich war als Kandidatin aufgestellt, hatte mich vorstellen sollen und kaum zwei klare Sätze hervorgebracht, und als jemand aus dem Publikum von hinten «lauter!» rief, verlor ich völlig das Konzept. Natürlich wurde ich nicht gewählt und kam erst in einem Nachrückverfahren in den Kirchengemeinderat.

Nun saß ich vor einem Spiegel – zum Amüsement meiner Familie – und versuchte, kurze, kluge Sätze zu sprechen, die nicht im Nichts endeten, und ohne an das Manuskript gefesselt zu bleiben. Eine zündend frei redende Alice Schwarzer wollte ich sowieso nicht werden.

Zu der nächsten Tagung nach Bad Herrenalb fuhr ich etwas besser gerüstet. Beim Anblick der Menge von Frauen wurde mir allerdings wieder bänglich, und ich rief zu Hause an, um mir Mut zu holen. «Schön, wenn viele da sind», tröstete mich mein Ehemann, «dann kanst du dir sagen: ‹Heute hat der Herr sie mir in die Hand gegeben!›» Ich zweifelte allerdings, ob dieser Herr noch mein Herr sei. Trotzdem ist mir diese erste größere Begegnung mit Kirchenfrauen, Mitarbeiterinnen der badischen Frauenarbeit, zu der mich deren Leitung, die Pfarrerin Ruth Pfister und die Sozialreferentin Anneliese Fehrholz, eingeladen hatten, noch in guter Erinnerung.

Ich zog in meinem Vortrag Verbindungen von unserer verinnerlichten Christentumskultur, die Frauen nur die Diakonie überließ, zu gegenwärtigen Befreiungsbewegungen und zu einem Christentum, das Frauen zu aktiver Mitarbeit als autonome Menschen auffordert. Ich nehme an, daß die alten, demokratischen Traditionen Badens, aus denen auch die frühe Förderung von badischen Fraueninitiativen entsprang, hier einen guten Resonanzboden abgab. Die badische Frauenarbeit war seit 1974 die aktivste und mutigste Organisation, die die neuen Frauenfragen aufgriff, und wo eine unkomplizierte Offenheit unter Leitung, Mitarbeiterinnen und Basisfrauen die Atmosphäre bestimmte.

Zu einem mich mehr existentiell herausfordernden Thema hatte mich die einfallsreiche Pädagogin Maria Berg aus Düsseldorf für den gleichen Herbst eingeladen. Sie war die Gründerin des «Aktionsrings Frau und Welt», der sich – nach der eigenen Definition – bemühte, «die intelligente, begabte und aufgeschlossene Frau aus ihrem Dornröschenschlaf» aufzuwecken, und der Menschen erreichen wollte und auch erreichte, «die von Institutionen, Organisationen und Gemeinden kaum angesprochen werden». Mit einem Gespür für Themen, die in der Luft lagen, hatte mich Maria Berg gebeten, etwas über «die Frau zwischen Selbstaufgabe und Selbstbehauptung» zu sagen. Es war ein Thema, das mich selbst ergriff, worin ich mich selbst wiederfand, und das jahrelang vielen Frauen zum Selbstspiegel wurde. Ich zog das Thema politisch, nicht gleich persönlich auf, zeigte, daß unsere Gesellschaft und die Kirchen auf der Selbstaufgabe von Frauen basierten und daß das Selbst der Frau in unserer Gesellschaft ein sich anpassendes, lückenbüßendes, aushelfendes Selbst ohne eigenen Raum, eigene Funktion, eigenes Bewußtsein sei, und forderte zu einer Strategie der Selbstbehauptung auf – in Gruppen, in der Gesellschaft, durch die Abhängigkeiten aufgearbeitet werden könnten. Ich schloß damit, daß man bei einem solchen Prozeß einsam werden wird. Hinterher saß eine junge Frau zu meinen Füßen und fragte eindringlich, wie denn das zu verstehen sei, obwohl ich doch gerade von Gruppen gesprochen hätte. Ich war etwas hilflos in meiner Erklärung. Heute sehe ich, daß ich mich selbst aus meiner Generation herauslösen mußte und deshalb Isolierung spürte, daß da aber eine Generation heranwuchs, die *mit* ihrer Generation diese Wege machen konnte.

Spätestens bei diesem Thema merkte ich, wie ich in meiner Redefähigkeit und meinem Selbstbewußtsein vom Thema getragen wurde. Wo es eine Identifikation mit dem Text gab – ganz gleich, ob die Zuhörenden einverstanden waren oder nicht –, brauchte es wenig Kosmetik. Maria Bergs Frauen gingen gespannt mit, nur eine Journalistin von epd war verärgert und verwirrt, so etwas hatte sie noch nie gehört. Ich gehörte von da ab lange dem Beirat von «Frau und Welt» an, und mir war diese aufgeweckte Gruppe stets wie eine notwendige Vorhut der oft schwerfälliger einherdümpelnden kirchlichen Frauengruppen.

Ein drittes Thema, das mich anregte, war mir von der Johanniter-Vereinigung für eine Tagung der Akademie Hofgeismar gestellt worden. Es hieß: «Mündigkeit», ein Begriff, der in der neuen Frauenbewegung selten vorkam, aber mich nun reizte, seinen Spuren nachzugehen. Doch was war Mündigkeit? Sie gehörte zur Aufklärung, hatte einst auch Frauen fasziniert. Doch der Mut, sich seines Verstandes zu bedienen, blieb letzten Endes auf eine führende Oberschicht beschränkt, die aus Männern bestand. Politisch-geistige Mündigkeit als Lebensziel und Lebensvollzug erfaßte Frauen in ihren mehrdimensionalen Bezügen nicht. Sie erfaßte letztlich nur die «sexuell neutrale Frau» (Else Hoppe). Ebenso unvollkommen und nur ein Schritt auf dem Weg zum ganzen Menschen erwies sich m.E. das marxistische Ideal der ökonomischen Mündigkeit. Aber auch die neue Frauenbewegung, die die soziale Mündigkeit und Selbstbestimmung der Frau vertrat, blieb gegenwärtig noch blaß und leblos. Sie hat – so sagte ich – die alte Natur und deren Verhaltensweisen wie ein aus der Mode gekommenes Kleid abgeworfen. Was würde sie anziehen? Jeans oder den matriarchalen Look?

Für mich endete diese Suche nach einem zeitgemäßen Ausdruck von Mündigkeit in der Vorstellung einer leiblichen Mündigkeit, in der Natur nicht mehr verdrängt, nicht als passiv und rezeptiv verstanden würde, sondern neue Fähigkeit zu Offenheit, Sensibilität,

Konferenz in Berkeley 1976.

Aufnahmebereitschaft bedeutete. Anatomie nicht mehr als Schicksal, sondern als Chance! Eine Ethik, die pathisch, und eine Vernunft, die libidinös ist! Das waren meine tastenden Versuche, das auszudrücken, was ich später in der Wiederentdeckung des Körpers klarer sagen konnte. Diese leibliche Mündigkeit konnte aber nicht allein auf Frauen bezogen sein. Sie mußte auch den Mann einschließen.

Ich glaube, mit solchen Gedanken verwirrte ich meine Zuhörenden, die sich höchstens auf eine Art geistig-politischer Mündigkeit einlassen wollten und denen der ganzheitliche Anspruch noch unverständlich blieb. Diesen Mündigkeitsvortrag benutzte ich aber auf einer dreimonatigen USA-Reise, die wir mit unseren beiden jüngeren Kindern im Sommer 1976 unternahmen. Es war mein erster englischer Vortrag, und vor Aufregung schlief ich die Nacht vor meinem ersten Auftritt in Santa Barbara nicht. Beim nächsten Mal, auf einer Konferenz in Berkeley, ging es schon besser. Am Ende der Konferenz gab der Leiter Jürgen, der fünf Vorträge gehalten hatte, und mir, die ich nur einmal geredet hatte, gleiche Schecks. Er lächelte dabei etwas gequält: Die Frauen hätten diese Zahlung verlangt, weil ich ja die Kinder großgezogen hätte! St. Louis, Durham, Princeton waren dann weitere Stationen, wo ich meine Sprechkunst verbessern konnte, wo meine Redelust wuchs und wo ich überall auf größtes Interesse stieß. Das Thema Leiblichkeit war hier in theologischen Frauengruppen kaum angesprochen. Die Angst, die Frau wieder auf Natur und Körper festzulegen, war in der vorwiegend akademisch ausgerichteten Frauenbewegung stark vertreten, während Frauen der Basis weit aufgeschlossener, aber mit ihren Problemen oft allein gelassen waren.

Diese ersten Beiträge zur theologischen Frauenfrage faßte ich 1977 zu einem Taschenbuch zusammen. Den Titel dazu erfand Jürgen, dem unsere «brüderliche» Spracharmut aufgefallen war. Das Buch hieß: «Freiheit, Gleichheit, Schwesterlichkeit».

Strategie der Selbstbehauptung – sisterhood is powerful –, das waren die Parolen, die Mitte der siebziger Jahre zu den verschiedensten Gruppenbildungen führten. In Tübingen erfaßte sie nicht nur Studentinnen, auch die bis dahin im verborgenen und für Männer und Kinder existierenden Ehefrauen wurden sichtbar. Mit der Philosophin und Ernst-Bloch-Schülerin Ruth-Eva Schulz riefen wir einen Frauenclub ins Leben, der Vortragsveranstaltungen aus den verschiedensten Wissenschaftsbereichen, meist von Tübingerinnen, anbot. Es war erstaunlich, was für Wissen und Talente hier zutage traten, wie viele Professorenfrauen aus ihren Schlupflöchern traten und welch große Zahl von Frauen zusammenkam. Die Organisation, Finanzierung, Einladung übernahm Ruth-Eva Schulz, und einen Teil der Vorträge gab sie in der kleinen, allerdings nur kurzlebigen Zeitschrift «Wissenschaft und Zärtlichkeit» heraus. Zum ersten Mal wurde Tübingen für mich lebendig und warm.

Angeregt durch zwei Bücher von Tübinger Autorinnen, die gerade erschienen waren (Herta Däubler-Gmelin: «Frauenarbeitslosigkeit oder Reserve zurück an den Herd», und mein eigenes Buch «Freiheit, Gleichheit, Schwesterlichkeit»), begann die Gynäkologin Barbara Waldow 1977 einen Zonta-Club, Tübingen-Reutlingen, zu gründen, für den sie uns auch gleich als Mitglieder gewann. Zonta, ein internationaler – ähnlich wie der Rotary Club organisierter – Service-Club von Frauen, der in den USA entstanden war, bot den gesellschaftlichen Hintergrund. Unser Club selbst gruppierte, formte und entwickelte sich um das Projekt, ein Frauenhaus in Reutlingen zu schaffen. Das war notwendig, das band zusammen, das forderte Phantasien, um Geld zu beschaffen, das schuf die Grundlage von sozialkritischem Interesse, das bis heute unser Clubleben prägt. 1979 konnte das Frauenhaus als erstes Frauenhaus in einer mittelgroßen Stadt eingeweiht werden.

Die Schweizer Pfarrerin Ruth Epting rief auf Grund von Erfahrungen im Evangelischen Missionswerk Südwest eine ganz andere Fraueninitiative ins Leben: eine Initiativgruppe gegen den Sexismus und für die Mitarbeit der Frau im Weltkirchenrat. Angeregt durch die Sexismuskonsultation und den weltweiten Einfallsreichtum von Frauen, ihre Stimme zu erheben, entstanden hier Briefe an Delegierte von ökumenischen Konferenzen, Aufrufe, Anregungen, wie die Zahl der Frauen und die Perspektive von Frauen in Zeitschriften und anderen Veröffentlichungen vermehrt werden könnten.

Viele dieser Frauen aus solchen neuen Gruppenbildungen waren gar nicht feministisch orientiert. Sie spürten einfach, daß sie etwas *tun* müßten und auch tun könnten. Und dabei wuchsen ein neues Frauenselbstbewußtsein und das Gefühl von Schwesterlichkeit, das fähig war, jenseits von Institutionen neue Organisationen zu versuchen.

Kirchenarbeit

Am 3. November 1975 wurde ich in den Vorstand Frauenarbeit der Württembergischen Landeskirche gewählt, die ein Dachverband für viele württembergische, kirchliche Frauenorganisationen ist. Diese schienen mir zunächst rückständig, aber auch eindrucksvoll in ihrem Selbstgefühl, und sie öffneten sich in unterschiedlichem Tempo den neuen Herausforderungen, denen sich keine kirchliche Frauenorganisation nach der Sexismuskonsultation mehr entziehen konnte

Ich hielt viele Vorträge auf kirchlichen Tagungen und organisierte auch Tagungen und Seminare mit anderen TheologInnen, die sich ebenfalls Frauenfragen geöffnet hatten. Welche Aggressionen sich darüber in manchen Gruppen aufstauten, zeigte die 9. Evangelische Landessynode, die drei Jahre später, am 15. November, tagte. In die Debatte um die Haushaltsstelle für den Gemeindedienst brachte eine Oberin die Probleme ein, die sie mit der Frauenhilfe, einem Teilbereich des Gemeindedienste, dem Dachverband der Frauenarbeit, der Feministischen Theologie und mir als Vorstandsmitglied hatte. Aber diese Attacke schlug letztlich fehl, weil in den vergangenen drei Jahren Frauen Wissen und Selbstbewußtsein gewonnen hatten und auch der für die Frauenarbeit zuständige Oberkirchenrat Leube sich schließlich auf die Seite der Frauen schlug. Ich gebe das Protokoll dieser Diskussion in aller Ausführlichkeit wieder, weil sie einmal typisch für die Anfangsjahre der Feministischen Theologie in der Kirche war, aber auch, weil manche Gegenargumente auch heute noch begegnen und von einer traurigen Beständigkeit der Kirche zeugen.

«*Frau Blumhardt:*

Sehr geehrter Herr Präsident, liebe Mitsynodale! Ich habe durch den Bericht unseres Landesbischofs noch einmal eine Bestätigung bekommen, daß ich hier etwas sagen möchte. Auf Seite 11 hat unser Landesbischof gesprochen über Selbstverwirklichung, Selbsterfahrung, Selbstbehauptung, Selbstbefreiung und was dieses Wort ‹selbst› auslöst.

Ich beobachte in der letzten Zeit zweierlei Bewegungen auf dem Gebiet der Evangelischen Frauenarbeit. Ich habe mich bei diesem Haushaltstitel hier gemeldet, weil die Evangelische Frauenhilfe der wichtigste Mitgliedsverband der Evangelischen Frauenarbeit ist. In der letzten Zeit – nicht nur in der letzten Zeit, aber in der letzten Zeit sehr häufig – beobachte ich immer wieder, daß vom Feminismus gesprochen wird. Es ist am Sonntag vor einer Woche in einer Predigt kurz vor 9.00 Uhr im Süddeutschen Rundfunk die Rede gewesen von Dialektpredigten, und plötzlich kam der Umschwung auf eine sogenannte Frauenbibel und war vom Feminismus die Rede. Und hier wurde umgepolt. Es wurde gesagt: Die Tochter Gottes wurde in die Wüste geführt und versucht vom Teufel. – Ich muß nur nebenbei sagen, es hat mich sehr beruhigt, daß der Teufel maskulin geblieben ist. (Beifall und Heiterkeit.) Er scheint doch tiefer verwurzelt zu sein; ich möchte hier auf bestimmte psychologische Erkenntnisse hinweisen. (Heiterkeit.)

Ich möchte sagen, daß ich mich so weit emanzipiert fühle, daß ich die heutige Bibel auch lesen und verstehen kann, soweit mir das möglich ist, daß ich dazu keine Frauenbibel brauche. (Beifall.)

Bei einer Tagung im April wurde ein Referat gehalten in der Evangelischen Frauenhilfe von der Theologin Elisabeth Moltmann-Wendel. Das Referat, gehalten vor Bezirksvertreterinnen, vom Evangelischen Gemeindedienst verantwortet, von der Evangelischen Frauenarbeit in Württemberg getragen, scheint mir doch typisch zu sein für den dort grundsätzlich vorgetragenen Kurs. Frau Moltmann wird im Winter in weiteren Gemeinden und Bezirken sprechen. Ich muß von diesem Referat einige Zitate bringen. Entschuldigen Sie, wenn ich das vortragen muß, aber sonst hat das, was ich anfügen möchte, keinen Sinn.

Thema war: ‹Der Wandel im Selbstverständnis der christlichen Frau›. Zielangabe: ‹Seit drei Jahren versuchen nun Frauen in der Evangelischen Frauenarbeit, dem neu erwachten Selbstbewußtsein der Frau in der Kirche Raum zu schaffen. Bisher stoßen wir aber immer wieder an Barrieren, wie Bibel, Theologie und Menschenbild.› Die Verfasserin bekennt sich zum konsequenten Feminismus und zur konsequenten Emanzipationsbewegung. Sie nimmt scharf Stellung gegen das christliche Menschenbild, gegen das Bild von der Frau als Urbild der Hingabe, Gehilfin des Mannes, ‹als die sich liebend und sorgend hingebende Frau und Mutter oder als Krankenschwester, Lehrerin, vor allem im fürsorgerischen, pflegerischen und pädagogischen Bereich›. – ‹Die Fähigkeit, Kinder zu bekommen, bedeutet nicht, die Frau ihr Leben lang auf mütterliche, pflegerische und einfühlsame Rollen festzulegen.› Es geht Frau Moltmann darum, die Vorstellung von der ‹ewigen Frau› durch austauschbare Partnerschaft zu ersetzen.

‹Denn mit dem Kommen Christi sind alle einander trennenden Gegensätze, die die Menschen in Nationen, Klassen und Geschlechterrollen geschieden haben, aufgehoben. Neben unsere christlichen Frauenleitbilder, die Diakonisse, die Pfarrfrau, die hingebende Mutter – Urbilder der Selbstaufgabe –, ist durch die Ökumene ein neues Leitbild getreten: die Frau in öffentlicher, gleichberechtigter Verantwortung.› Nie gehörte Erkenntnisse werden uns von der Doktorin der Theologie vermittelt: ‹Man weiß heute, daß es in der Frühzeit der Kirche Frauen als Apostel, als Gemeindeleiter, als Bischöfe und Diakone gegeben hat.› Bemerkenswert! Ihr Rezept lautet: ‹Kritik an Paulus, Kritik an Bibel, Zurückgehen auf Jesus.› Damit wird dann natürlich eine Änderung der Bibel notwendig werden.

Es geht weiter: ‹Die Frauen, die Jesus bis ans Kreuz nicht verlassen, sind dann nicht Partner ihrer Ehemänner, wie wir sie gerne haben würden, sind nicht treu dienende, das Notwendige erledigende Gemeindefrauen, wie unsere Kirche sie wünscht, sondern eher den emanzipierten Frauen der damaligen Gesellschaft vergleichbar. Sie haben Familie, Recht und Sitte hinter sich gelassen.› Es heißt in diesem Referat weiter: ‹Die christliche Frau beginnt erst heute, über ihr Selbst nachzudenken. Sie ist aber bis heute geprägt durch Ehrenamt, Frauenhilfe, Pfarrhaus, Schwesternschaft, und wir fragen, ob diese Institutionen in ihrer traditionellen Form nicht von vornherein institutionalisierte Selbstverleugnung einschließen und den Weg zur Selbstfindung und zu neuen Lebensstilen erschweren.›

‹Feministische Theologie wird eine Chance für die Frau, kreativ an der Neugestaltung der Kirche mitzuwirken. Die Predigt der Kirche von Beherrschung, Verdrängung und Verzicht hat schlimme Ergebnisse gebracht. Erlebnisberichte› – jetzt bitte ich Sie, sehr scharf hinzuhören – ‹aus Diakonissenhäusern des vorigen Jahrhunderts zeigen eine militärisch-preußische Dressur. Bodelschwings Kinder wunderten sich über die hohe Sterblichkeitsrate gerade der Diakonissen.› Diese Sätze – das muß ich Ihnen bekennen – bedeuten für mich, daß ich die Frage laut hinausschreien möchte: Weiß denn diese Referentin nicht, daß es im letzten Jahrhundert Tuberkulose und viele andere Krankheiten gegeben hat? Wenn ich Ihnen sage, daß unsere Diakonissen heute im Schnitt zweiundachtzig Jahre alt werden, dann ist es für mich beschämend, wenn man diese Dinge heute noch auskramt. Früher sind auch andere Leute nicht älter geworden; das mögen Sie in Statistiken nachlesen.

Nun kommt wieder, ‹daß Geringachtung des Körpers und vor allem die Triebverdrängung› daran schuld sein könnten. Die Referentin schließt mit dem Satz: ‹Nur eine Kirche, die eigenständigen Frauen einen Raum einräumt – und das bedeutet zunächst einen Verzicht auf manche traditionelle Dienstleistung und eine Revision alter Ordnungsvorstellungen –, kann zu einer echten geschwisterlichen Gemeinschaft reifen.›

Meine Frage: Muß wohl Jesu Wort ‹Wer mir nachfolgen will,

der verleugne sich selbst› aus der hier geforderten Frauenbibel verschwinden und vieles andere mehr? Sind Kirchensteuermittel für solche Vorträge zu verantworten? Und meine Hauptfrage: Nützen solche Referate unseren Mutterhäusern? Können und sollen wir die Mutterhäuser einpacken und ihre Werbung einstellen? Wo haben wir hier noch eine Berechtigung zu werben, da diese Diakonissenhäuser doch offensichtlich eine Barriere für wohlverstandene christliche Frauenarbeit und Frauenemanzipation sind und der ‹Evangelische Gemeindedienst› es wagen darf, sie derart herabzusetzen? (Beifall.)

Frau Schrobsdorff:

Sehr verehrter Herr Präsident, liebe Mitsynodale! Sie verstehen, daß ich zu den Ausführungen von Schwester Erika Blumhardt Stellung nehmen möchte. Es ist mir außerordentlich leid, daß gerade bei diesem Punkt der Haushaltsdebatte die ganze Frauenfrage aufgerollt werden soll. Ich möchte das jetzt nicht tun. Ich meine, daß diese Diskussion, besonders soweit sie den Vortrag von Frau Moltmann betrifft, an anderer Stelle geführt werden sollte, nicht im Rahmen der Haushaltsdebatte.

Wir in der Frauenarbeit – ich gehöre seit Jahren zum Vorstand der Frauenarbeit der Evangelischen Landeskirche in Württemberg – sind durchaus bereit, uns mit kritischen Fragen und Anfragen aus jeder Richtung auseinanderzusetzen. Ich bitte darum zu verstehen, daß ich hier auf die einzelnen Ausführungen von Schwester Erika nicht eingehen möchte und nicht eingehen kann, weil das zu weit führte.

Wir sind zum anderen – das muß ich sagen, auch wenn ich persönlich nicht mit allem, was Frau Moltmann-Wendel ausführt, einverstanden sein kann – dankbar für ihre kritische Arbeit auch innerhalb der Frauenarbeit.

Was von Schwester Erika über die Schwesternschaften gesagt wurde, kann ich leider nicht ganz unterstreichen. Ich meine: Alles, was an Kritik von außen kommt, sollten wir mit wachen Ohren hören und uns überlegen, wie wir dazu stehen.

Ich wollte sagen: Das, was Schwester Erika vorgebracht hat, kann ich weder unterstreichen noch dazu stehen. (Beifall.)

Frau Dr. Schmid:

Ich möchte unterstreichen, was Schwester Barbara eben gesagt hat. Ich bedaure, daß an diesem Ort und an diesem Platz die Diskussion über ein so wichtiges Thema geführt wird, dem wir uns allerdings nicht entziehen wollen. (Teilweise Beifall.) Ich lade Sie sehr ein, an dieser Diskussion teilzunehmen, weil sie für uns Frauen dringend notwendig ist, aber ganz gewiß auch für Sie als Männer. (Beifall.)

Unter diesem Titel ‹Evangelischer Gemeindedienst› ist aber die Frauenarbeit nicht zu verrechnen. Das ist ein falscher Platz. Ich möchte es nur einmal feststellen: Die Frauenhilfe ist eine Organisation, die der Frauenarbeit angehört, die Frauenarbeit hat einen Extra-Haushaltstitel, sie untersteht direkt dem Oberkirchenrat. Von daher war hier wohl nicht der Platz für Ihre Ausführungen. Aber um das Wichtigere: Ich halte es nicht für fair, über Frau Dr. Moltmann-Wendel in dieser Form zu sprechen, wenn die meisten nicht unterrichtet sind über das, was ihr tiefstes Anliegen ist. Sie, Schwester Erika, haben es selbst benannt: ‹zurückgehen auf Jesus›. Ist denn das nicht das Entscheidende, daß wir immer wieder fragen, wie unter seinem Blick, wie von seinem Ort der Mensch – so, wie er sich vorfindet – in Frage gestellt und zugleich befreit wird. So, wie ich es begreife, bedeutet ‹Selbstfindung› und ‹Selbstverwirklichung› der Frau ein Fragen nach den Möglichkeiten, die Gott in ihr angelegt hat. Dieses zu entdecken, auf dieser Spur uns ein Stück weit weiterzuhelfen gibt uns Frau Dr. Moltmann als Theologin wichtige Hilfe. Wir übernehmen keineswegs alles pauschal, vielmehr sind deshalb viele Tagungen, Seminare, Diskussionen angesetzt, damit wir uns in Frage stellen, auch unser Rollenverständnis, gerade vom biblischen Verständnis her. Das bedeutet ebenfalls, daß wir uns auseinandersetzen mit der Frage: Wie ist denn das bürgerliche Frauenbild, übernommen aus der bürgerlichen Gesellschaft ihrer Zeit, und was ist demgegenüber die Aussage der Bibel? Was sagt Jesus dazu? Das allerdings ist eine ganz notwendige Aufgabe.

Daß Sie betroffen sind, die Sie aus den Mutterhäusern kommen, verstehe ich sehr wohl. Aber bitte, ist das angesprochene Problem nicht auch eine Frage, die in Ihren Häusern selbst immer wieder aufgegriffen wird?

Ist nicht die Frage der Erneuerung der Mutterhäuser, des neuen Lebens diakonischen Dienstes, genau aus der Erkenntnis heraus entstanden, daß vieles nicht mehr weitergeführt werden kann wie früher, daß es Schwierigkeiten und Unterdrückungen unter Ihnen selbst gab? Nur in diesem Sinn hat Frau Dr. Moltmann diese Frage aufgegriffen. Wir verstehen doch oft Fragen nur richtig, wenn sie etwas provozierend geäußert werden. Ich bitte daher, der Frauenarbeit nicht etwas zu unterstellen, was so in ihr nicht vorhanden ist. Die Frauenarbeit befürwortet eine intensive theologisch-biblische Arbeit. (Beifall.)

Frau Hahn:

Liebe Synodale, die große Tagung über ‹Ehe und Familie› steht ja noch bevor. Trotzdem kann ich das Gesagte so nicht stehenlassen und möchte mich dem anschließen, was Frau Dr. Schmid gesagt hat. Hier ist ja die Grundsatzfrage gestellt worden: Was für eine Frauenarbeit wollen wir überhaupt? Ich möchte an den Bericht des Landesbischofs erinnern, wo von den leeren Zügen die Rede war. Wollen wir eine Frauenarbeit, die mit leeren Zügen fährt, geräuschlos, unfallfrei, oder wollen wir eine Frauenarbeit, die mit vollen Zügen fährt, lebendig und vielleicht, wie auch schon gesagt wurde, manchmal etwas gefährlich, wie das einfach zum Leben gehört. Im Bischofsbericht war auch die Rede von einer falsch verstandenen Emanzipation. Dem können wir von der Frauenarbeit her nur zustimmen. Trotzdem möchte ich doch danebenstellen die Notwendigkeit für eine Bewegung, die nun nicht alle Bindungen einfach abwirft, sondern für eine Bewegung, die entstellende, ins Leiden führende Ordnungen verändert. Ich meine Ordnungen, in denen Überordnung, Unterordnung – der

Frau – zur selbstverständlichen Praxis gehört, in denen Frauen mit dem tief verinnerlichten Gefühl der Zweitrangigkeit aufwachsen und daran leiden, oder in denen solche Sprüche wie ‹Der Mann ist das Haupt, die Frau der Hals...› und ähnliche zynische Sätze für selbstverständlich und richtig gehalten werden.

An dieser Stelle arbeiten wir in der Frauenarbeit und fühlen uns vom Evangelium her dazu gerufen, denn es ist doch die Botschaft Jesu, daß es keine Zweitrangigkeit gibt, sondern daß wir alle gleichermaßen begnadet sind, alle befreit sind zum Dienst aneinander. Es bleibt uns einfach nicht erspart, daß wir die wichtigen Begriffe und Inhalte, die aus der Gesellschaft und der christlichen Tradition auf uns zukommen, aufarbeiten: Dienst, Opfer, Gnade, Rechtfertigung, Selbstverneinung, Annahme usw. Wir tun das im Kontext unserer Gesellschaft, im Kontext der ökumenischen Diskussion und im Kontext des Evangeliums.

Nun zu Frau Moltmann. Gerade an dieser Stelle ist sie uns eine wichtige Helferin. Sie ist Mitglied des Vorstandes der Frauenarbeit, ist Theologin, wohnt in Tübingen, ist Expertin gerade für die Fragen, die ich aufgezählt habe. Es ist ihr Anliegen, die Botschaft Jesu gerade für Frauen verständlich zu machen. Wir wären beschränkt, wenn wir sie nicht heranziehen würden. Es ist übrigens mit ihr und dem Vorstand der Frauenarbeit und Vertretern der Diakonissenhäuser schon ein Gespräch vereinbart, das auf die mißverständliche und erregende Stelle in ihrem Referat Bezug nimmt.

Kurz noch zum Stil unserer Arbeit: Wir nehmen für uns in der Frauenarbeit in Anspruch, daß wir mündige Menschen sind, und das heißt, daß wir in der Lage sind, uns mit den Thesen von Frau Moltmann auseinanderzusetzen (Beifall.) und uns von ihr fragen zu lassen, persönlich und auch, was unsere kirchliche und theologische Vergangenheit angeht. Wenn also Entscheidungen etwa für die Thesen von Frau Moltmann fallen, oder auch andere, so einfach deshalb, weil wir glauben, daß wir jetzt, hier und heute, einen ganz bestimmten Auftrag haben. (Beifall.)

Frau Müller, Maria-Katharina:

Herr Präsident, liebe Synodale, ich möchte zuerst Sie, Herr Präsident, ansprechen. Sie nannten unser Thema vorhin ‹Frauenfragen›. Es sind keine Frauenfragen. Es geht um das Zusammenleben zwischen Mann und Frau. Ich möchte in sieben Punkten kurz dazu Anmerkungen machen.

Erstens: Schwester Erika, ich teile Ihr Unbehagen, wenn Frauen nur meinen und so auftreten, als ob es nur Frauenkampf gäbe, sie typische Emanzipationsfanatikerinnen sind und kein anderes Thema finden, mit allen möglichen Einseitigkeiten. Ich teile Ihr Unbehagen auch bei der Beobachtung, daß viele junge Ehefrauen meinen, nur der Beruf, nur die Öffentlichkeit bringe die Bestätigung und die Rolle der Daheimgebliebenen gleiche der Rolle der Zurückgebliebenen.

Zweitens: Ich wünschte, die Männerarbeit hätte den Stand der Frauenarbeit heute bei uns. (Lebhafter Beifall.)

Drittens: Zu Frau Moltmann haben sich kompetentere Vertreterinnen geäußert, die mit ihr zusammenarbeiten. Ich möchte nur eines anmerken: Ich habe ihr Buch ‹Menschenrechte für die Frau› gelesen. Sie schreibt es für Christen. Ich habe dieses Buch gerne gelesen. Am liebsten würde ich es den Männern als synodale Pflichtlektüre verschreiben. (Heiterkeit.)

Viertens: Worum geht es vielen Frauen? Worum geht es Frau Moltmann? Worum geht es mir? Es geht um gutes Zusammenleben. Vielleicht ist bezüglich der Würde der Frau einiges nachzuholen. Bei Tagungen zusammen mit der Evangelischen Akademie, bei Freizeiten mit Frauen wird vieles ausgesprochen. Man entdeckt, daß das Sprichwort aus der alten, bäuerlichen Welt ‹Weibersterbe, kei Verderbe, Viehverrecke, des isch Schrecke› immer noch nicht überholt ist. Es werden Frauen geschlagen. Vielleicht haben sie ihre Männer lange genug dazu gereizt. Denken Sie? Man weiß das nicht immer. (Heiterkeit.) Noch leben wir in einer unbewältigten Ungleichheit mit dem Mann als dem Haupt, der das große Sagen hat. (Beifall.) Auch das ist strukturelle Gewalt, und es gibt schon gewalttätige Männer. – Zuruf: Und gewalttätige Frauen! (Heiterkeit.) – Natürlich auch! Daß es gewalttätige Frauen gibt, das weiß ich auch, aber das muß ich an der Stelle heute nicht betonen. (Heiterkeit.)

In einer Gesprächsrunde wurde einmal gefragt: Fällt Ihnen etwas ein zum Thema Glück? Dann kam folgende Glosse von dem Pfarrer, der eine Frau besuchte, die Witwe wurde, also einen Kondolenzbesuch machte. Er wollte sie trösten, indem er sagte: ‹Jetzt haben Sie doch so lange mit Ihrem Gottlieb gelebt; darüber können Sie doch auch froh sein.› Dann habe die Frau geantwortet: ‹Der liebe Gott wird mich doch auch noch eine Zeitlang ohne meinen Gottlieb leben lassen.›

Fünftens: Sie kennen alle Herrn Dr. Affemann. Er hat zu dem Thema Zusammenleben in der Familie heute in einem Artikel zehn Thesen aufgestellt. Ich will an der Stelle nur die These für den Mann nennen. Er meinte, der Mann heute in einem durchschnittlichen Beruf hätte am allermeisten in der Familie zu lernen.

Sechstens: Beobachtungen aus Veranstaltungen mit Frauen und Männern. Bei Veranstaltungen, die nur von Frauen besucht sind, hat das Gespräch in der Regel eine größere Tiefe. Frauen sind bereiter, sich zu öffnen, auch auszusprechen, was ihnen nicht gelingt. Dieses Bekennen, dieses Zugeben von Schuld hat sehr wohl elementar etwas mit unserem Glauben zu tun. Frauen leiden darunter, daß Männer dazu weniger in der Lage sind, und Frauen wollen Männern dazu verhelfen, offener, ehrlicher zu sein, um besser zusammenzuleben.

Siebtens: Ich möchte schließen mit einem Satz von dem Schriftsteller Chesterton, der einmal gesagt hat, wenn er nur eine einzige Predigt halten müßte, würde er die Predigt wider den Stolz halten. Ich hätte gern ein paar weniger stolze Männer. (Beifall.)»

Die Diskussion entfernte sich von meiner Person. Doch schließlich wurde die Haushaltsstelle mit nur zwei Gegenstimmen und fünf Enthaltungen bewilligt.

Im gleichen Zeitraum arbeitete ich an zwei anspruchsvollen Projekten mit: dem Projekt «Frauen als Innovationsgruppen» des Deutschen Nationalkomitees des Lutherischen Weltbundes und an der Erstellung einer Denkschrift, die von der Kirchenkanzlei im Auftrag des Rates der Evangelischen Kirche in Deutschland herausgegeben werden sollte.

«Frauen als Innovationsgruppen» war ein Studienprojekt, das 1973 in Auftrag gegeben worden war. Seine Leiterin war die Theologin und Soziologin Dr. Gerta Scharffenorth. Seine Ergebnisse wurden in neun Bänden innerhalb der folgenden Jahre veröffentlicht. Sie umfaßten Themen wie die Beziehung von Mann und Frau als Frage an Theologie und Kirche, exegetische Studien zur Rolle der Frau, Studien und Problemberichte zur Situation der Frau in Kirche und Gesellschaft, Probleme der Hausfrauenarbeit, eine Selbststudie der Württembergischen Frauenarbeit, historische und erziehungswissenschaftliche Arbeiten, neue Formen der Frauenarbeit, Frauen in internationalen Organisationen der Ökumene und schließlich das Thema «Behinderung und Glaube». Der Arbeitstitel sollte anzeigen, daß Frauen schon häufig in der Geschichte Veränderungen im Sinne der Schaffung besserer Lebensbedingungen erstrebt hatten, und das nicht nur für sich selbst, sondern für Geschädigte, Kinder, Kranke, Gefangene, Schwache. «Innovation» sollte die «Minderung von Unterdrückung, Unfreiheit, Gewalt, Leiden, Angst» ausdrücken.

An der Studie arbeiteten also nicht nur Theologen, sondern vor allem auch Sozialwissenschaftler, Frauen und Männer. In den Zusammenkünften wurden Manuskripte vorgestellt, Arbeitsvorhaben diskutiert und kritisiert. Für mich bedeutete dieses Projekt ein fruchtbares Kennenlernen soziologischer Arbeitsweisen und ihrer Sprache. Theologische Sprache war nicht gefragt, und benutzte eine(r) einen Ausdruck, wie z.B. Rechtfertigung, so wurde gleich scharf zurückgefragt, wie das denn zu übersetzen sei. Ich selbst gab zu diesem reichhaltigen Werk nur einen schmalen Beitrag: eine Studie zum deutschen, theologischen Partnerschaftsbegriff der letzten Jahrzehnte, ein etwas deprimierendes Produkt, aus dem eigentlich nur ersichtlich wurde, wie die deutsche Theologie der ökumenischen Entwicklung hinterhergehinkt war und wie wenig all die Verrenkungen um christologische, komplementäre, kommunikative Partnerschaft in den letzten Jahren die Situation der Frau in der Kirche erhellt hatte.

Ins Zentrum der aktuellen theologischen Entwicklung in Deutschland stieß dieses umfangreiche Studienwerk allerdings nicht. Feministische Theologie, die Ende der siebziger Jahre auch in Deutschland deutlich zu vernehmen war, klang darin nur in einer holländischen Bibelstudie an und wurde von einer amerikanischen Theologin als amerikanisches Phänomen behandelt. Im deutschen Herzen des Luthertums wären die Konsequenzen des neuen Denkens doch wohl noch zu brenzlig gewesen.

Die Arbeit an dem zweiten Projekt, der EKD-Studie, begann mit einer ersten Vorbesprechung im Restaurant Tulpenfeld in Bonn bereits im Dezember 1973, an der auch noch der früh verstorbene Oberkirchenrat Ernst Lange teilnahm. Ich hatte mein Interesse an diesem Vorhaben bekundet und war auf Grund meiner Arbeiten zur Frauenfrage eingeladen worden. Der Ausschuß selbst startete dann erst im Mai 1975 mit seiner Arbeit. Bis zur Fertigstellung wechselte die Besetzung einige Male. Bis zuletzt gehörten ihm die damalige Vizepräsidentin des Deutschen Bundestages Liselotte Funcke, Dr. Gerta Scharffenorth, der Pfarrer Paul-Gerhard Hoerschelmann, die Soziologen Professor Dr. Siegfried Keil und Dr. Barbara Mettler-Meibom, die Ärztin und Psychotherapeutin Dr. Magdalene Hartlich, die schon auf der Sexismuskonsultation einen Vortrag gehalten hatte, und ich selbst an. Die Geschäftsführerin war Oberkirchenrätin Grudrun Diestel. Dank Liselotte Funckes politischer Position wurden wir bei allen Zusammenkünften stets von Bodyguards bewacht, die wir zuweilen auch nach ihren Meinungen befragten. Im ersten Jahr entstanden gleich Probleme, ob wir ein Dokument verfassen oder uns auf soziologische und psychologische Beobachtungen kirchlicher Strukturen konzentrieren sollten. Wir entschieden uns für ersteres. Wichtig wurden dabei Hearings mit kirchlichen Mitarbeitern und der Kirchenleitung und vor allem die Interview-

Arbeit, die wir auf dem Berliner Kirchentag 1977 leisteten. Zwanzig verschiedene Gruppen auf dem Markt der Möglichkeiten wurden befragt, und das Stimmungsbild – es sollte kein Anspruch auf wissenschaftliche Qualität erhoben werden – ergab, daß es keinerlei Einwände gegen das Einrücken von Frauen in untere und mittlere Gremien kirchlicher Organisationen gebe und daß die Frau sichtbar unterrepräsentiert sei. Erstaunlich war, daß nur siebzehn Prozent unserer Befragten von der Kirche Emanzipationsförderung erwarteten. Neu war auf jeden Fall für viele, daß es überhaupt das Thema «Frau» gab, das für sie bis dahin in der Kirche nicht reflektiert war. Vielleicht – so hofften wir – wirkte unsere Umfrage schon stimulierend.

Die fertige Arbeit hatte fünf Teile: Theologische Aspekte und biblische Beispiele. Die gesellschaftliche Situation der Frau. Familie. Die Situation des Mannes. Frauen in der Kirche. – Für die EKD innerhalb dieses brisanten Themas «Frau» etwas Genehmes zu schreiben erwies sich als schwierig. Die neuen theologischen, soziologischen und psychologischen Erkenntnisse paßten nicht in das alternde Denken unserer kirchlichen Auftraggeber. In einer Endredaktion versuchte Paul-Gerhard Hoerschelmann spitze oder mißverständliche Texte noch zu glätten, so daß schließlich nur noch das Gerippe unserer Ansätze erhalten blieb. Doch letzten Endes konnte sich der Rat der EKD nur entschließen, die Arbeit als «Studie» und nicht als «Denkschrift» anzunehmen. Das hieß, daß der Rat der EKD sich nicht voll hinter unsere Ergebnisse stellen konnte, daß zu viel «Anstößiges» und Widerspruch Erregendes darin enthalten war.

Ich kämpfte noch bis zuletzt darum, daß der Begriff «Feministische Theologie» hineinkam. Das war unerwünscht, und ich ging so weit, daß ich meinen Namen zurückziehen wollte, wenn dies nicht gelang. Schließlich fand man einen Kompromiß, dem ich zustimmte. Aus dem ursprünglich dafür vorgesehenen Abschnitt «Der Heilige Geist macht lebendig» wurde «Feministische Theologie», und diese Version wurde schließlich in das Kapitel «Die Kirche und die Frauen» verpflanzt. Immerhin ging eine vorsichtige Umschreibung dieses damals noch furchterregenden Reizwortes in das Dokument ein:

> «Nicht länger zu übersehen – wenn auch unterschiedlich beurteilt – ist in diesem Zusammenhang die weitgehend von Frauen getragene ‹feministische Theologie›. Sie eröffnet neue Dimensionen der Betrachtung der Bibel, der Glaubenserfahrung und Anbetung, indem sie u.a. der eigenen Empfindung und dem Betroffensein durch die Begegnung mit Gott Raum gibt. Sie erschöpft sich nicht in der Abwehr maskuliner Bilder und Begriffe, sondern sucht die Ganzheitlichkeit und Gemeinsamkeit des Lebens.
>
> In vielen Kirchen der westlichen Welt ist diese neue theologische Bewegung aus dem eigenen Erleben der Benachteiligung und der Befreiung entstanden. Die so gewonnene Gotteserfahrung befähigt zu Arbeits- und Lebensformen, die vom Geist des Glaubens getragen sind. Ähnlich der ‹schwarzen Theologie›, bei der Christen in Afrika die christliche Überlieferung mit ihren eigenen Möglichkeiten der Frömmigkeit erfassen und füllen, wollen auf diese Weise Menschen, die zu oft Objekte theologischen Denkens und Handelns waren, zu verantwortlichen Subjekten werden.»

Mit Spannung erwartete die Presse diese erste kirchliche Stellungnahme. Als die Studie im Dezember 1979 erschien, wurde sie von einem anderen Ereignis überschattet: Hans Küng war die Missio canonica entzogen worden, und das okkupierte alle kirchlich Interessierten weit mehr als die Frauenfrage. So blieb das Produkt langer, gemeinsamer Arbeit ein Mauerblümchen, das wie alle Mauerblümchen einen geheimen Charme entfalten konnte. Dieser Charme war bei genauerem Hinsehen ein veränderndes, dynamisches Denken, das nicht in kirchenamtlichen Ausgewogenheiten steckenblieb. Wer von der Studie allerdings einen feministischen Beitrag erwartet hatte, wie Susanne Kahl und Angelika Schmidt-Biesalski, war enttäuscht oder verärgert. Wer noch in der alten Ordnung der Gleichwertigkeit der Geschlechter steckte, wie Gesa Conring, und nur den Zeitgeist hier rauschen hörte, war ebenfalls enttäuscht oder verärgert. Wer die Ergebnisse sorgfältig las und sie mit dem schwerfälligen, alten Kirchenschiff verglich, der/die sah in ihr «eine hervorragende Arbeit», eine «qualifizierte Grundlage» und hilfreiche Anknüpfungspunkte für die damalige politische Debatte – so Helga Wex von der CDU, Anke Fuchs und Anke Brun von der SPD, Irmgard von Meibom vom Deutschen Frauenrat.

Einige – wie die Journalistin Clara von der Gablentz – entdeckten in ihr den ökumenischen Geist, allerdings noch nicht die Feministische, aber die Befreiungstheologie, und sie witterten zugleich, daß mit dieser Tendenz die Studie «manches Ärgernis» erregen würde. Die Haltung der EKD gegenüber unserer Arbeit traf der Journalist Hochgrebe wohl am besten:

> «Es stimmt allerdings bedenklich, daß die EKD-Kanzlei diesmal ganz auf die sonst üblichen Ankündigungen in den Massenmedien verzichtet hat. Vor vierzehn Tagen, als die gemeinsame evangelisch-katholische Erklärung zum Thema ‹Grundwerte und Gottes Gebot› erschien, hat sich das Pressereferat sehr darum bemüht, die damalige Erklärung vorab bekanntzumachen ... Wollte sich der Rat der EKD mit der neuesten Studie nicht zu deutlich identifizieren?»

Dies konnte man als bescheidenen Trost auslegen, daß wir ein unordentliches Denken über Frauen, Männer und Familie in kirchliches Ordnungsdenken eingebracht hatten. Für mich blieb die Frage, ob sich die Mühsal solcher Gremienarbeit überhaupt lohne und ob es nicht an der Zeit sei, konstruktive Theologie in eigener Verantwortung zu machen.

Brüssel: Erste europäische Frauenkonsultation

Im Mai 1977 war Brigalia Bam, die Direktorin der damaligen Unterabteilung des Weltrats der Kirchen «Die Frau in Kirche und Gesellschaft», in Tübingen, besuchte uns und fragte mich, ob ich nicht bei einer ersten Konsultation europäischer Frauen in Brüssel, mit der sie dem noch mager entwickelten ökumenischen Geist etwas aufhelfen wollte, einen Vortrag halten könnte. Das Thema sollte sein: «Neue Trends in Feministischer Theologie». Ich sagte zu, weil es mich wie bei den bisher gestellten Themen reizte, auf eine bestimmte Herausforderung zu antworten. Nach Emanzipation, Selbstbehauptung, Mündigkeit nun Feministische Theologie! Zu der Konsultation sollten ökumenisch interessierte Frauen aus allen Konfessionen aus Ost und West kommen. In Asien gab es bereits die «Asian Church Women's Conference» (ACWC), die alle drei bis vier Jahre zusammenkam. Der Termin war zunächst der November, aber er verschob sich dann auf Ende Januar 1978. Das war mein Glück, denn ich war inzwischen in heillose Schwierigkeiten geraten, wie ich die Sache angehen sollte. Es gab das Papier von Letty Russell zur Sexismuskonsultation, das ich abstrakt und wenig anregend fand. Es gab ihr Buch, für das Jürgen (und ich passiv) ein Vorwort geschrieben hatten. Aber es gab keine mich überzeugende Darstellung feministischer Theologie. Ich wußte weder etwas über alte, geschweige denn neue Trends. Und in zwanzigjähriger theologischer Nicht-Existenz hatte ich auch sämtliche theologische Methodik verloren.

So wendete ich mich hilfeflehend an Jürgen, der mir mit systematischer Ordnung half, feministische Zugänge zu theologischen Themen zu finden. Ich zog unseren Wohnzimmertisch aus, belagerte ihn vier Wochen mit allen möglichen Büchern, Papieren und eigenen Einfällen, die in irgendeiner Weise weiblich die Theologie berührten, und brachte schließlich ein umfangreiches Manuskript zustande, das ich dann «Neue Trends in Feministischer Theologie» nannte. Ich teilte es in sechs Teile auf, untersuchte zuerst das Neue Testament, ob es ein Buch der Befreiung oder der Unterdrückung sei, fragte dann nach Jahwe – Patriarchengott oder Befreier –, und weiter, ob Gott nur ein Vater und Jesus nur ein Mann sei. Es folgten die Alternativen: Schöpfungsordnungen oder Christusordnungen, Erlösung der Seele oder des Leibes, und ich endete mit dem Heiligen Geist: nicht Amtsgeist, sondern Lebenskraft der Gemeinde. Ich bewegte mich also in damals modernen theologischen Vorstellungen, die aus der politischen Theologie und der Befreiungstheologie gewonnen waren, und filterte sie noch einmal durch feministische Vorstellungen.

So gerüstet, fuhr ich guten Mutes nach Brüssel. Dort traf ich zunächst auf ein Häufchen müder, herumsitzender Frauen aus ganz Europa, die zum Teil lange gereist waren und auf Quartiere warteten, die es nicht gab. Mit Susanne Kahl, der Berliner Pfarrerin, die für die Presse berichten sollte, verbrachte ich den Nachmittag in einem Café, bis dann am Abend schließlich ein Bett für jede gefunden war. Die meisten kamen in großen, unwirtlichen Sälen unter, die Referentinnen in einem kleinen Hotel, das aber so ärmlich war, daß ihm die Decken ausgingen und wir jeden Morgen schnatternd vor Kälte am Frühstückstisch saßen. Eindrücklich aber war der Abend, den die Brüsseler Frauen vorbereitet hatten: An festlich gedeckten Tischen saßen alle Frauen, Gäste und Gastgeberinnen, und die Männer der Brüsseler bedienten in zünftigen Schürzen geschickt und liebevoll.

Mein Referat wurde positiv aufgenommen, vermutlich weil keine der fünfundsiebzig Teilnehmerinnen eine klare Vorstellung hatte, was feministische Theologie war. Catharina Halkes, die ich erst hier kennenlernte, kam hinterher freundlich auf mich zu und sagte nach-

Erste Begegnung mit Catharina Halkes auf der ersten europäischen Frauenkonsultation in Brüssel 1978.

denklich: «Another approach – ein anderer Zugang». Aber welchen Zugang hatte sie? Eigentlich sollte sie über «Partnerschaft» sprechen, das damalige Lieblingsthema des Weltkirchenrats. Aber sie stellte gleich deutlich fest, daß es im gegenwärtigen Stadium der Feministischen Theologie keine Theologie der Partnerschaft gäbe, weil das augenblickliche Ziel nicht Partnerschaft, sondern Befreiung der Frau sei. Erst danach kämen die Befreiung des Mannes und schließlich die Frage nach einer neuen Beziehung beider. Sie charakterisierte die Feministische Theologie folgendermaßen:

Das erste sei die Sensibilität, sich einander mitzuteilen und selbst Subjekte des neuen Denkens zu werden. Als zweites wehrte sie jede spekulative Theologie ab und nannte Aktion und Reflexion, die wiederum auf der Grundlage der Heiligen Schrift beruhten, als Pfeiler einer Feministischen Theologie. Und drittens sei Feministische Theologie nicht eine individuelle Angelegenheit, sondern eine gemeinschaftliche Sache, die aus Solidarität erwachse und in «sisterhood» sich ereigne. Sie ging also von Begriffen der Frauenbewegung aus, die für Frauen gerade wichtig geworden waren: Emanzipation, Solidarität, Feminismus, und sie schloß ihren Vortrag: «Feministische Theologie ist eine Vorstellung, die eine Diskussion erfordert. Stimmen wir mit ihr überein? Unterstützen wir sie? Sind wir bereit, sie den vielen Menschen zu erklären, für die sie lächerlich oder beängstigend ist?» Statt bei theologischen Vorstellungen, wie ich es getan hatte, setzte sie bei soziologischen an, die in der Frauenbewegung aktuell waren. Von da suchte sie sich theologischen Bildern wieder zu nähern. Meine bisherige Welt stand nun noch einmal Kopf.

Der nächste Tag beendete aber noch treffender das alteuropäische Theologietreiben. Wir hatten Arbeitsgruppen gebildet, und eine der Arbeitsgruppen «Theologie» faßte unter Constance Parveys Leitung ihr Ergebnis in einer dramatisierten Poesie zusammen und führte das Ganze als Sketch auf.

«In the beginning, there were ten women.

Around a table covered with papers
They sat in their chairs.
A very formal gathering it was,
Met to discuss important and serious church business
Women and Theology.

On the first day, they wrestled with so many
Of the old denominational idiosyncrasies –
Regarding ordination and subordination,
Orders of creation and episcopal domination,

The interpretation and significance of Scripture,
Of Tradition, of the continuous revelation of God –
or not (?),
And of how women were to realize themselves
From an old to a new situation.

What was needed, they saw,
Was a more careful study and examination
Of Biblical texts and contexts –
Of Genesis 2 and Galatians 3
1st Corinthians 11 and Ephesians 5.

Tossed between Peter and Paul –
They searched for a Rock and a self-justification
For their feminine message of salvation.
They saw, too, through feminist theology,
The exciting possibility for the discovery of new images of God –
Of Mother, Sophia, Wisdom,
Comfort, Nurture, and Consolation.

And certainly, said some, in a tentative way,
We must find a more Christian understanding of the Body.

All these, they agreed, were very important –
And yet, all these were impossible.

Seven Years they had tried,
And darkness fell upon their very dull, dispirited bodies.

But in the darkness they slept,
And as they slept, they dreamed dreams,
They saw visions.

And it was the end of the first day.

Then came the second day –
And it was morning,

While still in their chairs,
They remembered being told
That feminist theology is not a speculative theology
Born behind desks.

And behold!
A new question came to them – why do you stay in the church?
What is the hope that is within you?

And suddenly,
They were freed from their chairs
And began to share their new visions and dreams –
And the light of day came and shone on them,
And a new spirit was breathed into their bodies –
They found new strength, they relaxed and began to laugh.

New depth and dimensions of God came to them –
Out of the chaos of pain, hurt, mistrust and competition,
Love began to take concrete form –
Redemption transformed from a dead concept to an experienced new life –
Hope, expressed and shared, became a living hope,
Visible and growing –

A tired community, burdened by histories and ideologies
Became an inspired Presence –

And they knew one another…

What was formerly split between body and spirit
Became connected
They dared to let live the forgotten, undiscovered, repressed
Layers of their beings and becomings.

And it was the end of the second day.

The third day, they rose again – they were amazed.
They found that former things had passed away –
Peter, Paul and the Rock were ... left on the shore –

And they walked on the water ...»

Hatten sie zuerst verzweifelt die Bibeln gewälzt, an welcher Stelle sie ihren Zugang zur Freiheit finden könnten, so schlugen sie sich zuletzt befreit und vergnügt auf den Kopf: Sie brauchten sie nicht mehr. Die Gemeinschaftserfahrung war die tragende Säule einer tätigen Feministischen Theologie.

Constance Parvey, die ehemalige Studentenpfarrerin von Harvard, die gerade begann, ein neues Projekt im Weltkirchenrat zu entwickeln, «Die Gemeinschaft von Frauen und Männern in der Kirche», machte begeistert mit. Mir war nicht wohl dabei. Auf den Wassern zu gehen – das war ein schönes Bild. Aber wir hatten doch auch gerade schon ein bißchen angefangen, die Bibel neu zu lesen, und da steckte doch Zunder drin! Als dann in die Präambel der Schlußberichte die Theologie-Gruppe den Satz einbrachte: «Wir haben die Macht vieler theologischer Traditionen geerbt und die Bürde dieser Erbschaft gespürt, aber wir haben auch gelernt, über unsere Situation und in unserer Situation zu lachen, so daß die Schwere dieser Bürde verschwand», protestierte eine Russin heftig. Mit einem solchen Satz, der die Tradition angreife, könne sie nicht in ihre Orthodoxe Kirche zurückkehren. Neben die «Bürde» setzten wir dann noch die «Herausforderung». Damit retteten wir den Zugang zur Tradition und öffneten zugleich der Feministischen Theologie ein Tor zum Experimentieren *mit* der Tradition.

Theologie war jedoch nicht das einzige Thema von Brüssel: Erziehung zum Frieden, gesellschaftliche Fragen wurden in Referaten und Arbeitsgruppen behandelt. Weit brauchbarer für die Zukunft als das theologische Ergebnis dieser Konsultation wurde die Definition des Wortes «Feminismus», die hier verabschiedet und vielfach später benutzt wurde.

«Feminismus ist für uns eine Strategie, ein Lebensprinzip, von dem unser Denken und Handeln bestimmt wird. Den Frauen in den westlichen Ländern geht es zuerst darum, sich als Frauen selbst zu entdecken. Nachdem Gesellschaft und Kirche ihnen jahrhundertelang vorgeschrieben haben, wer sie sind, was sie zu tun, was sie zu lassen haben, ist es nun Zeit, herauszubekommen, wer sie selber sind, was sie können, was sie tun wollen. Dieser Prozeß wird verbunden sein mit einer kritischen Betrachtung der Strukturen ihrer Kirchen und der Gesellschaften, in denen sie leben: An welchen Stellen werden sie durch die Strukturen behindert, entstehen Ungerechtigkeit und Unterdrückung? Wo und auf welche Weise wird ihr Lebensraum als Frauen eingeschränkt?

Unser gemeinsames Anliegen ist es, daß wir uns gegenseitig Mut machen, uns selbst, unsere Gedanken, unsere Pläne, unsere Wünsche, ja auch unsere Emotionen in unseren Kirchen, unseren Gesellschaften zu zeigen und zu artikulieren mit dem Ziel der Veränderung, das sich so umschreiben läßt: Kirche und Theologie sollen ganzheitlicher werden, in die Lage versetzt werden, alle Menschen, insbesondere auch die Unterdrückten, in den Blick zu bekommen. Das hat Konsequenzen für ihre Strukturen, ihr Handeln, ihre Lehre.

Wir betonen ausdrücklich, daß diese Strategie, dieses Lebensprinzip nicht gegen den Mann gerichtet ist, sondern ihn eher ermutigen soll, seinen gegengeschlechtlichen Pol zu entdecken. Wir wünschen, in Freundschaft mit ihm zusammenzuleben und ihn als Bündnispartner auf dem Weg der Befreiung zu gewinnen. Festzuhalten ist ferner, daß es uns dabei nicht nur um unsere eigene Situation in unserem jeweiligen Land geht, sondern auch um unsere Schwestern und Brüder in den anderen Erdteilen.»

In der Brüsseler Woche entstanden trotz der anfänglichen, unwirtlichen Bedingungen viele warme, freundschaftliche Beziehungen unter den Frauen. Brüssel war auch der Ausgangsort des von Ruth Epting inszenierten «Ökumenischen Forums christlicher Frauen», das vier Jahre später in Gwatt (Schweiz) seine erste Zusammenkunft hatte und es bis heute versteht, Frauen aus den unterschiedlichsten kirchlichen Traditionen immer wieder zusammenzubringen. Für mich war Brüssel der Ansatzpunkt für eine Feministische Theologie, die nicht mehr bei theologischen Vorstellungen, sondern bei feministischen ansetzte und von dort her kritisch die Theologie beleuchtete. Aber das für die deutschen Frauen wichtigste Resultat von Brüssel war wohl, daß durch die Presseberichte der Begriff «Feministische Theologie» in die deutsche Öffentlichkeit gelangte, und das nicht als abseitiges Reizwort, sondern vertreten durch zwei akademisch ausgewiesene Frauen. Eine deutsche Journalistin in Brüssel, Irmgard Kees, die Catharina Halkes und mich interviewte, war auch persönlich tief bewegt durch die Vorstellung einer Theologie von Frauen und verbreitete ihre Erfahrungen sehr engagiert in den Medien. Wie vor vier Jahren das Wort «Sexismus» die Christenheit erschreckte, so wurde jetzt «Feministische Theologie» als Programm von Frauen verstanden, die plötzlich aus den geschlossenen Räumen ausbrachen.

Ich merkte an den Anfragen, die bald kamen, wie hier eine Öffentlichkeit auf ein unbekanntes Thema neugierig gemacht war, und ich selbst ging – neugierig auf mich selbst – daran, eine Feministische Theologie nicht von oben, sondern von unten zu entwickeln. Ich wollte allerdings – wie ich bald merkte – keine neue Sozialmoral entwickeln. Ich wollte bei den Frauen selbst ansetzen: ihren Wünschen und ihren Ängsten, sie innerhalb ihrer sozialen Erfahrungen benennen und mit für mich befreienden, theologischen Vorstellungen zusammenbringen. Mein erstes Publikum dazu waren wieder badische Frauen, diesmal in Karlsruhe. Sie gingen mit, und ich hatte das Gefühl, daß auch ich auf Wassern gehen könnte.

Wiesensteig: Erste Werkstatt Feministische Theologie

Im April des gleichen Jahres hielt ich einen Vortrag bei der Württembergischen Frauenarbeit und traf dort Herta Leistner, Studienleiterin in der Evangelischen Akademie Bad Boll. Sie war gerade von einem Studienaufenthalt in den USA zurückgekommen, wo sie die dortige Feministische Theologie kennengelernt hatte. Es war schön, eine Gleichgesinnte und eine Mitstreiterin zu finden, und wir beschlossen, eine Studientagung Feministische Theologie in Bad Boll zu machen. Bald darauf meldete sich auch die Evangelischen Akademie Loccum mit gleichem Interesse und lud mich ein. Ich informierte Herta, und sie beschloß, schnell zu handeln und schon für Februar 1979 interessierte Frauen einzuladen. Der Loccumer Studienleiter war inzwischen weggezogen, so daß Loccum entfiel und die Evangelische Akademie Bad Boll die Priorität hatte: Als erste hatte sie das heikle Thema aufgegriffen.

Die Tagung konnte nicht in Bad Boll selbst stattfinden, sondern in einer Dependance in Wiesensteig auf der Schwäbischen Alb, wo uns ein kleines Hotel aufnahm. Aber die Zahl der Interessentinnen war weit größer, als Plätze da waren. Einige Frauen aus Norddeutschland baten dringend, kommen zu dürfen. Sie wollten auch in ihren Schlafsäcken auf dem Boden schlafen. Schließlich waren wir fünfundvierzig Frauen, die meisten Württembergerinnen, die meisten evangelisch, aber es waren auch engagierte Katholikinnen darunter, fast alle schon von feministisch-theologischen Gedanken berührt.

Wiesensteig war neblig und unwirtlich, als wir ankamen, und am nächsten Tag noch völlig vereist, so daß wir zu dem Tagungsort, dem

Gemeindehaus, mehr rutschten als gingen und Eva Quistorp, die spätere Bundestags- und Europa-Abgeordnete der Grünen, am letzten Tag hinschlug und lange liegen mußte. Der erste Abend begann mit dem Kennenlernen und einem Impulsreferat von Constance Parvey: «Feministische Theologie, ein Prozeß, eine Bewegung». Dies hatte sie bewußt als Thema gewählt, um der deutschen, systematisch-theologischen Tradition gleich einen Riegel vorzuschieben. Aber das hatten wir eigentlich alle nicht mehr nötig. Für den nächsten Tag waren die Themen unter uns aufgefächert: Susanne Kahl, die junge Berliner Pfarrerin, sprach über «Feministische Theologie als praktische Theologie», ich über ihre biblischen Aspekte und Ursa Krattiger, die Journalistin aus Basel, über religions- und symbolgeschichtliche Entdeckungen. Am Nachmittag fand dann Gruppenarbeit statt.

Ich gehörte zur biblischen Gruppe, und groteskerweise saßen wir ohne Bibeln, aber mit der guten Absicht zusammen, etwas über die Bibel zu sagen. Da kam Ursula Pfäfflin – Theologin aus Hamburg – auf den Einfall, daß wir zunächst mal gucken sollten, was denn für uns in der Bibel selbst stünde, und so suchten wir im Wiesensteiger Gemeindehaus und stießen auf große, alte Folianten, staubig, mit Metallverschlüssen und seit Jahrzehnten nicht mehr benutzt. Zu zweien schaukelten wir je ein Exemplar auf unseren Knien und lasen nun auf Ursula Pfäfflins Vorschlag die Geschichte der apokalyptischen Frau aus der Offenbarung, später noch die Ostergeschichten, und suchten sie für unsere Situation erfahrbar zu machen. Es war nicht für alle einfach, den erlernten Zugang zur Bibel zu vergessen und auf der Ebene der eigenen Erfahrung sich symbolhaft den Geschichten wieder zu nähern. Am Schluß des Nachmittags extemporierte Heidemarie Langer, die neu nach Bad Boll gekommene Studienleiterin, phantasievoll über die Osterfrauen, was eigentlich eine neue Facette der Feministischen Theologie abgab: Feministische Theologie als Poesie.

Am Abend tanzten wir, und am nächsten Morgen saßen wir lange beim Frühstück, da unser geplantes Programm nun eigentlich zu Ende war. «Was machen wir nun?» fragte mich Herta, und mir kam der Gedanke, daß wir wie die Bauern von Solentiname in ihren Gottesdiensten uns in einen Kreis setzen könnten, eine biblische Geschichte lesen und dann darüber sprechen sollten. Ich überlegte mir, daß die Tochter des Jairus ein schönes Thema für uns sei: aus dem Schlaf erwachen und wieder zu leben anfangen. Als wir dann in der Runde saßen und ich die Geschichte vorlesen wollte, verhedderte ich mich in der mir fremden Bibel, blieb in der Vorgeschichte von der blutflüssigen Frau stecken und entschied, daß diese Geschichte genug und auch ganz interessant sei. Und sie wurde mehr als interessant und bot für die nächsten Jahre genügend Zündstoff.

In der Runde war zuerst eine Weile Schweigen. Herta drehte leise Musik an. Dann fing eine Frau an, sich an die Geschichte von Marie Cardenal zu erinnern: die psychoanalytische Heilung einer Blutung. Eine andere bewunderte den Mut der Frau, inmitten von Männern Jesus zu erzählen, was mit ihr los ist: «Finde ich irre, daß sie das tut.» Andere äußerten massive Probleme mit Jesu Anrede: «Meine Tochter». Da sei doch «eine Verkleinerung der erwachsenen Frau»! Der Jesus sei doch selbst noch nicht alt. Andere verteidigten wiederum diese Anrede: Es läge doch Verwandtschaft und zugleich Distanz darin. Die Frauen konnten sich mit der Frau identifizieren. Auch ihr Von-hinten-Herankommen wurde aus ihrer eigenen Lebensgeschichte positiv gedeutet: Aus dem heimlichen, schüchternen Heranschleichen hat sich schließlich die gerade Offenheit entwickelt, das volle Hinstehen vor die Masse: Ich war's! Dann wurde das Blut der Frau zum Thema, das die meisten selber als «unrein» erlebt hatten. Lebensgeschichten wurden erzählt, wie Mütter das Ereignis der ersten Menstruation gefeiert oder wie andere nur Angst und Beschämung dadurch erfahren hätten. Situationen beim Frauenarzt kamen zur Sprache, die als beängstigend erfahren waren. Der brisanteste Punkt kam, als eine religionspsychologisch versierte Frau die Blutung der Frauen als einen natürlichen Vorgang, der in Verbindung mit der Mutter Erde zu sehen war, mit dem am Kreuz vergossenen und im Abendmahl gereichten Blut Jesu parallelisierte:

«Ich möchte noch mal auf das Blut eingehen, das wir immer noch im Gespräch mit dem Beiwort ‹unrein› benutzen. Das macht mich irgendwie stutzig, und ich habe mir überlegt, daß da vielleicht wieder genau das Umgekehrte drinsteckt, nämlich die Angst vor der Wichtigkeit.

Also das Blut ist ja praktisch das, wovon man lebt. Wenn das Blut nicht mehr zirkuliert, ist es weg. Dieses Wegfließen des Blutes heißt hier vielleicht auch das Wegfließen des Lebens. Warum muß das Blut so verketzert werden bei der Frau und nicht beim Blutvergießen des Mannes? Der Mann vergießt ja auch Blut, aber nicht durch sich, sondern bei anderen, durch Kriege. Und warum wird das Blutvergießen nicht da verketzert und als schrecklich hingestellt, sondern bei der Frau, wo es ganz natürlich geschieht und nicht zerstörerisch ist?

Es ist ja auch ganz wichtig, daß das Abendmahl vergossenes Blut ist. Da ist es dann plötzlich rein. Wieso brauchen die Männer eigentlich das Blut aus einer Wunde, auch das Blut aus der Kreuzeswunde, und nicht das Blut, das die Frauen ständig vergießen?

Im Blut der Frau liegt etwas ganz Besonderes und Geheimnisvolles in Richtung Verbundenheit mit der Erde. Es ist die einzige unmittelbare Verbindung zur Erde hin. Hier hat man einen Geburtsvorgang – etwas der Erde geben – und eine ganz innige Verbundenheit mit der Erde.

Ich erlebe das auch mit Hilfe der Selbstuntersuchung und Selbstüberprüfung als eine ganz besondere Situation. Es gab ja früher Menstruationshütten. Ich weiß, daß es in manchen Kulturen immer tabu war, wenn eine Frau blutete, aber es war etwas Heiliges. Später wurde es ein dreckiges Tabu. Also, es war ein heiliges Blut, das tabu war, ich weiß nicht genau, warum, wurde dann aber ein dreckiges. Es war vorher, was in der Erde war, was in seiner Kraft und Verbundenheit mit der Erde heilig war, und das ist uns verlorengegangen.»

An diesem feministisch-religiösen Blutverständnis entzündete sich bald der Zorn derer, für die das Blut Jesu der Mittelpunkt christlicher Religion geworden war – ein Zorn, der noch heute immer wieder ausbricht.

Wichtiger blieb für die meisten aber das Thema «Leiblichkeit und Ganzheit», von der Kirche verleugnet, von Frauen neu herbeigesehnt und schon immer in verschiedenen Formen – Tanz, Meditation, Körperübungen – bewußtgemacht. Wir rieben uns schließlich an der Jesusgestalt. Kann ein Mann, ein männlicher Erlöser, überhaupt Frauen befreien? Können wir Jesus noch so fraglos annehmen? Ist aber vielleicht «die Schwingung zwischen ihm und der Frau» das Wichtigere? Leidenschaftlich wurde es dann schließlich bei der Proskynese. Warum wirft sich die Frau auf den Boden? Ein Rückfall in alte Verhaltensweisen? Konnte ihr Aufbruch nicht durchgehalten werden? Oder gibt es echte Formen der Demut? Gibt es nicht echtes Empfangen, die geöffneten Hände, die nicht einfach passiv sind?

In diesen Stunden tippten wir anhand der Geschichte viele feministisch-theologische Probleme an, die uns in den nächsten Jahren auseinander- oder zusammenbrachten: Selbstfindung der Frau, Jesulogie, das Bluttabu und die Kreuzesproblematik, die Suche nach echten Ritualen, die unserer Leiblichkeit entsprachen.

Was wir theologisch getan hatten, deutete eine Frau so:

> «Für mich ist nebenher die Geschichte noch einmal zur Allegorie geworden für das, was wir machen im Moment, für das Ganze. Wir wagen es, als Frau langsam so von hinten durch die Masse der dastehenden Theologen und Lehrmeinungen und der Jünger, die da um Jesus rumstehen, uns langsam irgendwo an den Jesus ranzumachen und hinzulangen an die ganze Religion, an den ganzen Gott, an den Jesus. Mal zu sehen und irgendwo zu merken, was mit mir passiert, daß mit dem was passiert, daß die komischen Jünger auf einmal ein bißchen weggehen müssen. Also, da ist für mich das unheimlich plastisch geworden. Nicht die Angst, daß da was Grenzenloses passiert, sondern da passiert was Tolles, da geht Kraft in beide Richtungen, da schwingt's bei denen, da schwingt's

bei uns, und vielleicht fangen die Jünger auch mal noch an mitzuschwingen.»

Als es zum Mittagessen gongte, hatten wir drei Stunden zusammen gesprochen, ohne die anderen überzeugen zu wollen, ohne ein Ergebnis herausbringen zu wollen, ohne einander niederzustimmen, ohne Recht behalten zu wollen. Ein neuer Stil von assoziierender, narrativer Bibelarbeit hatte sich an diesem Sonntagmorgen herausgeschält, den viele von uns von nun an weiter praktizierten. Das war nicht einfach «wilde Exegese», wie manche Wissenschaftler hämisch zu sagen pflegten. Das war, wie Ursa Krattiger treffend sagte: Hexegese. Am Schluß fielen sich einige spontan um den Hals: «War das nicht schön?!»

Am Mittag wurde noch eine Summe von zweitausend Mark von einer badischen Frau aus einem Fonds für einen guten, feministischen Zweck zur Verfügung gestellt, und wir beschlossen, diesen Betrag zur Fertigstellung der Übersetzung des Mary-Daly-Buches «Beyond God the Father» zu geben. Dieses Buch hatte allerdings längst die Grenze überschritten von dem, was wir hier experimentiert hatten. Aber wir waren alle im Aufbruch und sahen keine Grenzen.

Als ich nach Hause kam, sagte Jürgen: «Du siehst so glücklich aus!» Da war Trauer und Erstaunen drin, denn bisher hatten wir große Erlebnisse zusammen genossen. Ich hatte zum ersten Mal Feministische Theologie weniger als neue Methode wie in Brüssel, eher als ein beglückendes Miteinander, als die Macht der Beziehung erlebt, und dies konnte ich auch mit dem besten Ehemann nicht teilen.

Von da ab war die Boller Werkstatt Feministische Theologie eine Institution, nun micht mehr ausgelagert in eine Dependance, sondern in der Akademie selbst. Sie wurde schon im nächsten Jahr stärker thematisch spezifiziert, aber sie erhielt sich noch lange etwas von dem Charme der ersten Stunde: ein Stück Aufbruch ins Ungewisse und das Nicht-Wissen, wo es endet.

Für einen nun schnell wachsenden – vor allem protestantischen –

Teil der feministisch-theologischen Bewegung waren Bibel und Bibelarbeit von nun an zu einem nicht mehr wegzudenkenden Bestandteil eigener und gemeinsamer Erfahrung geworden. Sie boten die Basis für Phantasie, Tanz, Bewegung, Klage und Zorn. Sie ließen uns nicht im luftleeren Raum einer frei schwebenden Religiosität. Das bedeutete aber auch Krieg und Konflikt mit der bisherigen Bibelinterpretation.

Seid fruchtbar und wehrt Euch!

Ein eigener Mensch werden. Frauen um Jesus.

Kurz nach der Wiesensteiger Werkstatt hatte ich einen Vortrag in Gütersloh zu halten. Vor der Veranstaltung lud mich ein damaliger Lektor des Gütersloher Verlagshauses, Herbert A. Gornik, in das beste Café des Städtchens und fragte mich, ob ich nicht ein Taschenbuch über biblische Frauengestalten machen wolle. Ich wehrte ab: Das Thema sei mir fern, und ich sei keine Exegetin. Vielleicht zusammen mit anderen Frauen, aber allein? Nein.

Zusammen mit anderen sei das nichts, das müßte von einer allein gemacht werden. Ich bat um Bedenkzeit. Auf der Rückfahrt nach Tübingen sortierte ich, was ich schon über biblische Frauen gearbeitet hatte. In Wiesensteig hatte ich – angeregt durch eine Studie des Amerikaners Raymond Brown, die ich auch in den Band «Frauenbefreiung – Biblische und theologische Argumente» aufgenommen hatte – die johanneische Martha in den Mittelpunkt meiner biblischen, feministischen Theologie gestellt. Die Martha, die aktiv wie die lukanische ist, aber nicht in Konflikt mit Jesus gerät, sondern ihn anstiftet, Lazarus aufzuerwecken. Die dann ein einmaliges Christusbekenntnis ablegt, das nicht dem Petrusbekenntnis entspricht, das aber vermutlich in einigen frühchristlichen Gemeinden das übliche Bekenntnis war: «Du bist Christus, der Sohn Gottes, der in die Welt gekommen ist» (Joh 11,27). Mir schien, daß eine androzentrische Tradition die lukanische Martha, die für die Hausarbeit zuständig ist, aber auch Kritik einstecken muß, in den Vordergrund gestellt hat – einmal, weil ein Bild der Hausfrau männlichen Weltbildern entsprach, und zweitens, weil der Marthakonflikt, zwischen Haushalt und Geist zu lavieren, dem traurigen Selbstverständnis der Christinnen aller Zeiten entsprach, ein Dauerkonflikt, der nicht zu lösen war und der Frauen unten hielt. In «Reclams Lexikon der Heiligen und der biblischen Geschichten», das meine Tochter Esther für eine Klassenreise nach Griechenland gekauft hatte, hatte ich zudem den merkwürdigen Hinweis auf eine Marthatradition in Legende und Kunst gefunden, nach der sie in Südfrankreich einen Drachen besiegt habe. Ich hatte auch von den Marthakirchen gehört. Vielleicht konnte ich dieser Tradition jetzt mal nachgehen. Und dann gab es die manchen schon bekannte Verfälschung der Maria Magdalena, die von der Freundin Jesu und ersten Auferstehungszeugin zur großen Sünderin erniedrigt wurde. Auch diese Geschichte mußte einmal öffentlich gemacht werden, denn erst kürzlich hatte ich Professor Eberhard Jüngel die Testfrage gestellt, wer denn Maria Magdalena sei, und prompt die Antwort bekommen: «Die große Sünderin!» Es gab noch die Jüngerin Johanna, die ich in Lukas 8,3 gefunden hatte und die fast keine und keiner kannte. In einer Sitzung des Projekts «Frauen als Innovationsgruppen» hatte ich sie einmal erwähnt, worauf ein neben mir sitzender Oberkirchenrat schnaubte: «So etwas gibt es gar nicht!», sein Neues Testament aufschlug und dann kleinlaut zugab, daß ich recht hatte. Vielleicht war in dieser verdrängten Frauengeschichte noch einiges zu entdecken, was auch typisch für gegenwärtige Frauenprobleme war. So rief ich Gornik nach zwei Tagen an und sagte ihm für den Spätherbst ein Manuskript zu, das aber auch Bilder enthalten müßte.

Und das Thema erfaßte mich mit Leib, Seele und Geist. Es erfaßte meine Familie. Es ließ uns auch im Urlaub nicht los. Wir fuhren im März ins Tessin, und ich las im überfüllten Zug das Markusevangelium und die Auslegung von Eduard Schweizer mit ganz neuen Augen. Markus wurde für mich in seiner sparsamen, anonymen und präzisen Frauengeschichte, mit seiner Vitalität, Urigkeit und Leiblichkeit zum Urdokument neutestamentlicher Frauentradition. Es war die gleiche Faszination, die später auch andere Frauen erfaßte: Carter Heyward, Elisabeth Schüssler Fiorenza, Monika Fander.

Das Tessin, vor allem die Umgebung von Lugano, erwies sich in diesem Frühjahr nicht nur als erholsam, sondern auch als Schatztruhe für Frauentradition. Wir hatten einen alten Reiseführer, «Lugano und Umgebung» von Ernst Schmid, den wir zu unserer Hochzeitsreise 1952 geschenkt bekommen hatten, mitgenommen, und – o Wunder – ich fand in ihm ein ganzes Kapitel über eine Kirche Santa Marta bei Carona, ihre Fresken und Marthageschichten. Der Verfasser mußte selbst ins Staunen über diese Frau gekommen sein, denn er fragte verblüfft: «Wo gibt es sonst im Schweizerland eine Kirche, die Martha zur Patronin hat? Wir entsinnen uns nicht, der Heiligen irgendwo begegnet zu sein.» Und diese Verblüffung machte, daß er dieser Kirche und ihrer Tradition ein ganzes Kapitel widmete, so daß ich erste Informationen über das weitere Kirchengeschick der Martha bekam:

> «Die Bruderschaft, welche Santa Marta zu Carona gebaut hat, hieß ‹arciconfraternità del gonfalone maggiore di Santa Marta› und war eine hochangesehene römische Bruderschaft. Man nannte sie auch kurzweg ‹compagnia della morte›, weil die Mitglieder sich ganz besonders um die Gestorbenen und deren würdiges Begräbnis mühten. Noch zu Ende des vorigen Jahrhunderts soll diese Bruderschaft in Rom bestanden haben. Im kleinen Carona ist sie längstens eingegangen. Man kann sich fragen, wie sie nach dem weltabgelegenen Bergnest gelangt ist. Sie beweist, daß Carona früher ungleich bedeutender war als heute. Es mögen Caronesen als Künstler und Kaufleute in Rom der Erzbruderschaft der heiligen Martha beigetreten sein. Reich geworden, kehrten sie zurück in ihre Bergheimat und gründeten dort einen Zweig des frommen Vereins, was eine Erlaubnis des Bischofs brauchte, welche aber wohl leicht zu haben war. Die Caronesen waren also nicht nur ein kunstbegeistertes, sondern auch ein frommes Völklein. Wie hätten sie sonst zu ihrer stattlichen Dorfkirche noch die Berg- und Privatkirche Santa Marta gebaut?»

Am nächsten Morgen fuhren wir mit dem Bus von Lugano die steilen Serpentinen hinauf nach Carona, vorbei an der stolzen Hauptkirche des Dorfes, die dem Drachentöter St. Georg geweiht ist. Santa Marta fanden wir versteckt in einem Wald alter Edelkastanien oberhalb des Ortes. Die Kirche wurde renoviert, und so konnten wir hinein und die von Schmid beschriebenen Fresken bewundern: Martha als Schutzmantelmadonna, die mit der Linken eine Schar Männer bedeckt, die zum Gebet auf die Knie gesunken sind, Mitglieder einer Begräbnisbruderschaft. In der rechten Hand hält sie einen Weihwasserkessel und einen -wedel, mit dem sie – wie Schmid schrieb – in Südfrankreich «den Drachen zu Fall gebracht hat». Das Ganze, die einsame Kirche, die unbekannte Symbolik, waren märchenhaft, eindrücklich, aber auch rätselhaft. Hatte diese Heilige in den Schweizer Bergen überhaupt etwas mit meiner biblischen Martha zu tun?

In Schmids Reiseführer fand sich aber noch ein anderer Hinweis, der mich neugierig machte. Er beschrieb eine weitere Kirche bei Carona: die Wallfahrtskirche Madonna d'Ongero, eine halbe Stunde Fußweg von Santa Marta entfernt im einsamen Wald des Monte Arbostera gelegen, auf einer Terrasse mit Blick auf See und Tessiner Täler, die für Hermann Hesse als schönste Terrasse des Tessins galt. In Schmids entzückter Beschreibung des Äußeren und Inneren der Barockkirche hieß es nun vom Kuppel- und Chorraum: «Auf erhöhten Postamenten stehen Martha und Maria Magdalena, die Kirchenväter Ambrosius, Hieronymus, Gregor und Georg in Verzükkung...» Wieder eine Martha auf dem Monte Arbostera! War es Zufall? War es Tradition? War es die Martha mit der Küchenschürze oder die geheimnisvolle andere Martha, die mit Tod und Leben verbunden war?

Es war schwierig, einen Zugang zu der nur einmal im Jahr Anfang September geöffneten Madonna d'Ongero zu bekommen. Schließlich fanden wir einige Tage später in Carona eine Frau, die den Schlüssel besaß, und im strömenden Regen unter Schirmen traten wir drei, Jürgen, die Frau und ich, den geheimnisvollen Gang durch die Kastanienwälder an. Es war dämmerig, und es roch dumpf, als wir in das Heiligtum kamen. Überall Fresken, Statuen und dann vorn im Chorraum eine riesige, göttinengleiche Gestalt in wallenden Gewändern – eine Martha, wie ich sie mir nie hätte träumen lassen. In der rechten Hand hatte sie ein kleines Kreuz. Mit der Linken raffte sie ihre Gewänder und hielt zugleich einen Gürtel, mit dem sie einen Drachen gebändigt hielt. Der war ein wunderschönes, gefährliches Tier, hatte einen offenen Rachen und eine lustvoll-gierig herausgestreckte Zunge. Sein Blick begegnete ihrem Blick, und seine Pranken ruhten friedlich auf einem Sockel neben ihren bloßen Füßen. Auf der anderen Seite des Chorraums stand in ebensolcher Pracht eine Magdalena als sinnliche Schönheit mit keck entblößten Brüsten, die von Engeln hochgehoben wird. Es stellte die in der Legende erzählte Erhebung der Sünderin Maria Magdalena dar. Aber diese Darstellung hier war nicht an ihrer Sünde, sondern an ihrer Verherrlichung interessiert.

Ich hatte zum ersten Mal eine sehr andere Martha als meine protestantische Küchenmartha gesehen, die gerade als Namengeberin für die Dienstbotenhäuser der Diakonissenanstalten getaugt hatte. Diese hier stellte eine wilde, verwegene Weiblichkeit dar. Sich als Frau mit einem Drachen einzulassen, entsprach wenig patriarchalen Denkmustern, nach denen der Drache stets das Böse verkörperte und von einem Militär, einem Ritter und Helden getötet wurde. Hier war das Motiv eines anderen Umgangs mit dem Drachen sichtbar: eine Frau, die gewaltlos das Untier bändigte. Diese Frau stammte aber auch nicht aus dem kulturellen Schmelztopf katholischer Heiligenverehrung, sondern war wirklich die biblische Martha, die der späteren Überlieferung nach die Schwester der Maria Magdalena war. Das ging mir auf, als ich den Spuren der beiden Caroneser Marthas in der Überlieferung nachging.

Nach der Legende war Martha mit ihren Geschwistern Lazarus und Maria (die dann zu Maria Magdalena wurde) aus Palästina vertrieben worden. Auf einer gefährlichen Bootsfahrt nach Frankreich gelangt, hatte sie dort Missionsarbeit begonnen und galt mit ihren beiden Geschwistern als Missionsheilige in Frankreich. Wohl auf dem Boden keltischer Frauentraditionen waren die beiden schon in der Bibel selbständigen Frauen noch einmal zu selbstbewußten, unabhängigen Gestalten mit eigener Geschichte geworden. Von Martha wurden großartige Predigten, Wundertaten wie Totenauferweckungen und Krankenheilungen erzählt, aber vor allem die in der patriarchalen Denkwelt seltsame Geschichte ihres Drachensiegs. Bekannt sind in der gesamten Männerkultur der Welt Drachensiege, die von einem Mann ausgeführt werden und mit Tod und Vernichtung des Ungeheuers enden. «Jede patriarchale Welt sieht ihren Stolz darin, sich abzubilden, wie sie dem Drachen der Tiefe den Fuß aufs Haupt setzt», hatte Erich Neumann geschrieben.

Hier war dasselbe Erzählmotiv, daß eine vom Drachen bedrohte Stadt einen Menschen zu Hilfe rief, mit einer Frauengestalt verbunden. Für mich war bald klar, daß auf dem Boden selbstbewußter, matriarchaler Frauentraditionen Erinnerungen an heldische, Fruchtbarkeit und Leben verheißende Göttinnen wach waren, die sich mit einer christlichen Frauengestalt verbinden konnten, von der eine aktive Teilnahme an der Auferweckung des Lazarus bekannt war. An Bilddokumenten ist noch nachzuweisen, daß der Thaumaturgenstab, mit dem Jesus als Totenauferwecker dargestellt ist, in die Hand der Martha wechseln konnte, in ihr sich zum Kreuzesstab verwandelte und das Symbol für ihre verzaubernde Lebenskraft abgab. Die biblische Geschichte hatte ihre eigene Dynamik entwickelt: M. E. hatte sich eine in der Bibel angelegte Frauenspur mit einer ähnlichen Frauenspur aus einer anderen Kultur verbunden und eine bei uns vergessene und verdrängte Tradition hervorgebracht. Die Fähigkeit der Frau, das Tier nur mit der Macht des Kreuzes (oder des Weihwassers) zu zähmen und mit ihrem Gürtel, dem Symbol der integren Persönlichkeit, zu binden, entsprach matriarchalem Denken. Ich deutete sie als eine adäquate Fortsetzung des Verhaltens der johanneischen Martha, der sich Jesus als die Auferstehung und das Leben offenbart und von der Rudolf Bultmann bewundernd sagen konnte, das sie «die echte Haltung des Glaubens» zeigt.

So konnte sie als Schutzmantelmadonna die Begräbnis-Bruderschaft mit Hoffnung und Geborgenheit umfangen. So konnte sie den vernichtenden Kräften mit Leben gebender Macht begegnen. War die Bibel noch karg in ihren Martha-Aussagen, die Legende und vielmehr die Kunst ließen die Geschichte aufblühen.

Wer alle kirchliche Tradition mißtrauisch beäugt, mag in der Drachensiegerin nur eine weichliche, weibliche Variante des tötenden

Helden Georg sehen. Schließlich wurde der Drache in der Martha-Legende von den Einwohnern der geretteten Stadt später doch noch umgebracht! Doch wer näher hinsieht, kennt auch die Variante dieser Geschichte, die ihre vorpatriarchalen Wurzeln noch deutlicher erkennen läßt: Danach ließ sich der Drache an Marthas Gürtel wieder in die Rhone zurückgeleiten und schwamm ins Meer, wo die Ungeheuer nach himmlischem Ratschluß zu leben haben. Mir scheint, daß hier ein Schluß vorliegt, der die Frau noch in engster Verbindung zu den Kreaturen als «Herrin der Tiere» sieht, wo Drache oder Drächin – die tarasque – noch als die zu verehrenden Urwesen galten.

Man kann diese Drachensieggeschichte auch abwerten, indem man die später häufig nonnenhafte Kleidung Marthas zum Anlaß nimmt, ihren Gürtel als Keuschheitsgürtel zu deuten, der auf sexuelle Askese abzielt. Doch alle Symbole und alle Bilder sind letzten Endes doppeldeutig. So zeigt uns auch ein intensiver Blick auf die verschiedensten Martha-Drachenbilder zwar immer wieder den gefährlichen, aber auch den menschlich-schmerzlichen Blick des Fabelwesens. Er ist nicht allein aus negativer, abendländischer Tradition zu erklären. Seine märchenhafte Ausstrahlung läßt uns gegenwärtig mehr und mehr zu den eigenen Quellen unserer frühen Kultur zurückkehren. In ihr hat der Drache weibliche, fruchtbare Züge. In ihr haben Frauen eine unmittelbare Nähe zu Leben gebender Kraft.

Wir entdeckten im Umkreis von Lugano in den späteren Jahren immer neue, künstlerische Versionen von Marthas Geschichte. Carona war nicht der einzige Ort, wo man sich ihrer erinnert hatte. Am Hang des Monte Arbostera in dem Dorf Vico Morcote fanden wir in der Kirche der Heiligen Simon und Fidelis rechts vom Altar ein riesiges Fresko, das Martha als Zeugin der Himmelfahrt Jesu zeigt. In Nonnentracht steht sie einsam da und sieht ihrem Meister nach – eine Szene, die ich aus keiner Legende kenne, die aber wieder ihre Nähe zu Transzendenz, zu Ewigkeit und ewigem Leben zeigt. Martha als Bild der «transforming grace», der verwandelnden Gnade, die aus dem Tod Leben schafft. Wer war der Maler, und was hat er sich bei dieser eigenwilligen Stilisierung gedacht?

Ein Jahr später stießen wir in Bellinzona auf die Betkapelle der Scuola dei confratelli di Santa Marta, die sich im Norden an die Kollegiatskirche anlehnt. Also gab es noch eine Martha-Kirche in der Schweiz! Im Stile des 18. Jahrhunderts wird hier ihre Bibel- und Legendengeschichte erzählt. Sie selbst erscheint schließlich triumphierend mitten am Himmel in der Öffnung einer nur in der Phantasie existierenden Kuppel über einer schwindelerregenden Scheinarchitektur aus perspektivisch verkürzten Balustraden.

Handfester war schließlich die Martha-Kirche, auf die wir auf einer Schiffahrt nach Porlezza bei Lugano stießen. Wir hatten eine Stunde Zeit, um in dem italienischen Städtchen bis zur Abfahrt des Schiffes herumzubummeln. Da der Ort uninteressant war, guckten wir in die Kirchen, und in der zweiten, einer kleinen Kirche am Ortsausgang, geschah das Wunder: ein Kirchenraum, ausgemalt mit riesigen, barocken Fresken, zum Teil abgeblättert, zum Teil gut erhalten, die ebenfalls die Bibel- und Legendengeschichte der Martha erzählten. Der Drachensieg war leider natürlicher oder kirchlicher Zerstörungskraft anheimgefallen: Der Drache war nur noch schwer zu erkennen. Dafür gab es eine schöne, einfältige, mittelalterliche Martha-Statue, die den Drachen am Gürtel führt und die auf eine sehr alte Tradition an diesem Ort schließen ließ.

Die kleine Gipfelkapelle auf dem San Salvatore barg endlich auch noch ein Stück dieser Tradition. Auch hier fanden wir Statuen der Legenden-Schwestern Martha und Magdalena.

Wie kommt diese Tradition so geballt in diese Gegend? Und wird es nicht noch mehr verborgene Heiligtümer geben, die ich nicht kenne? Die Martha-Drachentradition hat ihren Ursprung in Frankreich, und hier finden sich auch bis hin zur Sacré-Cœur in Paris die meisten ihrer Darstellungen. Auch nach Italien und in diese entlegenen Schweizer Berge ist sie geraten. Durch Flüchtlinge? Durch Künstler, denen das Motiv gefiel? Ich entdeckte in den folgenden Monaten auch einige Spuren in Deutschland: einen eindrucksvollen Martha-Altar in der St.-Lorenz-Kirche in Nürnberg, Martha-Drachenstatuen in Freising, Gemälde in Donaueschingen und auch andere Frauen mit Drachen wie die heilige Margarete oder die russische Marina. Nichts übertraf allerdings das Wunder von der Madonna D'Ongero.

Unsere Frühjahrsreise 1979 endete in Florenz und für mich mit einer noch weiteren Überraschung. Eines Mittags kam Jürgen aufgeregt aus der Stadt zurück. Im Kloster San Marco hatte er über einer Mönchszelle eine Malerei Fra Angelicos gesehen: In den Vordergrund der unzählige Male gemalten Gethsemane-Szene, in der Jesus in Agonie wacht und die drei Lieblingsjünger schlafen, hatte der Künstler zwei Frauengestalten plaziert: Maria lesend und meditierend und Martha wachend und betend. Dies ist – wie inzwischen deutlich ist – ein einmaliges Bildmotiv in der Kunstgeschichte. Es hat keinen biblischen Hintergrund. Es schreibt die Frauengeschichte des Neuen Testaments neu, entspricht aber den Aussagen und Andeutungen des Markusevangeliums, nach dem die Frauen die bis zuletzt treuen und Jesus zugewandten Jüngerinnen waren. Vielleicht hat die mittelalterliche Frauenbewegung solche Bilder hervorgebracht, die die biblischen Frauen in ihrer ganzen Stärke und Unbekümmertheit zeigten. Zu diesen Bildern gehört für mich auch die Martha des Tiefenbronner Altars, die ihren Bischofsbruder Lazarus wie ein Baby auf ihrem Schoß schlafen läßt. Ein erschütterndes Frauenbild der kirchlichen Tradition bescherte uns Florenz allerdings auch: Maria Magdalena von Donatello, die Elendsgestalt der «großen Büßerin», eine Prostituierte im letzten Stadium.

Als ich zurückkam, hatte ich genügend Anschauungsmaterial gesammelt und begann zu schreiben. Zu Martha, Magdalena, Johanna gesellten sich dabei Maria von Bethanien, die mysteriöse, salbende Frau aus Markus 14, die für Elisabeth Schüssler Fiorenzas Buch den Titel abgab: «Zu ihrem Gedächtnis», und die Muttergestalten des Matthäus. Keinen Platz fand bei mir Maria, die Mutter Jesu, die für mich zu stark mit kirchlichen und katholischen Traditionen belastet war.

Eines Abends rief mich meine jüngste Tochter Friederike an ihr Bett, wo sie eins ihrer Konfirmationsbücher las. «Guck mal», sagte sie, «das ist doch etwas für dich!» Es war ein Text von Jörg Zink über die Jüngerin Johanna, die mir allerdings schon bekannt war. Doch da

Arbeit an «Ein eigener Mensch werden» im Tübinger Garten 1979.

war ein Zusatz, an dem ich hängenblieb: «Zum ersten Mal nicht mehr die Frau eines Mannes, sondern eine Frau. Johanna, ein eigener Mensch.» Ein paar Tage später war mir klar, wie das Buch heißen sollte: «Ein eigener Mensch werden. Frauen um Jesus». Als ich meiner Familie den Titel beim Mittagessen verkündete, schüttelten alle den Kopf: «Was ist denn das: ein eigener Mensch?» Ich ließ mich nicht beirren und merkte im Lauf der Jahre, daß die Sehnsucht nach dem Eigenen tief in Frauen verwurzelt war und sie nach «Eigenzeit» (Helga Nowotny), nach «Eigenleiblichkeit» (Annegret Stopczyk) und nach dem eigenen Menschsein suchen ließ.

Als das Buch im Sommer 1980 erscheinen sollte, bekam ich Zweifel an seinem und meinem Wert. Gerade waren Mary Dalys deutsche Übersetzung von «Beyond God the Father» und Catharina Halkes «Gott hat nicht nur starke Söhne» erschienen, zwei grundlegende, systematische Arbeiten zu einer Feministischen Theologie. Wie sollten meine verstaubten Bibelfrauen, die altertümlichen Bilder und die skurrilen Legenden denn einen Beitrag dazu geben? Ich hatte zwar noch eine Einleitung über «Theophantasie» und neue Zugänge zur Bibel davorgesetzt. Doch genügten meine basistheologischen Erfahrungen?

Die Zuschriften, die ich bald bekam, das internationale Ansehen, das das Buch erhielt, zerstreuten meine Zweifel. Frauen schrieben mir, wie sie sich mit einzelnen Frauen identifizierten, vor allem mit Johanna, der politischen Frau, die aus ihrer Ehe ausbricht. Eine katholische Frau reagierte so: «Zuerst meine große Erleichterung. Also gibt es doch einen anderen biblischen Einstieg zu Frauenfragen als über die Person der Mutter des Herrn... Ich sehe, daß es andere Frauengestalten gibt, die echt als Modell dienen können.» Es schrieben Siebzigjährige und Studentinnen, Männer und Frauen, daß sie die Lektüre eine Nacht gekostet hätte. Irritation lösten bei einigen allerdings meine Zuhilfenahme der Legenden aus: «Man staunt, wie umwerfend einfach eine ernsthafte Theologin von Legenden... ihre Rückschlüsse zieht», rügte man von evangelikaler Seite, und eine frühere Mitstudentin aus meiner Dialektischen-Theologie-Zeit schrieb aus Schweden: «Was findest Du zum Beispiel an der ollen Thekla, die ja nun mehr als körperfeindlich war, wie natürlich das ganze gnostische Volk...» Ein Mann schließlich sorgte sich um das Ansehen des Georg: «Eben ist es [das Buch] in die dritte Auflage und ins 21. Tausend gediehen. Die Sache wird also populär: Für Sankt Georg sieht es schlecht aus. Allein den Trumpf hat er, daß er für Gott und seinen Christus sogar in den Blutzeugenstand gegangen ist...» Doch einige sahen auch, daß hier eine neue Hermeneutik vorgestellt wurde, die von Bedeutung werden konnte. Die Bilder, mit denen ich die Texte illustriert hatte – die traditionellen, die Frauen auf bestimmte weibliche Funktionen festlegten, die unbekannten, in denen Frauen selbständig predigend, lehrend und unabhängig zu sehen waren –, wurden in mehreren Fernsehfilmen gezeigt, und sie tauchen heute in Frauentexten und -zeitschriften, auf Tagungsprogrammen und als Titelbilder auf. Sie erreichten, daß Feministische Theologie keine Bildungsbewegung blieb, die nur über Kopf und Bewußtsein ablief.

Für mich war jetzt klar, daß die Bibel uns auch in aktuellen Frauenfragen nicht im Stich ließ, daß wir sie allerdings mit eigenen Augen lesen und auch spätere subversive Traditionen wie z. B. Kunstwerke, Legenden, Dokumente, die nicht in die schriftliche Hochkultur gehörten, miteinbeziehen mußten. Nur so konnten wir eine verändernde Sicht bekommen und den erbärmlich dünnen, androzentrischen Strang unserer Kirchenkultur hinter uns lassen. Dazu brauchten wir Verstand, allerdings nicht den, der auf patriarchatskonforme Analyse dressiert war, sondern einen Verstand, der durch Sinne geschärft auch riechen, schmecken und fühlen konnte. Einen Verstand, der sich auch von der eigenen Intuition, den eigenen Bildern und Wünschen führen ließ, der nach innen lauschte und nach außen sah und der alle brachliegenden Fähigkeiten unserer Kindheit mobilisierte.

Kirchentage und Bibelarbeiten

In den USA hatten die Universitäten der Feministischen Theologie schnell zur Verbreitung verholfen. In einem Land wie Deutschland fielen diese Institutionen aus, weil es keine starke, akademische Frauentradition gab und alternative Ansätze zur Theologie nie einen institutionellen Platz in den Universitäten gefunden hatten. Dafür gab es bei uns jedoch ein breites christliches Zentrum, vor allem protestantischer Theologie, das zur ersten Drehscheibe für Feministische Theologie wurde: der Deutsche Evangelische Kirchentag. Schon zwei Jahre nach dem ersten Experiment einer biblischen Feministischen Theologie in Wiesensteig bekamen wir ein Forum für eine große Öffentlichkeit.

Frauen waren allerdings auf den Kirchentagen nie Unpersonen gewesen. Wie Erika Godel gezeigt hat («Gegenreden. Bibelarbeiten von Frauen auf Deutschen Evangelischen Kirchentagen»), waren «Frauenstunden» seit Beginn des Kirchentages, zumindest von 1951 bis 1961, ein fester Bestandteil. «Bibelarbeiten», ein Ausdruck, der vielleicht sogar von Frauen erfunden, zumindest aber geprägt war, hatten im Rahmen des damaligen Selbstverständnisses von Frauen darin eine Rolle gespielt. In der Umstrukturierung des Kirchentages in den sechziger Jahren waren dann aber sowohl «Frauen-» als auch «Männerstunden» entfallen. Das Interesse des Kirchentags begann sich auf Widerstand gegen Rassismus und Antisemitismus und die Verteidigung der Menschenrechte zu richten. Eine allgemeine Demokratisierung, ein «konziliarer Prozeß» fand statt, der allerdings bis in die siebziger Jahre noch keine Frau einbezog. Der Sexismus, seit 1974 als ökumenisches Problem bekannt, blieb außen vor.

Zaghaft und etwas verspätet kam dann aber nach dem Berliner

Kirchentag 1977 ein Frauenprotest auf: «Männer, viele Männer...», schrieb die Vorsitzende der Frauenhilfe Ilse-Marie Bangert, «...in den Eröffnungsgottesdiensten beispielsweise predigte keine Frau. Zwar gab es viele Frauen auf dem Kirchentag, einige auch in der Planung und Verantwortung, aber noch ist die Forderung der Frauen nach mehr Mitsprache in der Kirche unerfüllt.»

Daß die Frauen selbst daran arbeiten, dieses Ziel zu erreichen, und dabei nicht lockerlassen, sollte eine eigene Aufschrift am Stand der Frauenhilfe veranschaulichen: «Das soll anders werden»! war über drei Fotos geklebt: eines von Ratsmitgliedern der EKD mit nur einer Frau, eines aus einer Synodalversammlung mit nur wenigen Frauen und eines, das die Frau als «Lastenträger» in der Diakonie zeigt. Allerdings gab es, angeregt von der Frauenhilfe in Berlin, eine Podiumsdiskussion über das neue Ehe- und Familienrecht, an der ich auch teilnahm. Aber wie sollte über die Schiene «Familie–Ehe» das neue Selbstverständnis von Frauen Einzug in die Öffentlichkeit halten?

Vor dem Nürnberger Kirchentag 1979 kamen dann Angebote, als «Partnerinnen» am Thema «Partnerschaft» zu partizipieren. Bei der vorsichtigen Annäherung einer Vorbereitungsgruppe wurde ein Journalist deutlich, worum es ihm (und wohl auch anderen Männern) ging: Man müsse über die Liebe reden, alles andere sei Unsinn. Nur von daher könne man zu wichtigen Konsequenzen für das Miteinander von Mann und Frau kommen. Aber das war nicht mehr der geeignete Rahmen, den wir suchten. In Nürnberg muckten Frauen dann auch auf, schlugen eine Frauengestalt ans Kreuz, «nutzten Reaktionen wie Schock, Empörung und Abscheu als Einstieg ins Gespräch» und klagten vernehmlich: «Seit 1979 Jahren unterdrückt.»

Im Herbst 1979 fanden erste Kontakte zwischen Frauen aus der Frauenarbeit (EFD), Uta Knolle und Sigrid Römelt, mit Carola Wolf vom Kirchentag statt. Die Evangelische Frauenarbeit ersuchte Ende des Jahres offiziell den Kirchentag, das Frauenthema zu behandeln. Der Kirchentag seinerseits signalisierte der Öffentlichkeit im gelben Ausschreibungsprospekt im Februar 1980, daß er dazu bereit sei. Im April des folgenden Jahres machte eine Gruppe EFD-Frauen einen Projektentwurf für eine dreitägige Frauenwerkstatt auf dem Hamburger Kirchentag, den sie der Kirchentagsleitung vorlegten und der ein sehr breites Themenangebot hatte: erster Tag: Frauengeschichte – Frauen-Geschichten; zweiter Tag: Frauen und Männer handeln gemeinsam; dritter Tag: Älter werden – Last und Chance. Die Vorstellungen der Kirchentagsleitung zu diesem Projekt waren, daß Frauen es in eigener Regie als Veranstaltung aus Anlaß des Hamburger Kirchentages durchziehen sollten oder daß der Kirchentag das Projekt als eine Frauenveranstaltung des Kirchentages betrachtete, die vorbereitet und ausgerichtet würde unter Beteiligung der Frauenverbände, dies aber nur als eintägige Veranstaltung. Um an zentraler Stelle eine qualifizierte Veranstaltung anzubieten, entfielen das Drei-Tage-Projekt und seine Inhalte, und die Vorbereitungen für das eintägige Frauenforum begannen unter der geschickten Regie von Carola Wolf am 9. Juli 1980 in Frankfurt. Diesmal waren Frauen aus Frauenforschung, Politik, Wissenschaft und katholischer Kirche dazugekommen, insgesamt vierzehn Frauen, unter ihnen Ute Gerhard, Susanne Kahl, Uta Knolle, Sigrid Römelt, Eva Rühmkorf, Carola Wolf, Anneliese Lissner und ich. Wir einigten uns zunächst auf einen gemeinsamen Nenner: «Frauen bestimmen ihr Leben.»

Einig waren sich auch alle, daß eine Methodik, wie sie sich schon in den Frauenwerkstätten ergeben hatte, vor allem Gruppengespräche, den Ablauf des Tages bestimmen sollte. Die Vorbereitung würde allein Sache der Frauen sein. Doch sollte kein Mann vom Frauenforum ausgeschlossen sein, und bei der Zielgruppenbestimmung wurde auch an männliche Teilnehmer gedacht. Als Thema ergab sich schon bei der nächsten Sitzung, daß «Frauen und Kirche» im Mittelpunkt stehen sollte. Kirche als ein Bereich, «in dem sowohl die privaten als auch öffentlichen Interessen der Frauen eine Rolle spielen oder spielen könnten, also als ein exemplarischer Bereich unserer Gesellschaft». Zugleich auch ein Bereich, in dem Abhängigkeiten als auch Möglichkeiten der Frauen eng beieinanderliegen. Ein

Feld neuer Möglichkeiten für Frauen, Positionen zu beziehen. Kirche als Hoffnung für Frauen. Kirche als Ort des Selbstfindungsprozesses für Frauen, durch den auch wiederum die Kirche sich verändern sollte. Ein hoher Grad an Erwartung spiegelte sich in den Protokollen der Sitzungen wider und mündete dann in die endgültige Formulierung: «Frauen bewegen die Kirche».

Die Planungen, Probleme und Erwartungen, die dann auch realisiert wurden, faßte im März 1981 die Journalistin Erika Wisselinck für epd folgendermaßen zusammen:

> «Das Frauenforum auf dem Hamburger Kirchentag.
>
> Zum ersten Mal in der Geschichte des Kirchentags gibt es in diesem Jahr eine Großveranstaltung für Frauen. Hier dokumentiert sich eine Entwicklung, die nicht mehr aufzuhalten ist: Frauen lassen sich auf ihre Fragen, wo denn sie in der von männlichen Bildern geprägten und von Männern gepredigten Verkündigung vorkommen, nicht mehr mit der stereotypen Antwort ‹ihr seid doch überall mit inbegriffen› abspeisen. Zu vielen ist inzwischen klargeworden, wie wenig sie stets inbegriffen waren.
>
> Das Frauenforum findet dann am Freitag und Samstag seine Fortsetzung mit einer Frauenwerkstatt in der Kapernaumkirche in Hamburg-Horn. Federführend ist hier das Frauenwerk der Nordelbischen Kirche. Beide Veranstaltungen sollen nach neuen Arbeitsformen, die kirchliche Frauengruppen in den vergangenen Jahren erarbeitet und praktiziert haben, verlaufen. Das fängt schon beim Äußeren an. Die nach vorn ausgerichteten, starren Stuhlreihen, davor das Rednerpult für die prominenten Redner und das Podium für die Podiumsdiskussionen – das paßt hier nicht. Die Frauen wollen, wie sie es gewohnt sind, intensiv in kleineren Gruppen arbeiten. Da beginnen die Probleme schon bei der Gestaltung der Halle. Bewegliche Papphocker statt fester Bestuhlung und ein transportables Podest – wird sich das machen lassen? Und für die Gruppenarbeit wären – bei einer erwarteten Teilnehmerzahl von drei- bis viertausend – mindestens hundert in

dieser Art von Arbeit erfahrenen Mitarbeiterinnen nötig. Denn hier sind weniger Spezialkenntnisse und geschliffene Rede das Kriterium, sondern Spontaneität und Reaktionsfähigkeit, um in direkten Kontakt mit den Besucherinnen zu kommen.

Da liegt das Problem bei den Finanzen: Der Kirchentag vermag die relativ geringen Aufwandsentschädigungen für diese Mitarbeiterinnen nicht zu zahlen; große Honorare und teure Hotelspesen für prominente Redner passen besser in sein gewohntes Finanzraster. So werden die Frauen, die aktiv in den Gruppen arbeiten und damit Verantwortung für das Gelingen übernehmen wollen – und es gibt genügend davon –, wieder einmal das tun, was sie so gut gelernt haben: versuchen, andere Geldquellen für ihren bescheidenen Finanzaufwand zu erschließen.

Der bisher vorgesehene Tagesablauf für das Frauenforum: Es beginnt mit Morgengebet und Bibelarbeit, ein Nachgespräch (bereits in kleinen Gruppen) soll folgen. Dann, nach einem Kabarettanspiel, das Thema: ‹Wir Frauen in der Kirche›. Ein viertelstündiges Referat oder Erfahrungsberichte ehrenamtlicher Mitarbeiterinnen, danach Arbeit in Gruppen. In der zweistündigen Mittagspause Zeit zum Essen, zugleich Mal-Ecken und andere Möglichkeiten, um Meinungen, Erfahrungen, Eindrücke kreativ auszudrücken; in der letzten halben Stunde Stille mit meditativer Musik.

Der Nachmittag steht unter dem Thema: ‹Wo Frauen die Kirche bewegen›. Vier, maximal acht Minuten lange Statements zu den Themen Laien in der Kirche, Diakonie, Lebensformen, Arbeit von Frauen mit Frauen. Danach wieder Gruppenarbeit und dann ein Schlußpodium mit vier Frauen zum Thema: ‹Kirche, wie wir sie brauchen – Kirche, die wir sind› – Gespräche über Erfahrungen mit diesem Tag, über Visionen, Wünsche, Befürchtungen und Ermutigung.

Am 19. und 20. Juni wird mit der Frauenwerkstatt in der Kapernaum-Kirche in Hamburg-Horn das weitergearbeitet und vertieft, was im Frauenforum begonnen wurde. Am Freitag steht zunächst gemeinsame Bibelarbeit in Gruppen auf dem Programm. Der Nachmittag steht Gesprächsgruppen zu bestimmten Einzelthemen zur Verfügung, beispielsweise: Projekte mit Frauen für Frauen (Straßensozialarbeit, Mädchenarbeit, Selbsthilfegruppen etc.), Berufsgruppen von Frauen (Gemeinde-Sekretärin, Gemeinde-Schwester, Gemeinde-Helferin, Sozialarbeiterinnen, Hausfrauen, Studentinnen etc.). Eine Gruppe beschäftigt sich mit Verhalten und Aktionen von Frauen unter dem Motto ‹Frauen für den Frieden›, eine andere mit dem Thema ‹Autonom leben› (als Alleinlebende, als Alleinerziehende, in Zweier- und Mehrfachbeziehungen), ein wichtiges Thema ist schließlich noch: ‹Frauenbewegung und Kirche – politisches Handeln›. Abends gibt es dann ein Frauenfest.

Der Samstagvormittag ist wiederum der Bibelarbeit in Gruppen gewidmet, am Nachmittag gibt es wie am Vortag wieder Gesprächsgruppen und dann ein Podiumsgespräch über feministische Theologie. Als Abschluß abends ein Weltgebetstags-Gottesdienst und Begegnung mit Frauen aus der Ökumene. Der Sonntag in Hamburg-Horn steht – auch das ist typisch für eine Frauenveranstaltung – unter einem einzigen (uns nur zu vertrauten) Motto: Aufräumen.»

Bisher war in allen Kirchentagsveranstaltungen die morgendliche Bibelarbeit mit dem einheitlich festgelegten Text das spirituelle Zentrum gewesen. Das sollte beim ersten Frauenforum nicht anders sein. Anders war jedoch für uns die Methodik der Bibelarbeit in den feministischen Werkstätten geworden: nicht ein Bibelvortrag, der auf traditionellen, exegetischen Einsichten aufbaut, sondern Erfahrungsgespräche, Gruppenarbeit und eine existentielle, frauenspezifische Auslegung waren für uns zentral geworden. Die Vorbereitungsgruppe beschloß deshalb, drei Frauen für die Bibelarbeit vorzuschlagen, die mit solchem neuem Bibelumgang schon experimentiert hatten. Die Wahl fiel auf Heidemarie Langer, Herta Leistner, Studienleiterinnen in der Evangelischen Akademie Bad Boll, und mich, die wir die ersten Werkstätten feministischer Theologie begonnen hatten. Das Kirchentagspräsidium, das die Bibelarbeiter zu berufen hatte, ging dann auch auf diesen bis dahin ungewöhnlichen Vorschlag, drei Frauen für nur *eine* Bibelarbeit zu berufen, ein. Zur gemeinsamen, traditionellen Vorbereitung aller Bibelarbeiten in Arnoldshain, dem sogenannten Inselkonvent, fuhren wir etwas beklommenen Herzens. Ich weiß noch, daß ich mir dazu – wohl aus Unsicherheit – einen neuen Hut kaufte, den ich aber nur auf der Hinfahrt und dann nie wieder trug. Wir hatten alle drei keine Kirchentagserfahrungen, waren nicht gewohnt, vor großen Massen zu reden, da wir alle drei keine Pfarrerinnen waren, und – was am gravierendsten war – hatten uns in den letzten Jahren von der Vater-Theologie und dem Vater-Wissen abgekoppelt und mit uns und mit anderen Frauen ganz andere religiöse Erfahrungen gemacht. Nun kamen wir in eine kleine, elitäre Gruppe gestandener Exegeten, die geschickt mit den Texten, Exegesen, Einsichten operierten. Es war glänzend, wie Ulrich Wilckens mit dem Lukas-2-Text, der Weihnachtsgeschichte, für einen hochsommerlichen Kirchentag umging. Es war perfekt, wie Jörg Zink den Auszug durchs Schilfmeer vom militärischen Standpunkt auslegte und mit welcher Lust sich die Nachrüstungsgegner in militärische Debatten versenkten. Ich fühlte mich ungemein fern von dieser kenntnisreichen Interpretation, auch wenn ich mir sagte, daß während der Nachrüstungsdebatte dies genau der richtige Ansatzpunkt sein müßte. Wir wurden freundlich aufgenommen, unseren schüchternen Nebenbemerkungen wurde Aufmerksamkeit geschenkt. Hans Hermann Walz, der damalige Generalsekretär, war besonders charmant und sah in uns wohl so etwas wie reizvolle Blumen in einer uniformen Männerwelt, deren Stil sich Frauen bisher angepaßt hatten. *Wir* konnten uns aber nicht mehr anpassen. Bedrückt und an einem Nullpunkt angekommen, saßen wir hinterher in Arnoldshain zusammen und sagten uns: «Entweder machen wir es gar nicht oder ganz anders.»

In einem Interview, das später zusammen mit unserer Bibelarbeit veröffentlicht wurde, fragte die Journalistin Angelika Schmidt-Biesalski ein halbes Jahr später nach diesen Erfahrungen, die ich wegen ihrer größeren Unmittelbarkeit, als ich sie heute habe, noch einmal anfüge:

«*Angelika:* Wie sind Männer mit dem Text umgegangen?

Elisabeth: Man ging historisch vor, man war interessiert an der Aufrüstung und an der Nachrüstung der Ägypter; es waren sehr aktuelle Fragen. Aber man fragte nie nach dem einzelnen Menschen, nach seiner Betroffenheit dabei. Es war eine objektivierende Art, mit dem Text sachlich umzugehen, ihn zeitgemäß auszulegen. Aber das Ich kam dabei nicht vor.

Herta: Das war sehr verunsichernd für uns, denn wir hatten vier Wochen vorher mit einer Gruppe Frauen auf der Tagung ‹Feministische Theologie› an dem Text gearbeitet, und da waren wir genauso entsetzt, weil dort viele ganz persönliche Reaktionen auf Auszugssituationen kamen. Die Frauen sprachen von Aufbruchssituationen aus ihren Ehen oder aus ihren Beziehungen und fragten: Was passiert mit den Männern und den Kindern, wenn wir aufbrechen, und was ist mit den toten, zurückgebliebenen Ägyptern? Es gab also eine große Spannung zwischen dem, wie die in Arnoldshain mit dem Text umgegangen waren, und der Art, wie die Frauen reagiert hatten.

Angelika: Die Verunsicherung durch die Art und Weise, wie die Frauen bei der Tagung ‹Feministische Theologie› mit dem Text umgegangen sind, ist also daher gekommen, daß Ihr Euch gefragt habt: Dürfen wir das eigentlich, einer so großen Versammlung, dem ersten Frauenforum bei einem Kirchentag, einen solchen Text in dieser Weise auslegen? Stoßen wir sie damit nicht geradezu an auszuziehen?

Heidemarie: Ja, und auch: Wie können wir so etwas überhaupt umsetzen?

Elisabeth: Auszug, das hieß für die Frauen unserer Werkstatt Scheidung, so daß wir, die wir verheiratet waren – wir waren vielleicht zwei, drei in dieser Gruppe –, unsicher waren und sagten: Wir sind glücklich verheiratet, hat denn dieser Text uns nichts zu sagen? Die massive Assoziation, Auszug gleich Scheidung, ist bei Frauen anscheinend sehr deutlich, und wir fragten uns: Wie machen wir diesen Text verbindlich für sie und so viele andere Frauen, junge Frauen, die noch keine Ehe eingegangen sind, aber nicht ablehnend sind; alte Frauen, die glückliche Ehen hinter sich haben; Frauen, die aus Verhältnissen kommen, wo eine Partnerschaft etwas Selbstverständliches ist? Was heißt da Auszug? Es war wichtig, daß wir einmal so zurückgefragt haben: Wo stehen denn wir Frauen heute, und sind wir nicht schon längst irgendwo ausgezogen, nicht aus Ehen, sondern in anderer Weise, aus anderen Problemen?

Heidemarie: Wir haben dadurch auch zu diesem Wort ‹Ägypten› eine andere Beziehung gefunden als manche von den Männern, die wir in Arnoldshain kennengelernt haben. Die Frauen haben ‹Ägypten› ziemlich schnell auf einer Symbolebene gesehen, als etwas Fremdes, als Fremdherrschaft, Sklaverei, Gefangengehalten-Werden, Eingezwängt-Sein, Nicht-sie-selbst-sein-Dürfen, Keine-Luft-mehr-Kriegen. Das waren ganz existentielle Situationen, die zur Sprache kamen, wie sie für die Männer, die historisch an den Text herangingen, gar nicht wichtig waren.

Elisabeth: Nach dieser offiziellen Bibelarbeitsvorbereitung vom Kirchentag haben wir drei uns zusammengesetzt und haben gesagt: Entweder sagen wir jetzt nein, oder wir gehen von Frauen aus und fragen, wie Frauen den Auszug erlebt haben. Frauen sind ja mit ausgezogen. Dann haben wir uns entschlossen, alles auf den Kopf zu stellen, und das war eine sehr befreiende Erkenntnis. Danach fuhr ich sehr glücklich nach Hause und dachte: Wir machen alles anders, wir machen alles neu. Und aus dieser Entscheidung ist dann etwas geworden.

Heidemarie: Im Grunde haben wir an dieser Stelle schon unsere Bibelarbeit gemacht. Da haben wir uns nämlich losgelöst von dem ‹Ägypten› der klassischen, theologischen Auslegung und haben uns gesagt: Wir wagen es, uns auf den ungewissen Weg zu begeben, bis hin zum Schilfmeer, das sich dann hoffentlich öffnen wird. Und ‹Schilfmeer›, das bedeutete für uns zunächst: der Kirchentag.»

Unser Erleben war schon unsere Geschichte – auf diese Weise erlebten wir drei von März bis Mai eine dichte, schwierige und kreative Zeit. Wir trafen uns mehrmals für ein oder zwei Tage in unseren Häusern, aßen, tranken, diskutierten zusammen bis in die Nächte, lösten uns von den männlichen Identifikationsmustern, suchten die Frauen in ihrer gegenwärtigen und in ihrer «ägyptischen» Situation und entdeckten die Gestalt der Mirjam. Für mich war es die entscheidende Erkenntnis, die mich nicht in einem Schilfmeer existentieller Betroffenheit versinken, sondern mich die geheime, wenn auch verdrängte Frauentradition der jüdisch-christlichen Geschichte wiederfinden ließ: Mirjam, die frühe, unabhängige Führerin aus Ägypten, die später zur Schwester des Mose wurde und die auch unser offizieller Kirchentagstext gar nicht mit einbezog. Der endete bei 2. Mose 14,30, während für uns drei die Verse 2. Mose 15,20.21 zum Schlüssel wurden:

> «Da nahm Mirjam eine Pauke in ihre Hand, und alle Frauen folgten ihr nach mit Pauken und Reigen. Und Mirjam sang ihnen vor: Laßt uns dem Herrn singen, denn er hat eine herrliche Tat getan, Roß und Reiter hat er ins Meer gestürzt!»

Die Differenzen, die wir drei mit unterschiedlichen Ansätzen aus Frauenbewegung, Tiefenpsychologie und Theologie hatten und mit unterschiedlichen, persönlichen Prozessen, in denen wir uns gerade befanden, brauchten nten wir auch gar nicht auszudiskutieren. Sie blieben im Raum stehen und machten die Spannung aus. «Ich hab immer Angst gehabt, ihr könntet euch einigen!» sagte Eva Rühmkorf hinterher. Als wir an einem kalten, verregneten Hamburger Morgen, geblendet von den Scheinwerfern des Fernsehens, auf dem Podium saßen, wollten wir auch gar nicht Perfektes bieten, sondern diesen Weg und unseren Prozeß zeigen, und doch war es ein kleines Kunstwerk aus Texten, Musik, Liedern und Meditationen geworden, das wir später unter dem Titel «Mit Mirjam durch das Schilfmeer» veröffentlichten:

> «Wir sind ausgezogen – ausgezogen aus dem Hausfrauenalltag, ausgezogen aus den Familien, weg von den Kindern, und manche

werden sich heute morgen schon gefragt haben: Geht's zu Hause denn ohne mich? Wir sind ausgezogen auf einen Kirchentag und haben manches zurückgelassen. Und noch mehr: Wir sind ausgezogen auf einen Frauentag, und viele sind von ihren Männern und Freunden gefragt worden: Was willst du denn auf einem Frauentag? Wir sind doch alle Brüder!»

«Ich bin ausgezogen – ich, eine Frau, für die es selbstverständlich war, daß Bruder und Vater die gescheiten und wichtigen Personen in der Familie waren. Ich, die ich von klein auf in dieser Kirche dabei bin, als Mitglied und ehren- und hauptamtlich tätig. Ich, die ich in diesem ‹Ägypten›, in der Bundesrepublik, lebe.»

«Ich habe Ägypten verlassen,
wo man die Lebenspole zerbrach
und als gesonderte Elemente
nur je einem Geschlecht zugestand,
dem Mann die Stärke, das Harte, Vernunft,
Angreifen und Ändern –
uns Frauen die Schwäche, das Weiche, Gefühl,
zulassende Stille...»

In ihrem Buch «Wer nicht kämpft, hat schon verloren» beschreibt die SPD-Bundestagsabgeordnete Anke Martiny, wie sie diesen Morgen erlebte:

«Da saß ich nun, eine unter vielen, auf einem der bekannten Pappkarton-Hocker und harrte der Ereignisse: Hamburg, 18. Juni 1981, Deutscher Evangelischer Kirchentag. In Halle 7 fand einen ganzen Tag lang ein von Frauen vorbereitetes Programm statt. Zum erstenmal hatten die Frauen auf dem Kirchentag ihr eigenes Forum, das unter dem Motto stand: ‹Frauen bewegen die Kirche›. Der Presse und den Medien war dieses Ereignis kaum eine Notiz wert gewesen, dabei hatten sich Hunderte von Frauen in der Halle versammelt. Vom Aufbruch und Auszug sei viel die Rede gewesen ohne ‹hysterisch-feministische Schlagseite›, wie der Kir-

Bibelarbeit: «Mit Mirjam durch das Schilfmeer» auf dem Kirchentag, Hamburg 1981.

chentagspräsident Klaus von Bismarck am Schluß des Kirchentages erleichtert der Presse mitteilte. Was hatte er denn befürchtet?

Ich war zu diesem Frauentag eingeladen worden und reiste mit meiner gerade konfirmierten vierzehnjährigen Tochter an. Der Tag begann mit einer Bibelarbeit über den Text des Tages: Auszug des Volkes Israel aus Ägypten. Was bedeutet dieser Auszug eines versklavten Volkes durch Moses' Verheißung – für Frauen, für mich; eine Veranstaltung, der es gelang, eine historische Situation, die zweitausend Jahre zurücklag, so zu vergegenwärtigen, daß sie auch vom heutigen Alltag des Frauenlebens nicht abgehoben wirkte.

Die Szene blieb mir im Gedächtnis und wurde für mich zu einem Schlüsselerlebnis: der Aufbruch der Frauen, exotische

Tücher hatten sie sich umgebunden, um sich ein fremdländisches Aussehen zu geben; rittlings hatten sie sich auf die Stühle gesetzt, um mit bescheidensten Mitteln einen Kamelritt durch die Wüste zu mimen; und sie redeten miteinander, redeten, redeten: Warum denn nur fort aus Ägypten? Zwar sei ihr Volk von den Ägyptern versklavt, aber sie hätten doch wenigstens zu essen und wüßten, wohin sie abends ihre Kinder zum Schlafen legen könnten.

Ihre Männer seien unzufrieden, sicher – aber wann sei ein Mann schon zufrieden? Und – Moses' Verheißung in allen Ehren – ob denn die Freiheit im verheißenen Land tatsächlich besser sei als der gegenwärtige Zustand? Bei diesem Aufbruch wisse man doch gar nicht, wie er enden würde: Was, wenn ein Kind krank würde? Und was sollten sie kochen, wovon leben? – Eine andere: Eine Verheißung ist eine Verheißung, und wenn die Männer ihr folgen, müßten auch die Frauen folgen; die Männer wüßten schon, was gut und richtig sei. – So könne man es sehen, warf eine dritte ein, aber die Verheißung gelte auch für die Frauen, und zwar ganz besonders; bloßes Mitlaufen brächte ihnen gar nichts, sie müßten sich schon schlüssig werden, was sie selbst im Gelobten Land für sich erwarteten.

Da waren sie zusammen in diesem einen Spiel, die beiden Möglichkeiten, die mein Leben als politische Frau kennzeichneten: zum einen das Wissen, daß da irgendwo verborgen eine Welt existiert, die verheißungsvoll lockt und betreten werden will.

Zum anderen die Gewöhnung an die Gefangenschaft in Ägypten, Aurich, Ibbenbüren oder meinetwegen Plattling, das Sich-eingerichtet-Haben auf die vermeintlich unverrückbaren Gegebenheiten des Frau-Seins, auch wenn es – wenngleich trügerische – Sicherheit bietet. Wer für den täglichen Kleinkram, für die Kinder, für den Haushalt zu sorgen hat, dessen Ohren sind für feministische Verheißungen taub, solange sie nicht einmal in Umrissen erkennen lassen, wie denn anders als im bisherigen Muster Mutterglück und Hausfrauenstolz zu erzielen sind.

Die Frauen in Halle 7 sollten sich in Vierergruppen einander zuwenden und miteinander besprechen, was Moses' Verheißung für sie bedeute. Das Ergebnis des Gesprächs habe ich mir nicht gemerkt, aber ich erinnere mich, daß meine kleine Gruppe – mit meiner Tochter waren wir zu fünft – sich darüber austauschte, was denn jede von uns daheim tut. Als ich von meinen damaligen Lebensumständen berichtete – bayerische Bundestagsabgeordnete, Familienwohnsitz in Berlin, drei Kinder zwischen zwölf und sechzehn Jahren, wöchtentliche Arbeitszeit, einschließlich der häufigen Ortswechsel, mehr als siebzig Stunden –, erschien ich den anderen in der Gruppe als Exotin: So könne eine normale Frau einfach nicht leben!

Ich erfuhr nur noch wenig von den anderen Frauen. Sie fragten mich aus. Das erlebe ich immer wieder. Einer Frau in meiner Situation wird eine besondere Rolle zugewiesen: eine im Angesicht herrschender gesellschaftlicher Verhältnisse gewissermaßen unerlaubte Existenz zu sein als Frau und Mutter und trotzdem in der Sphäre dessen, was wir uns als ‹Macht› zu bezeichnen angewöhnt haben. Dieses ‹Anders-Sein› durchzieht mein Leben wie ein roter Faden.

Meine Tochter erinnert sich noch an ihr Bedürfnis, meine Darstellung unseres Lebens zu korrigieren. Ihr erschienen meine Schilderungen, wie Familie, Beruf, drei Lebensorte nebeneinander und miteinander zu verbinden waren, viel zu schönfärberisch, zu geprägt von dem Streben nach einem perfekten Image und von dem Wunsch, all die vielen Hüte gleichzeitig mit Grandezza zu balancieren und nebenbei noch schnell das Paket für Oma zum Geburtstag zu packen.»

Aber es waren keineswegs nur die prominenten Frauen, die mit uns ausgezogen waren. Der Auszug hatte alle erfaßt. Ein Zettel flatterte hinterher auf unseren Tisch: «Danke für den Riesenmut, die Bibelarbeit und die Gespräche in dieser großen Halle so lebendig und so voller Atmosphäre zu gestalten. Das können nur Frauen!!!» Und eine Südafrikanerin schrieb: «Sie alle drei haben uns mit solch leichter Hand geführt, es war sicher eher Mirjams Hand als die von Moses.»

Die skeptischen Blicke, die verschiedene Mitglieder des Kirchentagspräsidiums, zum Beispiel auch Hildegard Hamm-Brücher, immer wieder in die Halle geworfen hatten, ängstlich, daß da eine «feministische Hysterie» entstünde, wichen positiven Kommentaren von «emotionalem Wohlbefinden und geistlicher Zufriedenheit». Es machte auch nichts, daß nicht alle Beiträge des Tages so positiv aufgenommen wurden, manche sogar höchst kritisch. Es gab Störendes, wie die jugendlichen Rockmusikgruppen, denen am Abend die Halle gehörte und die schon früh hereindrängten. Es gab später aus konservativem Frauenlager eine Stimme wie diese: «Ich habe diesen Tag mit einem faden Nachgeschmack verlassen, weil zu dem Thema ‹Frauen bewegen die Kirche› überwiegend Forderungen und Anklagen von Frauen ausgesprochen wurden, denen es ausgesprochen gut geht...» Und: «Ist das unter der Überschrift ‹Bibelarbeit› auf einem Evangelischen Kirchentag vertretbar?» Und das Satire-Magazin «Titanic» spottete über das Wagnis, ein Stück Frauenbewegung auf dem Marsch durch die Institution Kirche zu tragen: «Habt Ihr Euch das auch gut überlegt? Habt Ihr überhaupt mal nachgedacht darüber? Wollt Ihr denn wirklich diesem abgewirtschafteten Altmännerverein die Drecksarbeit machen? Psalmen putzen, Wunden waschen, Abendmahl kochen, Bäffchen bügeln?... Ach, liebe Frauen, gemeinsam macht Ihr manchmal wirklich Quark.»

Wichtig scheint mir im nachhinein, ob das Thema «Frauen bewegen die Kirche» nicht zu hoch gegriffen war. Eine Frau schrieb an die Kritikwand der Hamburger Frauenwerkstatt: «Meiner Meinung nach hieß das neue Thema: ‹Frauen lassen sich bewegen. Frauen bewegen sich.›» Das traf wohl ins Schwarze. Die Festung Kirche blieb zumindest unberührt. Der Kirchentag wurde allerdings bewegt durch das Bewußtsein, daß Frauen eigenständig und nicht mehr abzuweisen sind, und auch durch die Ermutigung zu neuen Formen. Aber vor allem bewegten sich Frauen. Sie bewegten sich nach den Rhythmen des schwedischen Liedes: «Herr, deine Liebe ist wie Gras und Ufer», das die Bibelarbeit begleitet hatte und den Tag über uns nicht mehr aus dem Sinn ging. Sie bewegten sich hin zu einem neuen

Selbstverständnis, vielleicht auch Selbstvertrauen, das ihnen hier von Schwestern entgegenkam. Sie bewegten sich vielleicht auf die Kirche zu, aus deren Reihen immerhin so ein Angebot gekommen war. Sie bewegten sich auch von ihr weg. Einige, die hier noch begeistert mitmachten, haben inzwischen der scheinbar so frauenfeindlichen Institution den Rücken zugewandt. Aber wer wußte das schon? Noch war die Euphorie des Aufbruchs wichtig und die Motivation, die hier für Frauen, aber auch für manche Männer entstand, die seit dem Frauenforum in Hamburg nicht mehr die gleichen waren.

Für mich endete der Kirchentag, der so schön begonnen hatte, zu dem Freunde, Verwandte, zwei meiner Töchter, Susanne und Esther, gekommen waren, zunächst frustrierend: In der Kapernaumkirche fand am Sonnabendnachmittag ein Podiumsgespräch zur Feministischen Theologie statt. Soweit ich mich erinnere, bestand mein Beitrag dazu in einem Hinweis auf die befreienden Traditionen, die die patriarchale Bibel enthalte, was eine junge Frau mit einem wütenden Angriff in der nachfolgenden Aussprache konterte: Das sei ja alles Wischiwaschi, was ich da gesagt hätte! Keine Frau ging weder negativ noch positiv auf diesen Angriff ein, und als ich einer der Podiumsdiskutantinnen hinterher meinen Schock bekannte, sagte die tröstend: «Ach, die hatte sicher gerade Krach mit ihrem Freund!» Ich war immer noch fassungslos, als ich am nächsten Tag zurückfuhr, und erst der Kauf der «Frankfurter Rundschau» auf dem Stuttgarter Bahnhof tröstete mich. Da stand auf der ersten Seite ein langer Artikel über Bibelarbeit und Frauenforum unter der Überschrift: «Frauen wollen den ‹Marsch durch die Institution Kirche› wagen».

> «Hamburg, 19. Juni. Mehrere tausend Frauen haben sich auf dem 19. Evangelischen Kirchentag in Hamburg vorgenommen, den ‹Marsch durch die Institution›, die Evangelische Kirche, zu wagen und ‹ein Stück Frauenbewegung› in die Kirche zu tragen. Dies bekräftigten auf einem eintägigen Frauen-Forum des Kirchentags die Tübinger Theologin Elisabeth Moltmann, die Ober-

kirchenrätin Käthe Mahn (Hannover), die Berliner Hochschullehrerin Gerda Tornieporth sowie die Pfarrerinnen Susanne Kahl (Berlin) und Uta Knolle (Hamburg).

Das Forum, das unter dem Thema ‹Frauen bewegen die Kirche› stand, war ausschließlich von Frauen vorbereitet und durchgeführt worden. Klaus von Bismarck, Mitglied des Kirchenpräsidiums, bezeichnete vor der Presse das Frauen-Forum, das zum erstenmal auf einem Kirchentag überhaupt stattfand, als ein ‹neues Experiment› und bescheinigte den evangelischen Frauen, ‹keine hysterisch-feministische Schlagseite› zu haben. Er nannte die überwältigende und auch für die Frauen überraschend große Teilnehmerzahl ‹kräftig ermutigend› für die künftige Beteiligung und Einbeziehung von Frauen in die Kirchentagsarbeit.

Die Aufforderung an die Frauen, sich selbst und die Kirche mehr als bisher zu bewegen, leitete Elisabeth Moltmann, die sich zu einer ‹feministischen Theologie› bekennt, aus einer neuen Auslegung des Auszugs des israelitischen Volkes aus Ägypten ab (dieser Moses-Text stand am Donnerstag über allen Veranstaltungen des Kirchentages). Sie verwies darauf, daß der Gottesauftrag zum Auszug aus Ägypten an zwei Männer (Moses und Aaron) und an eine Frau (Mirjam) gegangen sei.

Das biblische Beispiel des Auszugs aus dem bisher Gewohnten, des langwierigen Durchquerens der Wüste, der immer wieder auftauchenden Zweifel und Ängste benutzte Elisabeth Moltmann, um die Frauen aufzufordern, es zu wagen, aus ihrem Alltag herauszuziehen. Die Frauen von heute hätten sich verändert. ‹Wir haben erlebt, wie Frauen sich zusammengetan haben in Frauengruppen und Frauenzentren, wie Frauen auf die Straße gegangen sind und für sich und ihre Rechte demonstriert haben›, sagte sie.

Ob sie wollten oder nicht, die Frauen seien ausgezogen aus den alten Frauenrollen. Manchen Frauen mache dieser Auszug Angst, viele seien verunsichert oder aber ungeduldig. Notwendig sei, daß sich Frauen gegenseitig stützten; diesen Appell zu mehr ‹Schwesterlichkeit› und Solidarität der Frauen untereinander unter Verzicht auf Herrschaft und Konkurrenz unterstrichen Elisabeth Moltmann, Susanne Kahl und Gerda Tornieporth sowie Uta Knolle, die das Forum inhaltlich vorbereitet hatten. Sie räumten übereinstimmend ein, daß es ungeheurer Kraft bedürfe, ‹die erstarrte Gesellschaft› der Kirche aufzubrechen. Doch das Evangelium sei nicht eingelöst worden in der Männer-Kirche. Der Prozeß, ein Stück Frauenbewegung in die Kirche zu tragen, werde ‹unheimlich mühselig› (Kahl), zumal die Kirche zehn Jahre hinterherhinke.

Gerade nach den schmerzhaften Erfahrungen der Frauen in den politischen Parteien, der Sozialdemokratie insbesondere, und den Gewerkschaften gehöre großer Mut dazu, sich der Institution Kirche anzunehmen, sagte Gerda Tornieporth. ‹Ich werde fast bang bei dem Unterfangen.›

Elisabeth Moltmann erinnerte ihrerseits die Frauen an die Erfahrungen mit der Macht. Meist seien es Leidenserfahrungen gewesen. Frauen seien machtloser als Männer und fühlten sich ohnmächtig. ‹Aber durch unsere Lebenserfahrung sind wir heute sensibler für den Mißbrauch von Macht›, sagte sie. ‹Diese Erkenntnis sollte den Frauen, wie im Alten Testament der Führerin Mirjam, Kraft geben, voranzuziehen und für die Befreiung aller Menschen einzutreten.›»

Mir war nur unangenehm, daß mein Name hier so im Mittelpunkt stand und die Namen der beiden anderen Bibelarbeiterinnen untergegangen waren. Sensationell war, daß eine sozialistische Zeitung von unserer gesellschaftsverändernden Bibelarbeit ergriffen war. Ergriffen waren noch nach Jahren viele, die hier teilgenommen hatten und uns immer wieder auf diese Stunden ansprachen. Neu für den Kirchentag war, daß wir die Bibelarbeit weit über die übliche Stunde ausdehnen und ins Frauenforum einbeziehen konnten. Neu war, daß es drei Frauen waren, die mit verschiedenen, sowohl text- als auch publikumsorientierten Methoden jeglicher Monologkultur absagten und eine feministische Hermeneutik vorstellten, in der die Erfahrungen von Frauen zum Ausgangspunkt und zum Zielpunkt wurden. Neu war aber auch, wie Erika Godel in ihrer Analyse der Kirchentags-Bibelarbeiten beobachtet hat, daß auch Männer wie Jörg Zink auf das Frauenthema eingingen. Hamburg war ein Meilenstein auf dem Weg der Feministischen Theologie in die Kirchen, ein Weg, der zunächst jenseits der Universitäten verlief.

Für den nächsten Kirchentag in Hannover wurden wir drei wieder gebeten, die Bibelarbeit für das Frauenforum zu gestalten, diesmal aber als Vierergruppe, zusammen mit Annemarie Schönherr aus der damaligen DDR. Der Text war schwieriger: In der Jonageschichte ließ sich keine Frau entdecken, an die wir anknüpfen konnten. Aber wir identifizierten uns schließlich mit den Frauen von Ninive, und von innen heraus stellten wir die Geschichte dar.

Wieder zwei Jahre später, als Heidemarie Langer und Herta Leistner aus unserem Team ausschieden, ich noch einmal blieb, um die Kontinuität sicherzustellen, und zu Annemarie Schönherr noch Reinhild Traitler kam, wurde die Sintflutgeschichte für den Düsseldorfer Kirchentag zur Herausforderung, Frauenspezifisches zu entdecken. Beim Hin- und Herwälzen des Textes fiel mir eines Abends auf (was ich in keinem männlichen Kommentar fand), daß nach der Sintflut die Frauen und Töchter Noahs nicht mehr gesegnet wurden. Ich war fasziniert! War das insgeheim der Beginn des patriarchalen Zeitalters? In einem Trialog zwischen Noah, Frau Noah und der Schwiegertochter versuchten wir, diesen Konflikt auch für die Gegenwart zu aktualisieren:

»*Frau Noah:* Was? Gott hat euch gesegnet? Und uns nicht? Als er die Welt geschaffen hat, da hat er beide gesegnet: Adam und Eva, auch Eva! Meinst du wirklich, Noah, daß Gott nur euch, euch Männer, gemeint hat?

Noah: Ach, liebe Frau, warum regst du dich denn so auf? Es geht doch heute um so schwierige Dinge, um so umwälzende Entwicklungen. Die könnt ihr uns getrost überlassen. Die sind so schwer zu begreifen: neue Ökosysteme, neuer Umgang mit der Natur, Technologie. Schon dir das alles in ein paar Sätzen klarzumachen geht nicht! Da blickt ihr doch nicht so recht durch. Das könnt ihr getrost Fachmännern überlassen. Nur mit speziellen Fachkenntnissen kann man das alles beherrschen.

Schwiegertochter: Ich höre immer beherrschen! Seit wann wollt ihr denn allein herrschen? Gott hat beide, Frau und Mann, wie Könige zur Regierung über die Erde bestellt: Seid fruchtbar und mehret euch und füllet die Erde und herrschet über sie! So hat er zu Adam und Eva, dem ersten Menschenpaar, gesagt. Wir haben das sicher nicht recht gekonnt und nicht gut gemacht. Aber daß ihr nun allein alles beherrscht – davon wird's bestimmt nicht besser.

Noah: Ach, liebe Frauen, wir wollen euch schonen! Euch vor Doppelbelastung bewahren. Ihr tragt sowieso schon so viele Lasten. Seid also nicht kleinlich! Es geht um die großen Zusammenhänge. Wir stehen nicht mehr am Anfang der Welt. Wir stehen vielleicht am Ende der Welt. Es geht um den Fortbestand der Erde. Und da kommt ihr mit euren Ansprüchen!

Schwiegertochter: Noah, ist das nicht Überheblichkeit, Sünde – sein wollen wie Gott!

Frau Noah: Für alles einstehen, für alles geradestehen und nichts aus der Hand geben?

Schwiegertochter: Alles im Griff haben, alles begreifen und anderen nichts zutrauen?

Frau Noah: Ich habe keinen eigenen Namen. Ich bin Frau Noah, nicht mehr. Mein Mann vertritt meine Interessen. Ich habe drei Söhne geboren und großgezogen. Sie haben eigene Namen bekommen. Sie sind etwas wert. Ich war nötig zur Kinderaufzucht; man ist mir dankbar, und ich kam in die Arche! Ich habe die Katastrophe überlebt, aber meine Erfahrungen und meine Gefühle sind nicht gefragt. Inzwischen bin ich unfruchtbar. Ich blieb namenlos. Man brauchte mich. Aber was brauche ich?

Jetzt sind meine Schwiegertöchter wichtig – zum Kinderkriegen, zur Kinderaufzucht. Auch sie sind namenlos, auch sie sind stumm, auch sie führen ein Leben aus zweiter Hand. Ich klage meinen Mann und seinen Gott an!»

Frauenforum des Kirchentages, Berlin 1989.

Wir waren ein anderes Team geworden, etwas rationaler und weniger tiefenpsychologisch meditierend. Aber wir konnten von dieser vergessenen Frau Noah der Geschichte eine eigene Spannung geben und endeten mit der Frage, wie denn ein Frauensegen aussähe. «Seid fruchtbar und wehrt euch!» wurde der Slogan, der Frauen und Journalisten begeisterte, unter dem auch der Text später herausgegeben wurde. Nur einem behagte er nicht. Der alte Kämpfer Ernst Käsemann kam eines Tages finsteren Gesichts auf mich zu: «Sie haben einen falschen Titel gewählt. Es muß heißen. Seid *furchtbar* und wehrt euch!»

Für Düsseldorf hatten Frauen auch erreicht, daß Christa Mulack und ich Referate über Gottesbilder halten sollten. Der Raum war bis auf den Fußboden besetzt. Am Abend wurden Ausschnitte aus unseren Reden im Fernsehen gezeigt, vom Sprecher kühl kommentiert: «Auch zwei Frauen kamen zu Wort.» Da fuhr aber der damalige Präsident des Kirchentages, Wolfgang Huber, dazwischen, das seien nicht irgendwelche Frauen, sondern «Dr. Christa Mulack und Dr. Elisabeth Moltmann-Wendel». Das tat gut nach allem präsidialen Mißtrauen und allen Durchsetzungskämpfen.

Rolf Zundel, sensibler Redakteur der Zeitschrift «Die Zeit», meinte nach vielen Beobachtungen in Düsseldorf, daß nicht begeisterte Jugendliche und politisch fortschrittliche Theologen den Kirchentag trugen, sondern «starke Frauen»: Frauen, die – nach Zundel – eine andere protestantische Ethik als die des Machens, Besitzens, Habens vertreten, eine Ethik des «Loslassens – auch im Sinne von: die Erde zur Ruhe kommen lassen – der Liebe und Befreiung».

Nach dem ersten geglückten Experiment war das eintägige Frauenforum eine feste Einrichtung des Kirchentages. Ebenso sind seitdem die dreitägigen begleitenden Frauenwerkstätten, die von der jeweiligen Frauenarbeit des Landes gestaltet und verantwortet werden, nicht mehr wegzudenken. Hier kann in überschaubaren Gruppen nachgearbeitet, Neues erlebt und zu speziellen Themen weitergefragt werden, wozu das eintägige Forum keine Zeit bot. Geblieben ist die Bibelarbeit im Frauen-Team, die immer noch die spirituelle Grundlage des Frauenforums ist. Geblieben sind auch die gesellschaftlichen Akzente, die den weiteren Tag prägen.

Wir hatten zunächst einen anderen Weg beschritten, Feministische Theologie zu betreiben, als z.B. die Amerikanerinnen. Das motivierte bei uns eine breite Basisbewegung, und das schuf die Mehrdimensionalität der Feministischen Theologie: Gesellschaftliche Erfahrungen, psychologische Erkenntnisse und theologische Fragen gehörten zusammen, und mit ihnen mußte immer neu experimentiert werden. Fehlte der gesellschaftliche Hintergrund, glitt Feministische Theologie in unpolitische Innerlichkeit ab. Verlor sich der psychologische Zugang, wurde es unpersönlich und einseitig rational. Gab es keine theologische Dimension, blieb nur eine postchristliche beliebige Religiosität übrig. Doch an diesem letzten Punkt schieden sich die Geister, und das führte bald zu Spannungen und Brüchen.

Sheffield: Die Gemeinschaft von Frauen und Männern in der Kirche

Im März 1981 rief mich Constance Parvey, Koordinatorin der Studie des Weltrats der Kirchen «Die Gemeinschaft von Frauen und Männern in der Kirche» an und fragte, ob Jürgen und ich nicht bei der ersten Vorstellung der Studienergebnisse in Sheffield einen gemeinsamen Vortrag halten könnten. Ich stöhnte: «Ach Conny, ich habe gerade so viel zu tun: die Bibelarbeit für den Kirchentag, dann ein Taschenbuch für den Fischer Verlag... Es gibt doch noch so viele andere Theologenehepaare: die Hoekendijks, die Aagards...» Aber Constance Parvey ließ nicht locker, und Bill Lazareth, der Direktor der Kommission «Faith and Order», schaltete sich ebenfalls noch ein, um sein Mitglied Jürgen zu gewinnen. So bissen wir in den sauren Apfel, fanden ein paar Pfingsttage heraus, wo wir uns kinderfrei mit der Sache befassen konnten, und sagten zu.

Die Studie ist trotz aller heute auffallender Zeitbedingtheit ein Wunder gewesen. Die Sexismuskonsultation in Berlin hatte die theologischen und sozialen Probleme angestoßen: die kirchliche Lehre von der Unterordnung der Frau in Kirche und Familie, die beherrschende Stellung des Mannes in kirchlichen Organisationen und im kirchlichen Denken und die geringe Zahl von weiblichen Führungskräften in Kirche und theologischer Ausbildung. Auf der «Faith and Order»-Konferenz in Accra im August desselben Jahres wurden diese Anstöße, die sich auch mit schon vorliegenden Arbeiten verbanden, noch einmal dringlich gemacht, so daß die Untereinheit des Weltkirchenrates «Die Frau in Kirche und Gesellschaft» und die «Faith and Order»-Kommission ein Arbeitspapier erstellten: «Die Gemeinschaft von Frauen und Männern in der Kirche». Dieses wurde dann auf der Weltkirchenkonferenz in Nairobi 1975 vorgelegt, diskutiert, angenommen und vom Zentralkomitee 1976 bestätigt. Sehr bald entstanden Studiengruppen in aller Welt, und als Constance Parvey als Studienreferentin im Januar 1978 begann, war die Arbeit in aller Welt schon angelaufen. Auf Grund dieser Vorarbeiten wurde nun ein Arbeitsheft für die Studie erstellt, die in drei Fragenkomplexen die Situation von Frauen in ihrer Kultur, in der theologischen Lehre und in kirchlichen Strukturen erfragen sollte. Das Wunder war, daß auch traditionelle Kirchen wie die Orthodoxe sich auf dieses Experiment einließen, das die jahrtausendelange männliche Vorherrschaft in Frage stellen mußte. Das Wunder war, daß eine bis dahin ziemlich stumme Gruppe von Menschen in der Studie den Ton angeben sollte und zur Veränderung aufrufen würde.

Das Arbeitsheft wurde in siebzigtausend Exemplaren aus aller Welt angefordert, und ungefähr dreitausend Menschen, vor allem Frauen, dachten über ihre Erfahrungen in der Kirche nach und schickten ihre Ergebnisse in Form von Berichten, Briefen, Liedern, Gedichten oder Zeichnungen zurück nach Genf. Es gab zudem mehrere Regionalkonferenzen mehr wissenschaftlicher Art, die dann mit diesen Ergebnissen verknüpft wurden. In Sheffield sollte nun eine erste internationale Zwischenbilanz gezogen werden.

Wir gingen indes an die Arbeit und beschlossen, in Form eines Dialogs verschiedene Fragen nach Patriarchat und Frauenbewegung, nach weiblicher Identität und christlicher Tradition, nach neuer Gemeinschaft in der Kirche und schließlich nach dem Heiligen Geist aufzurollen. Es ergab sich aber die Schwierigkeit, daß wir zwei sehr unterschiedliche Sprachstile hatten. Ich hatte in der Feministischen Theologie gelernt, persönlich zu sprechen, «ich» zu sagen, aus der eigenen Erfahrung theologische Aussagen zu machen. Jürgen war den dozierenden Lehrstil gewohnt, der sachlich etwas vermitteln wollte. In der Sache waren wir uns ziemlich einig, aber ich wollte nicht die emotionale Frau spielen, und er sollte auf keinen Fall den theologischen Lehrer abgeben. Zwei Tage wanderten wir über die regennasse Schwäbische Alb, diskutierten, verzweifelten

Konsultation des Weltkirchenrats in Sheffield 1981. Zweite von links: Constance Parvey.

aneinander, ärgerten uns über den Pfingstregen und uns selbst und fanden schließlich einen erträglichen Stil: Jürgen lernte, «ich» zu sagen und dieses Ich mit seinen theologischen Erkenntnissen und Kenntnissen zu verbinden, und ich lernte, daß ich ihn nicht zu einem Feministen umspulen konnte. So gerüstet, fuhren wir nach Sheffield.

Von den hundertvierzig Delegierten waren immerhin vierzig Männer, aber für Frauen gab es doch das Hochgefühl, besser als in anderen kirchlichen Gremien sich hier in ihrem Stil und in ihrer Sprache zum Ausdruck bringen zu können. Doch gleich zu Beginn mußte diese Frauenkonferenz ihren Tribut an die festen, patriarchalen Kirchenformen leisten: Der Erzbischof Robert Runcie eröffnete die Konferenz, begab sich damit, wie es der «Guardian» beschrieb, «verbissen in die Höhle des Löwen» und frustrierte die Konferenz auch gleich mit seiner Rechtfertigung damaliger anglikanischer Kirchenstruktur, in der es besondere «Ämter» für Frauen und Männer gäbe und die auch um der Einheit der Kirche willen nicht aufgegeben werden sollten. Ganz andere Resonanz fand Philip Potters anschließende Rede, der – mit seinem Lieblingsthema Geschichte – aufforderte, die bisherige Männer-Kirchengeschichte umzuschreiben in eine Geschichte von Frauen und Männern, aber vorerst einmal den Beitrag der Frauen aufzuarbeiten. Dann kamen wir beide dran und fanden mit unserem Dialogstil sympathische Aufnahme. Ich fragte, klagte und brachte die Vorstellung von Frauen ein, begann mit ihrer vergessenen biblischen Rolle, erste Zeuginnen der Auferstehung zu sein, und stellte die Frage vieler Frauen: «Ist Gott auf der Seite des Patriarchats?» Jürgen reagierte, analysierte das Patriarchat, das den Mann halbiert und deformiert habe, und fragte nach Anknüpfungspunkten für eine neue Gemeinschaft. Aus unseren häuslichen Gesprächen machten wir ein offenes Forum, das für viele weiße Frauen genau den gegenwärtigen Diskurs beschrieb.

Zwei Sätze aus unserer Rede wurden von JournalistInnen immer wieder zitiert: «Der Herr im Mann muß sterben, damit der Bruder geboren werden kann, der zu offener Freundschaft bereit ist», und: «Es wird darauf ankommen, daß Männer zuhören lernen und sich – wie Maria zu Jesu Füßen – zu den Füßen der Frauen setzen.» Damit hatten wir tief ins theologische Fleisch der Kirche geschnitten. Aber auf Grund der Seriosität und Autorität, die Jürgen in der Ökumene erworben hatte, konnten diese Sätze verkraftet werden. Lediglich zwei Frauen aus der Orthodoxen Kirche wollten sich mit unserer Patriarchatsanalyse der Kirchen nicht abfinden.

Der übrige Konferenzstil lief aber sonst ziemlich akademisch ab: viele Vorträge und Frontal-Informationen bis hin zu den morgendlichen Bibelarbeiten von Phyllis Trible. Dazu überwogen die westlichen RefenrentInnen. Wir selbst konnten nur noch bis zum Montagmorgen bleiben, fuhren aber ganz vergnügt ab mit dem Gefühl, einmal einen neuen Stil versucht zu haben, ohne die Inhalte zu verwässern, was vor allem den routinierten – und darin wohl auch ermüdeten – Ökumeniker Jürgen richtig beglückte. «Ihr beiden macht Geschichte mit so einem theologischen Dialog», schrieb mir Catharina Halkes. Aber es drängten sich bald noch ganz andere Formen der Vermittlung ins Zentrum ökumenischer Konferenzen.

Sheffield hat versucht, die Themen von Frauen in die Kirchen einzubringen. Das löste zum Teil Schocks in den Kirchen aus. Das ließ

Sheffield 1981.

auch Wünsche der frauenbewegten Frauen unbefriedigt. Die Empfehlungen von Sheffield wurden bei der Versammlung des Zentralkomitees des Weltrats der Kirchen in Dresden einen Monat später angenommen, ausgenommen die Empfehlung einer gleich starken Vertretung von Frauen und Männern in allen Kommissionen und auf allen Ebenen des Weltrats. Schließlich einigte man sich auf einen Kompromiß, der nur das Prinzip einer zahlenmäßig gleichen Vertretung festschrieb, mit dem sich die Orthodoxen allerdings nicht zufriedengeben wollten.

Sheffield mit seiner Thematik warf natürlich viele Fragen auf. Hatte man nicht ein allzu harmonieverdächtiges Thema gewählt? War der Konflikt ausgespart? War nicht die Gemeinschaft von Frauen und Männern noch in weiter Ferne? Haben wir beide selbst zu der «Harmonie» beigetragen, indem wir einen theologischen Dialog zelebrierten, der in der Wirklichkeit ganz anders aussah oder gar nicht stattfand?

Die Fragen sind berechtigt. Gewiß waren viele heikle Themen, die eine solche Gemeinschaft betrafen, noch kaum gesehen und nur angedeutet. Auch wir hatten diese Themen nicht berührt. Das Thema Sexualität war zwar in dem Arbeitsheft angesprochen, aber in den Reaktionen von der Basis doch schnell wieder ausgeblendet worden. Von einer afrikanischen Regionalkonsultation wurde berichtet, daß ein Teilnehmer bat, dieses Thema zu vermeiden, weil Sex «ein Mysterium» sei und daß es die Pflicht der Kirche sei, dieses Geheimnis zu wahren. Darauf hätten mehrere Frauen zornig reagiert und berichtet, wieviel sexuelle Belästigung und Ausbeutung sie in der Kirche erfahren hätten. Doch Sexualität war in den meisten Kirchen ein Tabu, und die negativen Erfahrungen von Frauen bahnten sich nur schwer einen Weg in die Öffentlichkeit.

Auch Homosexualität und lesbische Beziehungen kamen kaum vor. Neue Lebensstile für Alleinlebende wurden zwar von den Kirchen der westlichen Kulturen diskutiert, waren aber in manchen Kulturen noch gar kein Problem. Gewalt gegen Frauen schien in vielen Gesellschaften kulturell verankert oder gehörte in die Privatsphäre. Das Arbeitsheft hat jedoch solche Themen angestoßen, die fünfzehn Jahre später voll bewußt waren. Auf der ökumenischen Frauenkonferenz in Costa Rica im Dezember 1993 wurde Gewalt gegen Frauen zum zentralen Interesse, und von der Theologie wurde ein «Diskurs, in dem Verleiblichung zentral ist», gefordert, so daß nicht mehr an solchen Themen vorbeitheologisiert werden konnte.

Kritikerinnen von Sheffield argumentierten, daß das Grundproblem «Patriarchat» in seiner sexuellen, wissenschaftstechnischen, kulturellen, theologischen und politischen Dimension gar nicht zur Sprache kam. Man war auf Gemeinschaft ausgerichtet, sah statt Konflikten Lösungen, statt Gebrochenheit Heilungsmöglichkeiten, statt Krankheit Gesundung. Der kritische Ansatz von Berlin, «Sexismus», wurde mit Sheffield nicht wiederholt.

Dazu ist zu sagen, daß im Weltkirchenrat sicher eine gewisse Ängstlichkeit gegenüber radikalen Themen vorhanden war, die auch jeder der dort mitentscheidenden Männer teilte. Eine aufbauende Vorstellung wie «Gemeinschaft» war angenehmer, konstruktiver und versprach auch mehr Durchsetzungsmöglichkeiten bei vielen der westlichem Feminismus mißtrauenden Kirchen. Doch die Zentrierung auf «Gemeinschaft», nachdem der Sexismus einige Jahre zuvor die Diskussion geprägt hatte, war auch von Vorteil. Gemeinschaft bannte die Angst vor feministischem Separatismus, konnte offene Männer in die Diskussion einbeziehen und war auch ein therapeutisches Vehikel, um die vielen, vielen Außenstehenden, Frauen wie Männer, an einen Tisch zu bringen. Daß das Ziel noch unendlich weit entfernt war, daran war für die Initiatorinnen nie ein Zweifel gewesen. Wer innerhalb der Feministischen Theologie arbeitete, hatte lernen müssen, eine Engelsgeduld und Strategien zu entwickeln.

Es fällt heute auf, wie merkwürdig unentfaltet die Feministische Theologie in Sheffield noch blieb, die auch als Begriff nicht vorkam. Doch deren grundlegende Fragen hatten das Arbeitsheft und die in Sheffield vorliegenden Arbeitspapiere klar herausgestellt: den abendländischen Dualismus, der Geist und Körper, Mensch und Natur, Mann und Frau, Licht und Dunkel trennte und sie hierarchisch einander zuordnete, und den Androzentrismus, die Prägung aller theologischen Aussagen durch Männer, ihre Lebenswelt und ihre Lebensinteressen. Aber viele theologische Vorstellungen, die schon bald auf der Abschußrampe feministischer Kritik standen, schienen hier noch hilfreich für ein neues Frauen- und gemeinschaftszentriertes Denken: Trinitätsbilder etwa als Beispiel für Beziehungsfähigkeit und die Erneuerung der christlichen Gemeinschaft, ohne daß die von Mary Daly attackierte unheilige, männliche Allianz zum Problem wurde. Jesus, der die Sozialordnungen seiner Zeit durchbrach, gehörte zum alle vereinigenden Credo, ohne daß jüdische Infragestellungen einer solchen einzigartigen Jesus-Rolle auftauchten. Auch seine Männlichkeit, die bald zum Streitpunkt christlich-feministischer Theologie wurde, war kein Problem. «Jesus ist als Mann für Frauen der Selbsterkenntnis ebenso zugänglich wie für Männer», hieß es im abschließenden Sheffield-Report. «Frauen und Männer müssen wissen, daß die Männlichkeit Jesu nicht wesentlich ist für die Selbstenthüllung Gottes...» Ein Christozentrismus, von dem Befreiung ausgeht und der noch nicht des Imperialismus verdächtig war, trug die theologischen Aussagen und war noch nicht durch andere Religionserfahrungen relativiert.

Die Studie von Sheffield hat ungeheure Wellen in der Kirche, vor allem unter Frauen, ausgelöst. Tausende waren herausgefordert, ihr Selbstverständnis innerhalb ihrer Kirche zu bedenken und ihre christliche Tradition einer kritischen Inspektion zu unterziehen: Stimmen ihr Leben und ihre Lehre überein? Eine Patriarchatsstudie hätte solche Bewegungen nicht ausgelöst. Für Jürgen war es der hoffnungsvolle Versuch, einen theologischen Dialog zwischen Frauen und Männern zu beginnen. Aber war es vielleicht der erste und der letzte? Die Feministische Theologie driftete in den nächsten Jahren in Bereiche ab, die für viele Theologen kommunikationsunfähig wurden und wo auch kein Dialog mehr gewünscht war. Was in Sheffield theologisch gesagt und aufgeschrieben wurde, war aber auch für manche aufbrechenden Frauen in Bälde Makulatur. Die Auseinandersetzungen, die hier mit den verschiedenen Kirchentraditionen stattfanden, explodierten schnell in eine ganz andere Richtung: Konnten Kirchentraditionen überhaupt noch eine Quelle für Frauen-Kraft und Erneuerung sein? Diese Diskussionen begannen gerade erst brisant zu werden und Gräben aufzureißen, die es in Sheffield noch nicht gab.

Für mich selbst war in der Vor- und Nachbereitung von Sheffield aber etwas ganz anderes wichtig geworden: die Sicht der Psychologin Jean Baker Miller, die auch in Sheffield referiert hatte, und die mir einen Schlüssel zum eigenen Selbstverständnis und zum Verständnis anderer Frauen verschaffte.

Mit ihrem Buch «Die Stärke weiblicher Schwäche» hatte sie mir gezeigt, wie frau Negatives in Positives umkehren könnte, und mit ihren Sätzen – «Das Selbstgefühl von Frauen belebt sich tatsächlich ringsherum, wenn sie in der Lage sind, Anschluß und Partnerbeziehungen herzustellen und zu erhalten. Und umgekehrt bedeutet die Drohung, daß eine Verbindung zerbrechen könnte, für viele Frauen nicht nur den Verlust einer Beziehung, sondern fast so etwas wie einen totalen Verlust des eigenen Selbst» – hatte sie mir ein weibliches Anderssein aufgezeigt, das kreativ zu nutzen war. Mehr

Klarheit in der Frage nach der eigenen, der weiblichen Identität, die zwischen Abhängigkeit und einer kreativen Beziehungsfähigkeit sich entfaltet, war für mich die Folge von Sheffield. Das hieß aber zugleich, daß die Differenzen zwischen Frau und Mann, zwischen traditioneller und feministischer Theologie sich neu abzuzeichnen begannen.

Ich bin gut, ganz und schön

Seit 1980 führte ich ein Tagebuch, in das ich alles hineinschrieb und hineinschrie, was mich plagte und was mich freute. Die Plagen nahmen allerdings weit mehr Raum ein als die Freuden, und bei negativen Erlebnissen füllten sich die Seiten rasant: Der Haushalt drückte und nahm kein Ende, die Kinder hatten Probleme, machten Examen, Besuche kamen, Jürgen war viel auf Reisen – das Tagebuch wurde zu meinem offenen, immer bereiten Gesprächspartner, der immer da war, immer Zeit hatte und den ich nie mit meinen Klagen nervte.

Am 20. Dezember 1980 gab es aber eine gute Nachricht:

> «Vielleicht am schönsten ist, eine feministische Rechtfertigungslehre entdeckt zu haben:
>
> Ich bin gut –
> ich bin ganz –
> ich bin schön.
>
> Jürgen hat's verstanden. Auf der Tagung des Gemeindedienstes horchten sie auf. In Braunschweig und in Sindelfingen, wo es begann, blieb manchen der Mund offen. Mal sehen, ob ich es weiter verdeutlichen kann.»

Was war geschehen? Auf einer Tagung mit Gemeindehelferinnen in Sindelfingen merkte ich zum ersten Mal, wie schwer christliche Frauen sich damit tun, sich von Gott angenommen zu wissen, mit allem Guten und mit allem Bösen. Die Frauen waren gewohnt, sich negativ zu sehen, ihre Fehler, ihre Macken, ihre ungeliebten Eigenheiten ins Auge zu fassen, und die Botschaft der Feministischen

Theologie, daß sie unterdrückt und Opfer patriarchaler Strukturen seien, deformiert und ihres Selbstseins beraubt, verstärkte noch ihre trübe Sicht. Hatten sie denn nie von der Rechtfertigung des Sünders gehört? Wie konnten sie evangelische Christinnen sein und nichts von der bedingungslosen Liebe Gottes, der uns so nimmt, wie wir sind, in sich hineingelassen haben? – So fragte ich mich auf der Rückfahrt.

Wenig später auf einer Tagung in Braunschweig am 17. und 18. Oktober erlebte ich auch bei Theologinnen dasselbe. Keine hatte darüber nachgedacht, was es heute für Frauen heißt, sich selbst anzunehmen. Keine konnte sich eigentlich wirklich annehmen, mit Haut und Haar, Innen und Außen, mit angeblich Gutem und angeblich Schlechtem. All das blieb draußen, was Frauen an sich selbst zu verachten gelernt hatten: ihre «Macken», ihre «Fehler», ihre Emotionen, ihre unerwünschten Verhaltensweisen, die sie unbeliebt machten. Ihre «Schwächen» hatten sie noch nie in «Stärken» umgewandelt, wie es Jean Baker Miller in ihrem Buch zeigte. Sie saßen da, kritisch und bereit, ausgewogene und angepaßte Persönlichkeiten zu werden, aber ihre tieferen Schichten waren nicht berührt. Nachts saß ich schlaflos im Bett, grübelte, wie ich ihr Gefängnis aufbrechen konnte und etwas von der unsere Person und unsere Verhältnisse umstürzenden Liebe Gottes hineinbringen konnte. Und dann tauchten plötzlich Assoziationen aus Hans Joachim Iwands Göttinger Luther-Vorlesungen auf, die ich lange vergessen hatte: vom Schön-Sein des Sünders, weil er von Gott geliebt ist («Die Sünder sind schön, weil sie geliebt werden», 28. These der Heidelberger Disputation von 1518); von unserem Gut-Sein, das aus Gottes Gutsein kommt, und das unsere Werke gut macht («...unser Gutsein, ja mehr noch das Gutsein Gottes macht uns und unsere Werke gut. Römerbrief-Vorlesung 1515/16. Fieker, S. 221). Ansätze reformatorischer Theologie verschmolzen mit gegenwärtigen, in Feminismus, Psychologie und Naturwissenschaft hervortretenden Vorstellungen von der Ganzheit des Menschen, die alte dichotomische Vorstellungen von den Gegensätzen zwischen Geist und Leib ablöst.

Ich weiß nicht, wieviel ich den Frauen am nächsten Morgen davon klarmachen konnte. Auf jeden Fall wuchsen diese Sätze mit mir und betteten sich zunehmend in einen gegenwärtigen und theologischen Kontext ein. Sie waren spontan aus einer pastoralen Situation gewachsen und zeigten schon das Typische der Feministischen Theologie: daß sie sich am konkreten Menschen entfaltet.

Doch zunächst zum gegenwärtigen Kontext: Wenn wir Menschen heute Heilserfahrungen vermitteln wollen, müssen wir auch konkret die Unheilserfahrungen kennen. Was aber sind die Unheilserfahrungen von Frauen? Die amerikanische Psychologin Nancy Friday hat an Frauenuntersuchungen gezeigt, daß Frauen tief verinnerlichte Moralvorstellungen vom Gutsein haben: immer selbstlos, nächstenliebend, geduldig, aufopferungsvoll zu sein. Da sie an diesen hohen Zielen normalerweise scheitern, scheinen sie in ihren eigenen Augen auch grundsätzlich an ihrer Frauenrolle zu scheitern. Sie kommen sich minderwertig vor und geraten dabei in einen unauflösbaren Zirkel von Selbstüberforderung und Selbstanklage. Die kaum zu erfüllende Moralvorstellung geben sie an Töchter, Schwestern und andere Frauen weiter und messen sie daran. Viele Töchter wachsen darum mit dem Gefühl auf, der Mutter nie gut genug gewesen zu sein, eine Unheilserfahrung, die sie oft lebenslang begleitet. Bei Christinnen verstärkt sich dieser Druck nun noch durch das Gebot der Nächstenliebe, das sich längst von dem der Selbstliebe abgekoppelt hat. Die Zusage und Annahme, gut, ganz und schön zu sein, kann diesen Teufelskreis der Selbstauflösung stoppen und ein Lebensgefühl schaffen, in solchem Lebensraum Gottes sich selbst gut zu sein. Andernfalls wäre die Güte Gottes unglaubwürdig.

Die Botschaft, gut zu sein, erleben Frauen also in einem ganz anderen Kontext als der Mann, der als Junge sich von der andersgeschlechtlichen Mutter und ihren Moralvorstellungen trennen mußte und sich in einer Leistungskultur mit Leistungen bewähren kann, aber nicht durch eine tückische, nie gelingende Selbstaufgabe.

Mir scheint hier eine Parallele zwischen dem jungen Luther und heutigen Frauen zu sein; sich vom Gesetz, vom Sollen, Müssen, von

Zwängen zu befreien und ganz spontan und unverblümt vom Gutsein und Schönsein derer, die sich geliebt wissen, zu sprechen. Der Psychoanalytiker Erich Fromm hat ein matriarchales Element in Luthers ansonsten patriarchaler Theologie dafür entdeckt. Es ist die bedingungslose Annahme, die ihr Urbild in der Mutterliebe hat, und die dem Kind das Gefühl vermittelt: Es ist gut zu leben. Wer aus dem Satz «Ich bin gut» Selbsterlösung herauszulesen meint, sollte sich zunächst die Anfänge der Reformation wieder vor Augen führen und deren elementaren Heilserfahrungen nachgehen. Weder damals noch heute geht es um die Sündlosigkeit derer, die ihr Gutsein erkennen. Es geht um die faszinierende Perspektive einer urmütterlichen Gotteserfahrung, in der die Kinder ein Stück von sich selbst wiederentdecken. Verstärkt wird dies heute durch die Frauenerfahrung, die Anne Wilson Schaef so beschreibt: «Im weiblichen System ist jemand bei Gott, der bei sich selbst ist.»

Vielleicht haben ein bald in der Reformationszeit aufkommender Libertinismus und die Täuferbewegungen dazu geführt, uns diese Ansätze vergessen zu lassen. Aus dem «gut» wurde das «gerecht». Die juridische Sprache, in der uns diese reformatorische Heilserfahrung bis heute als «Rechtfertigungslehre» begegnet, bekam die Oberhand. Die damaligen politischen Erfahrungen haben sich tief in unsere Kirchen und Theologien eingekerbt. Wehret den Anfängen! Doch Geschichte wiederholt sich nicht, und Neuansätze – kaum zur Kenntnis genommen – dogmatisch einzubügeln ist kein Heilsweg, sondern eher ein Holzweg.

Aber damit sind wir bei dem theologischen Kontext. Unheimlich breit gemacht hat sich in der deutschen Theologie die Ansicht, daß zwar «im christlichen Verständnis des Menschen die Schöpfung die Grundlage bildet», daß aber «diese Grundlage durch die Sünde des Menschen zerstört» ist. Dies entspricht keineswegs christlichem Konsens, ist eher ein spätlutherisches Nebengleis, das auch aus politischer Resignation erklärt werden kann. Christlicher Konsens ist eher, daß für Gott diese Grundlage unzerstörbar ist, auch wenn Menschen verkehrte Beziehungen zu Gott haben. Daß diese verkehrten Beziehungen aber auch differenzierter als bisher gesehen werden müssen, hat die Feministische Theologie klar herausgearbeitet: Sünde ist bei Frauen weit stärker darin zu sehen, daß sie sich kleinmachen, ihr Ich verleugnen, ihre Schöpfung nicht einlösen. Sünde des Mannes ist – entsprechend seiner männlichen Sozialisation – eher davon bestimmt, daß er sich übernimmt, sein will wie Gott und wiederum sich als Schöpfung nicht gut und gelassen hinnimmt.

Als Christinnen und Christen, die sich auf die Bibel nicht als Dogmenbuch, sondern als Geschichte und Geschichten des heilenden Handelns Gottes gründen, müssen wir uns immer wieder klarmachen, daß in ihr der Auszug (im Alten Testament), und die Heilungen (im Neuen Testament) die Mitte der Botschaft sind: der schmerzhafte, triumphierende und befreiende Weg durch Gott und mit Gott aus Zwängen, Ängsten, Krankheiten, sozialen und personalen Unterdrückungen. Und dazu gehören die Äußerungen der Freiheit und Freude des Einsseins mit diesem Gott, der uns so oft weggenommen, in herrische Kleider gesteckt und in ganz andere Zonen entrückt wurde. Es sind Ausdrucksformen einer Spiritualität, die auch in der Dogmatik ihren Platz haben.

Daß solche Aussagen nicht nur in naiv-spontanen Minderheitserfahrungen ihren Platz haben, zeigt ein Blick in die Tradition: Die jüdische Weisheitstheologie, die wir im Alten Testament und in den Apokryphen finden, spricht von Gott mit dem weiblichen Gesicht der Weisheit, der Schöpferin, Künstlerin und riskiert solche Sätze: «Weil wir aber wissen, daß wir dir angehören, sündigen wir nicht» (Weish 15,2). Parallel dazu heißt es im johanneischen Denken: «Wer in ihm bleibt, der sündigt nicht» (1 Joh 3,6). In der mystischen Theologie hat die unio mystica, das Einswerden mit Gott, ihren festen Platz. In einer neuen ökologischen Theologie geht der amerikanische Franziskaner Matthew Fox statt von der «original sin» (Erbsünde) vom «original blessing» (ursprüngliche Segnung) aus. Er zeigt deren vergessene Traditionsstränge auf und macht bewußt, daß wir zu einem ökologisch verantwortlichen Handeln nur kommen können, wenn wir mit unseren Schöpfungs- und Segnungskräften wieder beginnen. Doch das waren Reflexionen, Erfahrungen und Erkennntisse, die sich später dazugesellten und die Lücken wie bei einem Puzzle füllten.

Die drei Sätze «Ich bin gut, ich bin ganz, ich bin schön» hatte ich inzwischen zu einem Vortrag ausgearbeitet, den ich auf vielen Tagungen, in Seminaren und Vorlesungen gehalten habe und der mehrfach abgedruckt wurde. Ausführlich habe ich das Thema noch mal in meinem 1985 erschienenen Buch «Das Land, wo Milch und Honig fließt» dargestellt. Die Reaktionen waren fast immer positiv, manchmal fast erschreckend. Catharina Halkes schrieb, daß sie «die Eigenartigkeit» meines Artikels «genossen» habe. Die Innsbrucker Professorin für katholische Religionspädagogik Herlinde Pissarek-Hudelist meinte, daß diese Formulierung auch für religiöse Erziehung, ja für Erziehung überhaupt, sehr bedeutsam im folgenden Sinn ist: Ermutigung des Kindes zu seinem eigenen Gutsein. Einer Psychotherapeutin war sie hilfreich für ihre Praxis. Nach einer Tagung schrieb sie mir: «Ich habe zum Schluß Ihre Worte zur feministisch-theologischen Ethik gehört: Ich bin gut – ich bin ganz – ich bin schön! Sie haben mich sehr beeindruckt und sind mir bis heute in Erinnerung geblieben. Manchmal baue ich Elemente dessen, was Sie dort insgesamt vermittelten, in eine Traumreise für Klienten, die ich psychotherapeutisch betreue, in einer Werkstatt für psychisch Kranke mit ein.»

Die Zürcher Pfarrerin Dora Wegmann erzählte mir, daß sie sie als Taufformel benutze: «Du bist gut, ganz und schön.» Auf verschiedenen Konferenzen der Episcopal Church in den USA bekam ich 1986 fast euphorische Zustimmung mit «standing ovations», und ein alter Priester versicherte mir: «I have heard the Lord's voice through you!» Viel eindrücklicher war jedoch der Satz eines schwarzen Ghetto-Teenagers, den ein Pfarrer zu meinen deutschen Frauenerfahrungen beisteuerte: «I am me and I am good, because God don't make no junk!» Im deutschen Slang würde das heißen: «Ich bin ich und ich bin gut, weil Gott keinen Mist baut.»

An meine Ich-Sätze hat Bärbel Wartenberg, die damalige Direktorin des Women's Desk im Weltrat der Kirchen, 1984 noch mal drei Wir-Sätze angefügt, die die Frauensolidarität beschwören sollten:

> «Wir sind viele –
> wir brauchen Macht –
> wir haben Mut.»

Zu einem Ich wiederum, das sich nicht gleich in ein partnerschaftliches Wir verwandelt, bekannte sich Angelika Schmidt-Biesalski:

> «Das große, umfassende Wir wird warten müssen, wird irgendwann in fernen Zeiten einmal das Ziel sein können. Frauen – übrigens auch Männer, wenn auch auf andere Weise – müssen zunächst und endlich Ich sagen lernen. ‹Ich bin gut, ich bin ganz, ich bin schön›, diese Erkenntnis... setzt revolutionäre Kräfte frei, Kräfte, deren wir zur Befreiung von Frauen, und damit auch Männern, dringend bedürfen.»

Kritik kam von zwei sehr unterschiedlichen Seiten: einmal von der deutschen Ordnungstheologie, wie sie von den lutherischen Bischöfen vertreten wurde. In einer «Stellungnahme der nordelbischen Bischöfe zum Thema ‹Feministische Theologie›» vom 1. Juli 1985 wird der Satz verdächtigt, daß durch ihn bei Frauen die Sünde ausgeblendet wird und – wie es der damalige Bischof Ulrich Wilckens etwas eingehender in zwölf Thesen begründete – daß hiermit «ein unmittelbares Einswerden mit dem heilen Urzustand des Menschen» ausgesagt sei. Ähnlich reagierte die Theologin Christine Janowski aus *ihrer* Sicht der Rechtfertigungslehre, mit *ihrer* Erfahrung und begleitet von der plötzlichen Angst, daß die Heiligkeit Gottes in der Feministischen Theologie durch solche Aussagen verletzt werden könnte – angesichts ihrer sonst scharfsinnigen Rationalität ungewohnte Sprünge! Die feministische Theologin Christine Schaumberger dagegen verstand «Ich bin gut, ganz und schön» als eine Selbstdefinition von Frauen, die «nicht kritisch» und «nicht revisionär genug» und zu sehr «der Weiblichkeit als Wertsystem des Netten» verhaftet seien. Sie würde sich lieber als «Monster» ansehen.

Den so unterschiedlichen Kritiken, die so gern realitätsnah sein wollen, ist die eschatologische Sicht – wir können auch sagen: die Perspektive der Neuschöpfung –, die die Bibel, besonders das ganze Neue Testament, durchzieht, belebt, bewegt und aus der wir uns gut, ganz und schön sehen können, entgangen. Wie konnte Paulus vom Einssein von Juden, Heiden, Knechten, Freien, Mann und Frau sprechen, wenn nicht in diesem Horizont? Und sie betrifft nicht nur die Zukunft, sondern reicht in die Gegenwart, bestimmt und beleuchtet sie. Wo man verliebt in Analyse und die von ihr produzierte «Realität» heute stehenbleibt, verliert Theologie ihre Gnade und ihre Grazie, sich selbst, Gott und anderen neu zu begegnen. Feministische Theologie weiß sich der Analyse und der Aufdeckung der Wirklichkeit von Frauen verpflichtet. Aber sie kann auch – wie andere Theologien – darin taub und blind und banal werden.

Für mich war jetzt von der «alle umfassenden Liebe Gottes (all inclusive love)» der Feministischen Theologie ein Bogen zurück zur bedingungslosen Liebe der reformatorischen Theologie geschlagen. Dabei war ein Teil traditioneller, männlicher Theologie wieder lebendig geworden, aber zugleich hatte sich ein anderer Zugang gefunden, der die Differenz der Geschlechter aufzeigte. Daß eine solche Differenz bereichernd und nicht bedrohlich sein kann, war dabei für mich deutlich geworden. Doch die Frage blieb, wie wir in «Gemeinschaft» mit solchen Differenzen leben könnten.

Reisen und Erfahren

Seit Mitte der siebziger Jahre war ich viel herumgereist, vor allem in der damaligen Bundesrepublik, aber auch in der DDR und im Ausland. Kuba, Korea und Ungarn waren die Außenstationen gewesen. Bereichernd waren vor allem immer Vorträge und Resonanzen in den USA, sowohl auf Universitäts- als auch auf Gemeindeebene. Hier erlebte ich Neugier, Interesse und Akzeptanz wie sonst nirgends auf der Welt. Ähnliches geschah auch auf einer zweiten Japanreise 1996. Doch während für Jürgen die Devise galt: «Die Welt ist meine Gemeinde», war ich vor allem am heimischen Kontext interessiert. Dort sah ich die Probleme klarer und konnte an mir bekannten Traditionen anknüpfen. Die Veranstaltungen, zu denen ich eingeladen war, waren bunt gemischt: Volkshochschulen, evangelische und katholische Akademien, Bildungswerke, Universitäten, autonome Frauengruppen, Pfarrfrauenseminare und auch einfach Frauenkreise, die sich auf Ortsebene zusammengefunden hatten. Sie waren fast immer gut besucht, oft überfüllt bis auf den letzten Stehplatz, und sie tauchten mich in ein warmes Bett von Anerkennung.

Es waren immer engagierte Frauen darunter, mit denen Gespräche reizvoll waren, bei denen ich nicht nur gab, sondern auch selbst lernte. Sie stießen mich auf neue Fragen, mit denen ich bis dahin noch nicht konfrontiert worden war: «Jesus, für unsere Sünden gestorben – wie soll ich das meiner Tochter erklären, wenn ich es selbst nicht verstehe?» Diese Frage in Reutlingen löste bei mir den Prozeß aus, die Christologie neu zu durchdenken. «Ich kann nicht zur Macht in Beziehung beten!» – dieser Zweifel einer Dortmunderin machte mich skeptisch gegenüber der zwischenmenschlichen Ab- und Auflösung Gottes, wie sie in Carter Heywards Schriften deutlich wurde. «Feministische Theologie ist gut, aber Jesu Tod und Auferstehung müßt Ihr stehenlassen» – so Frauen in Eisenach und eine alte Schweizerin in Schloß Wartensee, an die ich in unseren heftigen Kreuz-Kontroversen immer wieder erinnert wurde. Und sie stießen mich auch an, nie erlernte pädagogische Fähigkeiten zu entfalten. Am Ende solcher Abende oder Seminare kehrten durch alle Jahre immer wieder die ähnlichen Aussagen wieder: «Sie sagen das, was ich seit Jahren fühle», und: «Endlich habe ich wieder Mut zu Kirche und Theologie!» Es waren vor allem auch Basisfrauen, die daran mitwirkten, daß ich 1992 den Johanna-Löwenherz-Preis des Landkreises Neuwied bekam. Johanna Löwenherz war eine 1937 gestorbene Jüdin, die dem Landkreis Neuwied ihren Grundbesitz zugunsten von Frauen vermacht hatte, was später in eine Stiftung umgewandelt und aus der der Preis vergeben wurde. Die Laudatio hielt meine Zonta- und Parteifreundin Herta Däubler-Gmelin.

Aber es gab auch kuriose Veranstaltungen. Eine junge katholische Theologin lud mich einmal in eine Frauengruppe am Fuß der Schwäbischen Alb ein. Es kamen ältere, gestandene Frauen, denen man den langen Arbeitstag ansah, und mit von der Partie war auch der Dorfpfarrer. Mich verließ der Mut. Was sollte ich diesen Frauen von Emanzipation sagen? So ließ ich mein Manuskript in der Tasche und erzählte ihnen etwas von den Frauen um Jesus, obwohl in ihrer katholischen Sozialisation die einzelnen Gestalten ihnen wohl kaum Probleme gemacht hatten.

Dann kam die Diskussion, und die Frauen fingen an, ihren Pfarrer zu kritisieren, wie unverständlich er rede, wie lang er sich ausließe. Sie steigerten sich, und es wurde eine muntere Runde. Nur einer saß da, der Pfarrer, zunächst sprachlos und dann fassungslos. So etwas hätte ihm noch keiner gesagt. Die Frauen hatten das, was ich ihnen als Befreiung erzählen wollte, in ihre eigene Praxis umgesetzt.

Andere Frauen hatten größere Schwierigkeiten mit sich selbst, zur Mündigkeit und Selbstvertrauen zu kommen. Eine Pfarrfrauengruppe schwieg hilflos lange, als ich sie fragte, ob sie denn neben all ihren Tätigkeiten noch Zeit für eigene Wünsche hätten. Sie hatten sich vermutlich nie eine Chance gegeben, darüber nachzudenken. Es wäre für sie etwas Egoistisches gewesen! Um sie in Bewegung zu bringen, fragte ich – inzwischen selbst etwas verzweifelt –, ob sie noch nie das Gefühl gehabt hätten, klüger als ihre Männer zu sein. «Ho-ho-ho», klang es mir da entgegen, als ob ich eine Majestätsbeleidigung ausgestoßen hätte. Als wir den nächsten Seminartermin verabredeten, sagte eine Pfarrfrau spitz: «Wer weiß, ob uns unsere Männer wieder kommen lassen!» Sie taten es scheinbar, denn das Seminar nahm seinen Fortgang.

In einem anderen Pfarrfrauenseminar, das parallel zum Pfarrkonvent der Männer tagte, gerieten wir in eine intensive Diskussion über Selbstaufgabe und Selbstbehauptung. Als es um zwölf Uhr zur Mittagsandacht gongte, zu der wir erwartet wurden, saßen alle betreten da. Jetzt aufhören, um eine männliche Andacht zu hören? Jetzt wieder selbstlos sein? Da stand die Frau des Prälaten auf und sagte: «Ich gehe und sage, daß wir nicht kommen können.» Wieder war befreiende Theologie in ein Stück Praxis umgeschlagen.

An viele Pfarrkonvente habe ich schöne und mich auch anregende Erinnerungen. Nur wenn ein Superintendent oder Dekan seine Mannen zu solchem Termin zwangsverpflichtet hatte, wurde es schwierig. Sie saßen da in abwehrender Körperhaltung und von innen gepanzert mit ihrer einmal erlernten Dogmatik. Waren ihre Ehefrauen oder einige Pfarrerinnen dabei, wagten diese angesichts solcher Herrlichkeit kaum etwas zu sagen. Aber mir fiel auch auf, wieviel Selbstbewußtsein langsam wuchs. Ein Bewunderer von Jürgens Theologie lud mich einmal zu einer Bildungsveranstaltung ein, in der Hoffnung, daß ich dasselbe wie mein Ehemann sagen würde. Am Ende des Vortrages konnte der Enttäuschte seine Wut kaum bändigen und kommentierte gereizt, was ich alles falsch gesagt hätte. Da stand eine Frau mit schlichtem Haarknoten auf und sagte trotzig: «Mir hat es aber gefallen!»

In den vielen Jahren bekam ich die unterschiedlichsten Liebeszeichen von Frauen: selbstgestaltete Kerzen, kleine Krüge und Vasen, Gedichte, einzelne Blumen – spontan überreicht nach manchmal heftigen Diskussionen –, die ich trocknete und lange aufbewahrte. Manchmal wollten Frauen mich nicht die Nacht in einem unpersönlichen Hotel übernachten lassen und boten mir ihr Gästezimmer an. Das brachte nette Abendbegegnungen, konnte aber auch Schattenseiten haben. In einem Bergort im Winter hatte mich die Gastgeberin freundlich aufgefordert, die Heizung nach meinem Geschmack anzustellen. Was mir nicht gelang, denn sie war auf Nachtschaltung gestellt. Draußen ging ein Schnee- und Regensturm herunter, die Decke war dünn, und ich fror erbärmlich. Die Gastgeberin zu wecken war mir peinlich. So zog ich alles wieder an: Strümpfe, Jacke, Pullover, Mantel, fror aber weiter. In meiner Not öffnete ich einen Schrank auf der Suche nach einer Decke und fand eine umfangreiche Sammlung von Jagd-, Trachten- und Waidmannskleidung. Die häufte ich schichtenweise auf mich, und unter dem Geruch von Wald und Schießpulver taute ich langsam auf. Ein anderes Privatquartier war mir als besonders schön und gemütlich angepriesen. Es entpuppte sich aber als die ausgezogene Couch in einem Wohnzimmer, das keine Tür zum Flur hatte. Draußen donnerten bis zwölf Uhr die Laster und ab vier Uhr die Straßenbahnen vorbei, und ich hatte das Gefühl, auf meiner Couch auch noch auf offener Familienstraße zu schlafen.

Von einer Kirchenleitung eingeladen, fand ich einmal mein Quartier im Rotlichtmilieu einer Großstadt. Kannte man die Gegend gar nicht oder zu gut? Auf dem Kirchentag in Halle fragte mich die Pressepfarrerin, wo ich untergebracht sei. Ich nannte ihr den Namen des Hotels, und sie prustete los: «Was, im Puff von Halle?» Mein Trost war, daß Erhard Eppler dort auch untergebracht war. Aber es gab auch ausgesprochen schöne Quartiere, die sich Frauen ausgedacht hatten. Im Jahr der Frau 1975 hatten die Berliner Frauen großzügig Geld vom damaligen Bischof Scharf bekommen, wollten mir etwas Gutes tun und brachten mich im «Kempinski» unter. Und nach einem sehr lebendigen Abend in Schwäbisch Hall bekam ich ein verträumtes Zimmer in dem romantischen Marktplatz-Hotel und genoß noch lange den Ausblick auf die Schwingungen der berühmten Haller Kirchentreppe, wo der «Jedermann» im Sommer gespielt wurde.

In den ersten Jahren, als die Themen der Feministischen Theologie mich noch nicht so okkupierten, reizte es mich, meine historische Frauenforschung auch vor Ort fortzusetzen. Mit meiner Schwester, die in der DDR wohnte, suchten wir Lily Brauns Haus auf, im Grenzstreifen zwischen DDR und West-Berlin in Kleinmachnow gelegen. Ihre dramatische Biographie, die auch eine informative und bisher kaum genutzte Geschichte der alten Frauenbewegung ist, hatte ich mit Genuß gelesen. Hier in diesem großbürgerlichen Haus mit dem weiten Garten hatte also die Generalstochter, Enkelin einer revolutionären Achtundvierzigerin, gewohnt, die selbst zur leidenschaftlichen Sozialistin wurde, bis sie dann leider wieder für den Ersten Weltkrieg votierte. Hier mußte sie ihren letzten Weg gegangen sein, um dem einzigen Sohn den Feldpostbrief in den Kasten zu werfen; doch der Brief erreichte den Sohn gar nicht mehr. Hier mußte sie umgefallen und gestorben sein. Jetzt patrouillierten hier Volkspolizisten, und wenn einer wieder um die Ecke entschwand, machten wir wieder ein paar Schritte auf das Haus und den Garten zu, das inzwischen ein Heim für behinderte Kinder geworden war.

Ein anderer Ausflug führte uns nach Wiepersdorf, dem Gut Bettina von Arnims, weitab in eintöniger Wiesenlandschaft im südlichen Brandenburg gelegen, so daß man Bettinas Klage besser verstand: «Wenn etwas rumpelt in der Ferne wie ein Wagen, so glaubt man eher, es sei ein Geist, als daß man darauf rechnet, daß Menschen zu einem kommen...» Ihre Briefe, voll von Alltagsaffären, Haushalts- und Geldsorgen, Problemen ihrer sieben Kinder, politischen und poetischen Visionen, Eheärger und der Sehnsucht nach Berliner Großstadtleben, hatten es mir angetan, waren ein Stück von mir selbst gewesen. Jetzt war ihr Gutshaus zu einem Künstlerheim der DDR-Schriftsteller geworden, in das wir eindrangen und seine ursprüngliche Atmophäre noch zu spüren versuchten. Da waren die großen Fenster, aus denen die Kinder sprangen, wenn die Mutter arbeiten wollte. Da war der See, an dessen Ufer Achim von Arnim einmal die Kleidungsstücke eines Sohnes entdeckte, fast zu Tode erschrak, bis sich herausstellte, daß der geniale Sohn ohne Kleidung nach dem Bade davongelaufen war. Da waren die Gräber von Achim und Bettina, schlicht, puritanisch, preußisch, und nur auf einer Tafel darüber ein Vers von Achim mit den Zeilen «... Gib Flügel dann und einen Hügel Sand – den Hügel Sand im lieben Vaterland...» Achims Grab hat die Inschrift «Deutscher Dichter». Bettina von Arnim ist solch Titel hier nicht zuerkannt. Inzwischen ist sie auch von der Feministischen Theologie entdeckt worden und gilt als eine der wenigen deutschen Vormütter, die kompromißlos religiöse und politische Visionen von Gerechtigkeit verbanden.

Eine Reise mit anfangs ungewissem Ausgang machten wir nach Züllsdorf im nördlichen Sachsen. Für mich war es der geheimnisvolle Ort, wo eine noch geheimnisvollere Frau seit dem Ende des vorigen Jahrhunderts aufsehenerregende Artikel über die christliche Emanzipation der Frau schrieb und im Selbstverlag ein Buch herausbrachte: «Das Recht der Frau in der christlichen Kirche». Voll Leidenschaft, mit subtiler theologischer Kenntnis, engagiert für die soziale Frauensituation und zornig über Diakonissenhäuser und die kirchliche Erniedrigung der Frauen. Sogar «Die christliche Welt», das liberale Blatt von Martin Rade, hatte Artikel von ihr aufgenommen. Wer war diese Elisabeth Malo? Eine Gutsherrin? Eine Pfarrfrau? Wie kam sie in dieses gottverlassene Nest jenseits der großen Straßen? Auf dem Dorfanger trafen wir einen älteren Bauern, den wir fragten, ob der Name Malo ihm etwas sagte. Er überlegte und erinnerte sich dann an einen Pfarrer, der um die Jahrhundertwende das Pfarramt innegehabt hätte. Wüßte er, daß seine Frau ein Buch und für Zeitschriften geschrieben hätte? «Nee», sagte er. «Verheiratet war er nicht.» Lebte er mit seiner Mutter oder Schwester zusammen? Vielleicht. Wenigstens bekamen wir den Kirchenschlüssel, um in den Kirchenbüchern der Sakristei Näheres zu erkunden. In der halb zerfallenen Kirche rieselte der Staub auf uns nieder, pfiff der Wind durch die zerbrochenen Fensterscheiben. In den Kirchenbüchern fanden wir in feinster, vom Intellekt geprägten Handschrift

Eintragungen des Pfarrers Malo, der hier von 1888 bis 1914 gewirkte hatte. Die geheimnisvolle Frau mußte wohl seine Altersgefährtin, also vermutlich seine Schwester gewesen sein. Alte Leute konnten sich vielleicht noch auf sie besinnen. Und tatsächlich wurde uns ein fast neunzigjähriger Mann genannt, der für uns aus seinem Mittagsschlaf geweckt wurde und von dem wir unsere Ahnung bestätigt bekamen. Hans Malo lebte hier im Pfarrhaus mit seiner Schwester Elisabeth zusammen. «Opa, überleg mal, was weißt Du noch von ihnen», schrie ihm seine Schwiegertochter ins Ohr. «Ja» – kam es langsam, sie seien nachmittags um halb fünf immer spazierengegangen. «Er im schwarzen, wehenden Mantel mit Pellerine, groß und kräftig, wie ein Fürst!» «Und sie?» fragten wir. «Ja, sie war kleiner, schmächtig», entsann er sich. «Der hat immer die Konfirmanden geschlagen», erinnerte er sich dann. «Und sie?» Wußte er, daß sie ein Buch und anderes geschrieben hatte? Er schüttelte nur den Kopf. Dann wurde er munter: «Gesoffen und geraucht hat er – der Hund!» fiel ihm jetzt noch ein. «Und sie?» fragten wir wieder. «Nein, sie wohl nicht.»

Wir waren alle erschöpft nach diesem Interview. Aber nun war klar, wer Elisabeth Malo gewesen war. Später haben Frauen aufgrund von literarischen Recherchen ihr Leben, ihre Produktionen, ihr späteres, merkwürdiges Verstummen exakt dargestellt. Für mich war jedoch durch diesen Besuch ein Stück Lebenswirklichkeit einer intelligenten, mutigen Christin, die ihrer Zeit weit voraus gewesen war, sichtbar geworden: Ihr Unsichtbarsein in einer engen Dorfgemeinschaft, ihr Verschwinden hinter dem starken Bruder, ihre Fähigkeit, aus dieser dörflichen Abgeschiedenheit soziale Erkenntnisse zu ziehen, und ihre Unbekümmertheit, in Isolierung und Einsamkeit gegen den Strom Texte zu schreiben, die uns heute wieder ergreifen. Meine Schwester fotografierte noch das Pfarrhaus, wo das seltsame Paar sein ungewöhnliches Leben geführt hatte, beide abhängig voneinander, er von ihrer Haushaltsführung, sie von seinen Büchern und vermutlich seiner Toleranz. Ich forschte noch lange vergeblich nach persönlichen Dokumenten, die ein Licht auf diese ungewöhnliche

Frau werfen könnten. War sie verstummt, weil weder Kirche noch Frauenbewegung ihre theologischen Interessen ernst nahmen?

Eine andere Reise auf Frauenspuren, die ich seitdem häufig mache, führte mich Ende der siebziger Jahre in das in der Nähe Tübingens in einem Schwarzwaldtal gelegene Bad Teinach. Hier hatte nach dem Dreißigjährigen Krieg die württembergische Prinzessin Antonia eine Lehrtafel aufstellen lassen, die mit ihren Motiven ein in der Welt einmaliges Frauenkunstwerk ist. Auf der altarähnlichen Lehrtafel, die aber bescheiden an einer Seite des Chorraums der kleinen Kirche steht und keinen Anspruch erhebt, einen Altar zu ersetzen, ziehen spiralförmig vierundneunzig meist biblische Frauengestalten um einen imaginären Turm auf den himmlischen Christus zu, unter ihnen die Prinzessin selbst und zwei ihrer Schwestern. Jede biblische Frau ist zu verifizieren und hat ihre biblische Geschichte. Ein Dokument von Frauen-Power und Frauenphantasie, das vielleicht eine Ermutigung für Frauen nach den Katastrophen des Krieges sein sollte, nicht aufzugeben und neu anzufangen. Lange kam ich über die Betrachtung dieser äußeren Altarflügel nicht hinaus und hatte auch Mühe, mit der Bibelkenntnis Antonias Schritt zu halten.

Dann zeigte ich eines Tages der damaligen Vorsitzenden des Hamburger Frauenwerks, Uta Knolle, das Kunstwerk. Der uns begleitende Ortspfarrer schlug schließlich auch die Außenflügel zurück, und wir sahen – was ich eigentlich schon oft gesehen hatte – das Innere: eine Gartenanlage mit exakt zu bestimmenden Pflanzen, Bäumen, Propheten. Darüber ein Tempel mit verschiedenen Frauengestalten und in der Kuppel eine farbenfrohe Dreiergruppe. Vorne stand die Prinzessin als Betrachterin des bunten Treibens. Plötzlich sagte Uta: «Das ist doch eine weibliche Trinität», und zeigte auf die drei obersten Frauengestalten. Der Pfarrer verblüfft: «Ich sehe aber eine männliche Trinität!», und zeigte ebenfalls nach oben. Ich sah «weder noch» und hatte mich auch noch nie für dieses schwer verstehbare Bild interessiert. Zu Hause ging ich der Sache nach, prüfte anhand von Bildern, Büchern, Unterlagen, wer denn nun recht hatte. Und es ergab sich schließlich, daß Uta – was eine anthroposophische Darstellung mir bestätigte – die farbige Dreiergruppe zu Recht als weibliche Trinität gedeutet hatte, während der Pfarrer dahinter eine dunkle und unscheinbare männliche Trinität gesichtet hatte.

Einige Jahre später sollte ich eine Frauengruppe in Teinach führen und begann, mich noch mal gründlich mit den Bildern zu befassen. Erst dabei entschlüsselte sich für mich die Lehrtafel in ihrer ganzen Fülle. Zugrunde lag ihr eine kabbalistische, d.i. jüdisch-mystische Heilsdarstelllung, wie sie aus dieser Zeit manchmal auftaucht: ein Lebensbaum, der auch als Urmensch zu deuten ist, mit zehn Urpotenzen, die aus Gott dem Urgrund hervorgehen. Die Kabbala ist demnach als ein von zeugenden, männlichen Kräften durchdrungenes Lebensgeflecht zu sehen. Für Gershom Sholem hat diese jüdische Mystik einen männlichen Charakter und ist «sowohl im Historischen wie im Metaphysischen von Männern für Männer gemacht». Das Neue, was mir nun langsam aufging, war, daß Antonias Heilsschau aber nicht ein männliches, sondern ein weibliches Gerüst zugrunde lag. Aus der Welt zeugender Potenzen hatte sie eine Welt fruchtbringender Frauen gemacht: mütterliche, schwangere, liebende, Frieden stiftende, Recht sprechende Frauen. Und die drei obersten Frauengestalten bildeten – entsprechend auch der damaligen christlichen Kabbaladeutung – wirklich die Trinität ab. Schon Christa Mulack hatte hinter dem jüdischen Kabbala-Modell eine ursprünglich weibliche Urgestalt entdeckt. Jetzt zeigte Teinach mir die Transformation einer männlichen Vision in eine weibliche Heilsschau. Den heiteren und problemlosen äußeren Altarflügeln entspricht also eine höchst komplizierte und schwer zu entdeckende Frauenvision, die verschlüsselt ist und nur, wenn man die Schichten der Traditionen vorsichtig abträgt, sichtbar wird.

Sollte auch dieses Geheimnis gar nicht offen zutage liegen? Jahrhundertelang war und ist Teinach auf verschiedenste Art gedeutet worden: christlich, jüdisch, künstlerisch, biblisch, mit Zahlenmystik und ähnlichem. Aber unter all den richtigen und berechtigten Deutungen liegt m.E. die geheime Botschaft einer Frau an Frauen, ihren eigenen Kräften zu vertrauen, weil sie Gottes Kräfte sind.

Teinach ist heute ein vielbesuchtes Dörfchen mit einem klassizistischen Bad-Hotel, warmen Quellen und vielen Badegästen. Zuweilen kommen Frauengruppen, um sich an Antonias Kunstwerk zu ergötzen, aber keine Reklame weist auf das berühmte Kunstwerk mit seiner verborgenen Botschaft hin.

Vom anfänglichen Mißtrauen gegen Feministische Theologie war ich von der Erkenntnis des eigenen Menschseins zu Fragen der Partnerschaft und der Differenz der Geschlechter gekommen, und dabei hatten die Gespräche und die Gemeinschaft mit Frauen, Bibel, theologische Tradition und schließlich die Geschichte eine wichtige Rolle gespielt. Doch inzwischen hatten andere Frauen andere Wege eingeschlagen. Feministische Theologie entwickelte sich zu Feministischen Theologien. Das war nicht vorauszusehen gewesen, war aber letzten Endes ein Prozeß des Reifens, wenn auch zuweilen schmerzhaft.

Sich an allen Ecken wundstoßen
und ganz bleiben

Rose Ausländer

Kreuzestheologie

Mit vielen meiner alten Freundinnen war der Kontakt abgebrochen oder dünn geworden, als ich mich der Feministischen Bewegung zuwandte. In meiner Generation hatte frau sich normalerweise mit den Umständen abgefunden, hatte ihren Lebensraum, so bescheiden er oft war, gefunden und war auch in ihrer Ehe oder Partnerschaft kaum in der Lage, sich zu verändern. Die meist jüngeren Frauen waren mir Schwestern geworden. Sisterhood is powerful – das war nicht nur ein Slogan, das war auch meine Erfahrung. Aber jetzt zeigte sich auch zuweilen die andere Erfahrung, die Anja Meulenbelt so ausgedrückt hatte: «Sisterhood is powerful – it can kill you.» Ich war zwar nicht bereit, mich umlegen zu lassen, aber heil zu bleiben in all den Konflikten, die auf uns zukamen, war zumindest ein Kunststück. Die erste Probe dazu war der Fall Kreuzestheologie.

Aus der zweiten Werkstatt Feministische Theologie in Bad Boll war eine kleine Arbeitsgruppe entstanden, die anders als die großen Werkstätten sich intensiver und auch wissenschaftlicher mit Fragen der Feministischen Theologie befassen wollte. Zu ihr gehörten unter anderen Catharina Halkes, Ursa Krattiger, Erika Wisselinck, Ruth Epting, Pat Remy und Evi Krobath. Ich lud Herlinde Pissarek-Hudelist, die ich in Innsbruck kennengelernt hatte, und Luise Schottroff noch dazu ein, und zu unserem zweiten Treffen in Kaiserswerth kam noch Helga Sorge dazu, Studienleiterin an einem religionspädagogischen Institut in Kassel, die ich bei einer gemeinsamen Sendung beim Süddeutschen Rundfunk kennengelernt hatte. Sie brachte mir einige Bewunderung entgegen, indem sie mir zum Beispiel schrieb, wie großartig sie es fände, «im Angesicht (täglich) eines ziemlich überwältigend guten Mann-Theologen feministische Kreationen zu entwickeln und dann noch radikalere feministische Positionen zumindest zu ertragen». Diesen «Balanceakt», wie sie es nannte, sollte sie jedoch bald herausfordern.

Für die dritte Zusammenkunft in Hofgeismar, wohin wir noch andere Frauen eingeladen hatten: etwa Susanne Kahl, Marga Bührig, Herta Leistner, Heidemarie Langer, hatte Ursa Krattiger als Thema die Kreuzestheologie vorgeschlagen, aber sie selbst kam gar nicht mehr dazu, weil sie wohl solchen Themen inzwischen den Rücken gekehrt hatte und bereits an ihrem Lebenswende-Buch «Die perlmutterne Mönchin» schrieb. Abgeseilt hatte sich auch die Schweizerin Dorothee Meili, für die schon nach unseren ersten Treffen klargeworden war, daß sie alle christlichen Themen nicht mehr interessierten. Es referierten zuerst Luise Schottroff über Kreuzigung als gängige Todesart der römischen Besatzungen an einem unterdrückten Volk, Ingrid Riedel über die tiefenpsychologische Bedeutung des Kreuzes, das symbolisch in alle Himmelsrichtungen weist, und Catharina Halkes.

Und dann kam Helga – wie sie damals noch hieß – mit einem zentralen Angriff auf die gegenwärtige Kreuzestheologie, bei dem sie sich vor allem auf die Theologie von Jürgen stürzte und sie als sadomasochistisch darstellte. Das Preisgeben des Sohnes durch Gott – wie es Paulus im Römerbrief (8,32) darstellt –, das Theologen immer wieder in all seiner Rätselhaftigkeit und Doppeldeutigkeit reflektiert hatten, legte sie nun bei Jürgen und Helmut Gollwitzer so aus, als hätte deren Meinung nach Gott seinen Sohn ermorden lassen. Sie folgerte, daß daraus eine Glaubenshaltung entstanden sei, die eher an Leiden, Quälen, Gewalt als an Lust, Liebe und Freude orientiert sei. Sie sprach ziemlich lange, wohl eineinhalb Stunden, und jeder Satz wurde mir zu einem Stakkato, das unbeschreiblich traf. Ich hielt mit Mühe die Zeit durch und die Tränen zurück und rettete mich schließlich unter mitleidigen Blicken in mein Zimmer. Zur Diskussion ging ich nicht mehr, sondern streifte ziellos bis zum Abendessen durch Hofgeismar. Abends gab es allgemeine Kritik: Susanne Kahl nannte das Vorgetragene ein «Gesumse», was nun wiederum den Zorn der Gruppe erregte. «Mein Gott», sagte sie später, «wenn sie das mit meinem Mann gemacht hätte!» Marga Bührig fand Kreuzeskritik an der christlichen Theologie berechtigt, nur wäre Moltmann nicht das geeignete Objekt. Doch letzten Endes, und das merkte ich mit wachsendem Staunen, war die Mehrzahl der Frauen an dem gruppendynamischen Prozeß interessiert, und was hier zwischen uns ablief, das bewegte sie mehr als die Sachaussagen. Helga hatte sich «geoutet», und das nahm frau ernst. Mich und meine Gefühle jedoch nicht! Warum? fragte ich mich. War ich unverletzbar, weil inzwischen etwas berühmt? War es für feministische Rituale wichtig, einen Patriarchen abzuschießen? Sollte mir deutlich gemacht werden, daß ich auf feministisch unwürdige Weise noch mit solchem Macho glücklich liiert war? Oder war es die alte leninistisch-marxistische Methode, daß man die Reformer – wie Jürgen – zuerst erledigte?

Ich versuchte, mich am Abend mit Helga auszusprechen und zu versöhnen. Wie hätten wir sonst unser Treffen beenden können? Doch das hielt nicht lange vor. Im Februar schickte sie mir ihren Vortrag und informierte mich, daß sie ihn – ermuntert von einigen aus unserer Gruppe – in den «Feministischen Studien» veröffentlichen wolle, wo ihr Vorhaben allerdings auch nicht mit aller Zustimmung begrüßt wurde. Ich schrieb ihr darauf einen Brief mit meinen Vorstellungen, wie wir Feministische Theologie betreiben sollten, denn Helga Sorge hatte als pädagogisch-theologische Studienleiterin einen herausgehobenen Posten, und das bedeutete für mich, sachbezogene Theologie zu betreiben. Ich bat sie, nicht nur Assoziationskollagen zu machen, sondern sich noch mal eingehend mit Entwürfen zur Kreuzestheologie zu befassen, die Traditionen und ihren Sitz im Leben zu verstehen zu suchen, und wies sie auf die Erfahrungen von Schmerz, Einsamkeit und Leid hin, was sich für viele mit Kreuzeserfahrungen verband. «So hübsch die tanzenden Göttinnen sind», schrieb ich, «und so notwendig wir sie brauchen, um uns wieder auf unseren christlichen tanzenden Gott zu besinnen, sie sind mir für Auschwitz, Guatemala und Vietnam etwas schal.» Sie reagierte dankbar, ließ sich aber von ihrer Veröffentlichung nicht abbringen. Als später ihr Buch «Religion und Frau» erschien und die Unterstellungen und Verfälschungen der Kreuzestheologie offensichtlich waren, als sich viele feministische Theologinnen begeistert auf diese Art Analyse traditioneller Theologie stürzten, schrieb ich einen Kommentar, in dem ich Kritisches und Konstruktives verband und meine Sicht des Kreuzes innerhalb Feministischer Theologie darstellte. (S. 271)

Aber die Risse in unserer Gruppe waren nicht mehr zu kitten, seit klar war, daß einige sich nicht nur emotional, sondern auch inhaltlich mit Helga Sorge eins wußten. Ein Versuch, durch einen Delphi-Brief, in dem alle nacheinander ihre Meinung zum Hofgeismarer Treffen aufschreiben sollten, um unsere Situation zu klären, schlug fehl, da der Brief rätselhafterweise irgendwo verlorenging. Das Treffen im Jahr darauf fiel wegen Mangels an Beteiligung aus: Ich selbst war in der Zeit in den USA. Für das Jahr darauf hatten einige von uns Vorschläge für eine theologische Gestaltung gemacht, doch das wurde als Wiedereinführung von erfahrungsferner Universitätstheologie mißinterpretiert, und es blieb nur der Vorschlag für ein Treffen ohne Programm, hinter dem ich nur eine Wiederholung bereits erlebter gruppendynamischer Prozesse witterte, denen ich mich nicht noch einmal aussetzen wollte. So kam ein kleines Treffen zustande und mit ihm ein Brief, den die Nicht-Anwesenden als so verletzend und bewußt mißverstehend erlebten, daß es nun keinerlei Neuanfang geben konnte.

Inzwischen hatte sich auch Erika Wisselinck grundsätzlich abgemeldet, fair und elegant, weil sie die Hoffnung aufgegeben hatte, daß die Gespräche den Kontext «des etablierten Glaubensgutes» verlassen würden:

«Und deshalb, liebe Schwestern –

Ihr, mit denen mich so viel verbindet, Ihr, von denen und mit denen ich so viel gelernt habe, Ihr, mit denen (in Boll oder im kleinen Kreis) ich viele für mich wichtige Schritte getan habe –,

bitte ich Euch zu verstehen, warum ich nun anders weitergehen muß, das ich schon seit einiger Zeit tue. Es ist mir sehr schmerzlich, nicht mehr dabeizusein. Abschiede ins Unbekannte...

Doch werde ich ja mit jeder von Euch weiter Kontakt haben, real oder nur einseitig gedanklich. Ihr gehört für mich – immer – zu dem Weg, den wir alle, wenn auch auf unterschiedliche Weise, gehen.»

Und Ursa Krattiger hatte sich in der 1983 erschienenen «Perlmutternen Mönchin» noch mal mit der christlichen feministischen Theologie auseinandergesetzt, mich als «Lutheranerin» charakterisiert, die nicht an die weiterführende Offenbarung, wie Daly sie vertrat, glaubte, und damit angezeigt, daß sie nun auch von unserer Gruppe keine weiterführenden Erkenntnisse erwarte. Mich schmerzte gerade dieser Bruch, denn kurz bevor das Buch erschien, hatte sie noch vergnügt auf meiner Küchenbank gesessen, und wir hatten gemeinsame Interessen an der Ikonographie ausgetauscht.

Die Gemeinsamkeit des Aufbruchs vor erst wenigen Jahren war vorbei. Zwar gab es mit einigen immer wieder Berührungspunkte. Wir gründeten noch mal eine Gruppe, die nun wirklich an Theologie interessiert war und die Bestand hatte, doch die Risse, die damals entstanden, blieben. Ich selbst stand nun in der Öffentlichkeit da als «Lutheranerin», die das Dalysche Denken ablehnte, und dem patriarchal-männlichen Denken unserer Religion verhaftet war, wie es Helga Sorge schrieb. Dazu verheiratet mit einem Mann, der – nach Daly – einen «zärtlich gehegten» Jahwe der Zukunft verkündete, einen reinen Mann-Gott ohne jedes Gespür für Sexismus, und der nun auch noch als ein theologischer Sado-Masochist galt. Die Zeit der Unschuld und Naivität war vorbei.

Wir hatten alle Angst voreinander bekommen: Ich hatte Angst vor der Gruppenenge und dem gewünschten psychologischen Einheitsnenner; sie hatten Angst, daß ich sie wieder in alte kirchliche Denkmuster zurückholen wollte. Unsere Vorgeschichten waren zu unterschiedlich, als daß wir zueinander hätten finden können. Viele hatten längst vor der Feministischen Theologie der Theologie abgesagt und sich in psychologischen Denkzirkeln bewegt. Für mich hatten manche Elemente der Theologie nach wie vor ihre Leuchtkraft behalten.

Ich tat in dieser Situation etwas Unkluges und etwas Kluges. Das Unkluge war, daß ich im «Deutschen Allgemeinen Sonntagsblatt» einen Artikel über die verschiedenen Richtungen der Feministischen Theologie schrieb, durch den ich mir selbst Klarheit verschaffen wollte, in dem ich die befreiungstheologischen Stränge positiv, die Göttinbewegungen, die sich um das große Weibliche scharten, kritisch und ziemlich ironisch behandelte: «Die große Mutter bekommt schon wieder fatale Ähnlichkeit mit dem großen Vater!» Damit hatte ich meine eigenen Ängste seit Hofgeismar ausgedrückt.

Viele, auch Frauen, fanden den Artikel sehr erhellend. Nur unter denen, die den Göttinnenbewegungen nahestanden, brach ein Sturm der Empörung los, und ein Wort wurde mir entgegengeschleudert, das ich bis heute nicht vergessen habe: Verrat! Ich hätte die Frauen verraten, ihre Zwiespälte dargestellt und sie den Männern zum Fraß vorgeworfen. Dieser Vorwurf erinnerte mich stark an Parteidisziplin, die ich zum Beispiel in der DDR erlebt hatte, wo jede Zwistigkeit dem «Feind» verborgen bleiben sollte. Doch ich fühlte mich keineswegs als Parteisoldatin des Feminismus. Letzten Endes schreckte mich jedes Gruppendenken ab. Ich war ein Einzelmensch, eine Frau, ein eigener Mensch, der das Recht beanspruchte, eine eigene Meinung zu haben.

Klug war, daß ich anfing, mich gründlich mit der Frage nach einer feministischen Kreuzestheologie zu befassen. Das im Neuen Testament nur dünn belegte «Sühnopfer» war auch für mich kein Thema mehr. Elisabeth Schüssler Fiorenza hatte in ihrer neutestamentlichen Frauengeschichte («Zu ihrem Gedächtnis», München 1988) deutlich gezeigt, daß die ältesten Jesusüberlieferungen jede kultische Deutung von Amt und Tod Jesu als Sühnopfer für Sünden vermeiden und daß im Begriff «Sühnopfer» nicht Gottesverständnis und Gotteserfahrung der Jesusbewegung zum Ausdruck kommen. Für mich selbst war das Kreuz aber immer das Symbol geblieben, das unsere Verlasssenheit, unsere Wirklichkeit, unsere Schmerzen ausdrückt. Aus Kindertagen war mir als tiefer Eindruck der Vers geblieben:

«In meines Herzens Grunde
dein Nam' und Kreuz allein
funkelt all Zeit und Stunde.
Des kann ich fröhlich sein.»

Das Kreuz war keine Verherrlichung des Leidens, aber eine Hilfe, mit Leiden, Verlassensein, Schmerzen umzugehen. Die Jesusmystik der Paul-Gerhardt-Lieder – etwa der Vers: «Er reißet durch die Höll, ich bin stets sein Gesell» – war etwas, was ich nicht aufgeben konnte und auch nicht aufgeben mußte. Zu meinem Erstaunen merkte ich aber, daß es zum Beispiel Gottverlassenheit in vielen feministischen Theologie-Entwürfen gar nicht geben durfte. Die Gemeinschaft der Frauen fing alles auf. Auch Jesus war am Kreuz nicht verlassen, sondern erfuhr die Begleitung der Frauen (so Rita Nakashima Brock). Theologie, die sich auf Leben, Lust und Freude konzentrierte, aber die Schatten nicht mehr wahrnehmen wollte, konnte ich nicht nachvollziehen. An dieser Stelle zeigt sich mir Feministische Theologie fatal als Produkt einer weißen Wohlstandsgesellschaft, in der man mächtig war, fast alle Leiden auszublenden.

Ich setzte neu an bei den Frauen, die am Kreuz blieben, am Ostermorgen die Auferstehungsbotschaft hörten und die bei Markus vor Schrecken flohen. Hier schienen mir beispielhaft unterschiedliche Verhaltensweisen vorzuliegen, die auch unterschiedliche Glaubenshaltungen zeigten. Wie die Jünger bei der Verhaftung flohen, so die Frauen, als in ihr tätiges, helfendes, aktives Leben die Transzendenz einbrach. Ich deutete es für die Gegenwart so:

«An der Auferstehung können Frauen scheitern, wie die Jünger am Kreuz scheitern. Aber sie können auch Auferstehung erleben: im Herauswachsen aus ihrer engen, faßbaren, eingeschränkten

Welt, im Loslassen traditioneller, weiblicher Lebensmuster, im Herausgehen aus sich selbst und in einer Transzendenzerfahrung, die zugleich immanent ist, die sich aus dem engen weiblichen Lebensraum zu einem kosmischen und gesellschaftlichen Lebensraum ausweitet.»

Im Frauencenter von Berkeley schließlich entdeckte ich 1986 die gekreuzigte Frau der Künstlerin Edvina Sandys, die nicht – wie es bei Hinweisen auf die mittelalterliche ikonographische Tradition der gekreuzigten Frauen in Deutschland geschah – feministische Abscheu hervorrief, sondern eine Fülle von Gedanken, Erinnerungen, Erfahrungen und Anstöße ausgelöst hatte. Hier schienen Frau und Mann nicht nur lustfixiert reagiert zu haben, sondern hatten in einer reiferen Phase Feministischer Theologie nicht mehr die Augen vor Leid und Einsamkeit verschlossen. Die gekreuzigte Frau war hier als Symbol unser aller Ohnmacht, Verwundbarkeit, Rechtlosigkeit und Todesverfallenheit gesehen.

Ich wurde 1990 gebeten, einen Vortrag über feministische Kreuzestheologie bei dem Jubiläum der Zeitschrift «Evangelische Theologie» zu halten. Ich tat dies zögernd und ungern, weil ich wußte, daß dort die Vertreter der dialektischen Theologie zusammenkamen, denen Feministische Theologie ein Dorn im Auge war. Das Erstaunliche war ein imponierender Beifall und am nächsten Tag die Bitte, dem Herausgeber-Gremium der Zeitschrift beizutreten.

Frauenforschung und Männersichten

Ende der siebziger Jahre kam eine junge amerikanische Theologin, Bernadette Brooten, nach Tübingen. Wir hatten das gleiche Interesse an Frauenforschung bzw. feministisch-theologischer Forschung, und wir mochten uns. Ich war angetan von ihrer Intelligenz, ihrem Witz und ihrer Heiterkeit und veröffentlichte in der zweiten Auflage meines ersten Buches «Menschenrechte für die Frau» (das jetzt «Frauenbefreiung. Biblische und theologische Argumente» hieß) ihre viel beachtete Studie über die weibliche Apostolin Junia, die in unsere lateinischen und deutschen Übersetzungen des Neuen Testaments als männlicher Apostel Junias eingegangen war. Sie schrieb mich einmal freundlich-ironisch als «Superfrau der Feministischen Theologie» an, und sie las kritisch und konstruktiv mein Manuskript «Ein eigener Mensch werden» mit. Zusammen baten wir Hans Küng um einen Platz in seinem Institut für Ökumenische Forschung, um ein paar feministische Bücher aufzustellen.

Das hatte Folgen. Im Sommer 1980 rief Hans Küng mich an und erzählte mir von seinem Plan, bei der VW-Stiftung ein Forschungsprojekt für Bernadette und mich zu beantragen, das an seinem Institut angesiedelt sein sollte. In der dürren theologischen deutschen Landschaft, in der die Kirchen nur gereizt und die theologischen Fakultäten überhaupt keine Notiz von Feministischer Theologie nahmen, war dies eine hoffnungsvolle Aussicht. Unter dem Obertitel «Frau und Christentum» sollten wir zwei verschieden gelagerte Projekte beantragen, die unseren Forschungsschwerpunkten entsprachen. Bernadette benannte ihr Projekt «Sexualität, Ehe und Alternativen zur Ehe von Frauen in den ersten vier Jahrhunderten». Ich zögerte, weil ich gerade wieder in mehrere ganz andere praxisorientierte Projekte geraten war, die mich okkupierten, beantragte aber schließlich eine Fortführung meiner Frauenstudien zur achtundvierziger Revolution. Dies wurde im Jahr darauf abgelehnt, und ich sollte es in neuer Form noch mal beantragen, aber inzwischen stand ich vor so viel aktuellen Aufgaben, daß ich beschloß, mit dem «Frau und Christentum»-Projekt nur noch als Beraterin verbunden zu bleiben und mich nur mit einzelnen Werkverträgen an das Projekt anzuschließen. An meine Stelle trat die Kirchengeschichtlerin Leonore Siegele-Wenschkewitz als Bearbeiterin des Teilprojektes II, das sie nannte: «Christinsein in Kirche und Gesellschaft des 20. Jahrhunderts. Exemplarische Lebensentwürfe.» Das Gesamtprojekt wurde großzügig finanziert. Jeder Projektleiterin wurde eine Hilfskraft zugeordnet, die zugleich über ein Frauenthema promovieren sollte. Dem gesamten Projekt standen als Beiräte zwölf Frauen und zwölf Männer zur Seite. Für die Halbtagssekretärin wurde im Institut ein Zimmer frei gemacht. Unter den Mitarbeiterinnen würde es keine hierarchische Struktur geben. Die Projektleiterinnen sollten wissenschaftlich selbstverantwortlich ihre Projekte bearbeiten. Die juristische, finanzielle und organisatorische Verantwortung hatte Hans Küng. Seminare und Workshops sollten angeboten, aber nicht zur Pflicht gemacht werden. Schon im Sommer 1981 begannen wir mit einem großen Seminar über Mary Daly.

Am 15. Juni 1982 schließlich wurde im vollbesetzten Festsaal der Universität Tübingen das Frauenprojekt mit Vorträgen von Hans Küng und Elisabeth Schüssler Fiorenza eröffnet. Wie fremd den Journalisten und wohl auch der versammelten Gemeinde feministische Begriffe noch waren, zeigte der Zeitungsbericht, der aus «androzentrisch» ein geheimnisvolles Wort «anthrozentrisch» machte. Nach den Vorstellungen der beiden Projektleiterinnen begrüßte Catharina Halkes aus Nijmegen die in Tübingen sich auftuende unerhörte Möglichkeit, in Ruhe Frauenforschung ohne den Zwang der Lehrverpflichtungen zu betreiben. Mir überreichte sie eine Marijke von Nijmegen, eine Frauenfigur, die nach der Sage sich dem Teufel verschrieben hatte, letztlich aber von einem durch Christus gesandten Engel befreit worden sei. Am Abend kamen wir noch

Eröffnung des Forschungsprojekts «Frau und Christentum», Tübingen, Juni 1982. Von links nach rechts: Elisabeth Schüssler Fiorenza, Leonore Siegele-Wenschkewitz, Elisabeth Moltmann-Wendel, Bernadette Brooten, Catharina Halkes.

in unserem Haus zusammen, und am nächsten Tag fand ein Symposion statt, an dem neben Frauen auch Männer aus der Frauenforschung wie Klaus Thraede und Karl Hermann Schelkle teilnahmen. Kurzreferate von fünf bis zehn Minuten gaben einen Überblick über die damalige Frauenforschung, und schließlich las Luise Rinser ein Stück aus ihrem noch nicht erschienenen Mirjam-Buch vor.

Noch schien die Welt heil, vor allem auch, weil zu gleicher Zeit andere Fachgruppen das Thema Feministische Theologie ebenfalls aufgriffen und Feministische Theologie zu einer seriösen öffentlichen Angelegenheit zu werden schien.

Im Januar 1982 konnte ich in der Zeitschrift «Evangelische Theologie», die sich als Organ der dialektischen Theologie verstand, eine Nummer zur Feministischen Theologie herausgeben. Im Vorwort zu dem Heft wies ich auf die internationale Zeitschrift «CONCILIUM» hin, auf den Lehrstuhl «Feminismus und Christentum» in Holland und auf das gerade anlaufende Sonderforschungsprojekt «Frau und Christentum», durch das Feministische Theologie schon einen soliden Stellenwert bekommen hatte. Aber die geschäftsführenden Herausgeber folgten gleich mit einer Anmerkung, daß die Beiträge des Heftes im Herausgeberkreis zu heftigen Kontroversen geführt habe. Gleichzeitig dankten sie mir, sie «mit einer in mancher Hinsicht ungewöhnlichen Betrachtung der biblischen und kirchlichen Traditionen» herausgefordert zu haben. Mein eigener Beitrag über meine Martha-Forschung «Die domestizierte Martha» blieb unangefochten, vermutlich, weil protestantischen Theologen Heiligengestalten suspekt und insofern indiskutabel waren. Aber den alttestamentlichen Beitrag von Helgard Balz-Cochois über Hosea 1–4 «Gomer oder die Macht der Astarte» griff in einer der nächsten Nummern Hans-Jürgen Hermisson frontal an: Hier sei nicht das Wort des Alten Testaments maßgeblich, sondern die feministisch beleuchtete und rekonstruierte Situation des Wortes. Hier seien Untergrundtraditionen rekonstruiert, der alttestamentliche Text als patriarchales Männerwort mißverstanden und eine phantastische Welt der kanaanäischen Volksreligion heraufgeholt worden. Der Widerspruch jüdischer und christlicher Theologie gegen die Faszination kanaanäischer Religion sei nicht gewahrt, und damit gäbe sich die jüdische und christliche Theologie selbst auf. Das Zeugnis der Heiligen Schrift sei nicht durch «Erfahrungstheologie» zu ersetzen. Zornentbrannt schied nach dieser Affäre Hermisson aus dem Herausgeberkreis aus.

Kritisch setzte sich Eduard Schweizer im gleichen Heft mit dem Aufsatz von Bernadette Brooten über «Das Scheidungsrecht der jüdischen Frau» und Luise Schottroffs Beitrag über «Maria Magdalena und die Frauen am Grabe» auseinander, kritisierte die Exegesen und mißtraute wohl vor allem den vom Feminismus diktierten Interessen. Brooten hatte die in der Forschung nie beachtete Sicht der Frauen in den Mittelpunkt gestellt, vermutete ein vorpatriarchales Scheidungsrecht jüdischer Frauen und kritisierte den geheimen Antijudaismus bisheriger Auslegungen, in denen sich die jesuanische Sicht von der jüdischen Tradition abhob. Schottroff hatte die markinische Vorstellung vom «Jünger» ausgeweitet auf die Jüngerinnen, was der Exeget Schweizer keinesfalls nachvollziehen konnte. Die Auseinandersetzungen um diese Artikel gingen noch lange weiter.

Der Herausgeberkreis war nun leider gespalten, aber bald darauf spaltete er sich noch mal aus politischen Gründen.

Ein gewagteres Experiment war es 1983, für das «Funkkolleg Religion» einen angemessenen Beitrag zu schreiben. Zusammen mit Waltraud Herbstrith vom Tübinger Edith-Stein-Karmel sollte ich ein Funkkolleg über «Formen christlicher Spiritualität heute» machen. Das machte Schwierigkeiten, denn auch moderne Ordensfrömmigkeit und feministische, von der Kirche sich loslösende Spiritualität ließen sich schwer vereinen. Dazu kam, daß meine Auftraggeber keinerlei Ahnung von Feministischer Theologie hatten und ihnen Frömmigkeitsbilder von Frauen höchst suspekt waren. So stolperten sie zum Beispiel über das in der Ökumene verbreitete Gedicht «Bäckersfrau Gott. Ich bin dein warmer lebendiger Leib», bis einer bei Luther einen ähnlichen Gedanken fand und mein Text angenommen wurde. Im nachhinein merkte ich aber, in welche entlegenen Gegenden Deutschlands diese Sendungen gerieten, wo von Frauenaufbruch und von neuem Denken keine Spur zu finden war. So bekam ich als Reaktion auf meinen Text viele zornige und langatmige Männerkommentare, in denen höchstens Maria, die Mutter Jesu, einen Anknüpfungspunkt abgegeben hätte. Ein Teilnehmer schrieb mir:

> «Was wollen Sie denn eigentlich – wollen Sie die Frauen in die Bergwerke treiben und in die Gießereien, während Sie sich selbst ja die Finger nicht schmutzig machen? Und wollen Sie die Frauen im Kriegsfall an die Front schicken, während Sie selbst sich hinter Ihren Büchern verschanzen? Machen Sie doch dem Herrn Bundesverteidigungsminister einmal das Angebot einer Frauenarmee (unter Ihrer persönlichen Beteiligung)... Sie erwähnten die Frauenhäuser als Beweis für die Unterdrückung der Frau. Ich

könnte Ihnen auf Anhieb drei Fälle nennen, wo die Sache umgekehrt liegt, wo die Männer vor ihren Frauen geflohen sind...»

Ich beschloß, mir in solchen Bereichen wirklich nicht mehr die Finger schmutzig zu machen. Tröstlich war dagegen die Zuschrift einer Frau:

> «Ich nehme teil am «Funkkolleg Religion» und möchte Ihnen mitteilen, daß mir beim Studieren Ihres Beitrages die Augen aufgingen. Zunächst wollte ich gar nicht recht heran an das Thema und stöhnte innerlich beim Anblick seines Umfangs. Dann aber war ich gepackt! Nun weiß ich, warum ich so oft andere Ansichten habe (und daß das ganz ‹normal› ist, ja sogar schön und gut!).»

Erfreulicher war dagegen eine andere öffentliche Aktion. Das Studium Generale der Universität Tübingen plante eine feministische Vorlesungsreihe für das Wintersemester 1983/84 und bat mich, in der Vorbereitungsgruppe mitzuarbeiten. Da ich mit der Tübinger Universität keinerlei Beziehungen hatte, lehnte ich erst ab, wurde dann aber so dringend um Teilnahme gebeten, daß ich nachgab. Das Makabre war nun, daß in dem Vorbereitungskomitee, das aus gestandenen Uni-Frauen bestand, nur noch eine andere Frau und ich Kenntnis vom Feminismus und ihren Vertreterinnen hatten. Und wir beide waren lediglich Ehefrauen von Ordinarien. So gingen wir unverfroren an die Arbeit, gewannen Frauen wie Ute Gerhard, Helga Novotny, Margarete Mitscherlich, Senta Trömel-Plötz, Carol Hageman-White, Angelika Wagner, und die Vorlesungsreihe wurde ein Riesenerfolg. Der größte Hörsaal war fast immer bis auf den letzten Stehplatz besetzt. Unsere Lokalzeitung berichtete ausführlich darüber. Der Südwestfunk übertrug mehrere Vorträge. Zumindest die junge akademische Welt schien voller Interesse und im Aufbruch zu sein. Ich hatte den theologischen Part übertragen bekommen und hatte ihn genannt: «Gott, unsere Mutter? Gotteserfahrungen im Patriarchat». In der Diskussion stellte sich plötzlich

Vorlesung «Gott, unsere Mutter?» beim Studium Generale der Universität, Tübingen 1984.

ein junger Mann vor mir auf, blitzte mich zornerfüllt an und rief: «Ihnen sollte man die Lehrerlaubnis entziehen!» Der Saal brüllte und pfiff, und ich konnte ihm vergnügt antworten, daß ich überhaupt keine Lehrerlaubnis hätte und sie mir folglich nicht entzogen werden könnte. Gekränkt zog der Vorkämpfer für eine saubere Theologie ab.

Solche Diskrepanzen, auf die das Reizthema Feministische Theologie stieß, waren fast voraussehbar. Nicht voraussehbar waren aber die Konflikte, die sich in den kommenden Jahren innerhalb von «Frau und Christentum» entwickelten.

Im September 1982 war Leonore Siegele-Wenschkewitz plötzlich aus dem Projekt ausgeschieden, weil sie in der Evangelischen Akademie Arnoldshain eine Studienleiterinnenstelle bekommen hatte, die sie einem kurzfristigen Forschungsprojekt vorzog. An ihre Stelle wählten wir Doris Kaufmann, eine evangelische Berliner Historikerin mit Erfahrung in historischer Frauenforschung. Sie hatte bereits über Frauen im katholischen Milieu gearbeitet und begann nun mit Einzelstudien zu evangelischen Frauenaufbrüchen.

Doch diese Umstellungen waren gering gegenüber dem, was in der Arbeitssitzung am 12. März 1984 auf die Forschungsgruppe zukam. Bernadette Brooten informierte uns, daß sie statt ihres alten dreigliedrigen Konzepts «Sexualität, Ehe und Alternativen zur Ehe» sich auf das Thema «Women, Power und Sexuality» konzentrieren wolle. Zugrunde läge dieser Themenstellung Röm 1,26 und sein historischer Kontext.

Damit hatte sie eine Verschiebung und Verengung ihrer ursprünglichen Thematik angekündigt, die nun auf eine Studie zu Lesben und Christentum hinauslief. Das entsprach weiten Zweigen der feministisch-theologischen Bewegung, in der Frauen ihr Lesbisch-Sein entdeckten. Der Protest, der sich in der Arbeitssitzung gegen diese Veränderung von Hans Küng, von Doris Kaufmann und mir erhob, hatte nun keineswegs etwas mit Abneigung gegen lesbische Lebensformen zu tun, im Gegenteil: Sie sollten ja ein Teilbereich ihrer Forschung sein. Der Protest richtete sich gegen die Veränderung eines beantragten Projektes, dessen Verengung und die mögliche Gefährdung anderer Arbeitsvorhaben durch solche Willkür und die Nicht-Einhaltung eines in der Öffentlichkeit vorgestellten Programms. Die nächsten Wochen und Monate waren turbulent. Wir versuchten Vermittlungsvorschläge zu machen, einen Rückzug Bernadettes vom Projekt mit allen tragischen Konsequenzen für die beteiligten Frauen und für das Ansehen der Frauenforschung in der Öffentlichkeit zu verhindern. In der folgenden Zeit kehrte wieder Ruhe ein. Aber sie war trügerisch: Bernadette hatte sich in Harvard beworben, wurde angenommen und kündigte im November 1984. Was als ihr Arbeitsergebnis veröffentlicht werden konnte, war nicht viel, und die brennende Frage war, wer das Projekt in den restlichen eineinhalb Jahren zu Ende führen konnte.

Hans Küng fühlte sich nach langer vertrauensvoller Zusammenarbeit hintergangen. Bernadette glaubte, daß ihr die Freiheit der Wissenschaft genommen sei. Überreaktionen auf beiden Seiten verschärften die Spannung. Am schlimmsten aber waren die Verdächtigungen, die üblen Nachreden, die durch solche, für die stets Frauen Opfer waren, sich ringsherum ausbreiteten. Viele Frauen saugten diese «Benachteiligung» einer Frau süchtig auf, ohne nach den Hintergründen zu fragen. Letzten Endes seien durch Hans Küng und die Institutsfrauen, die dieser Veränderung des Projektes nicht zustimmen konnten, lesbische Frauen und lesbische Liebe diskreditiert worden. Lesbische Liebe war in der Tat stets von Kirche und Gesellschaft verketzert, totgeschwiegen und tabuisiert worden. Sie mußte bewußtgemacht und in die Öffentlichkeit gebracht werden. Doch es war in höchstem Grade ungeschickt, mit einem feministischen Perspektivenwechsel, nach dem die Urliebe gleichgeschlechtlich sei und sich von da her die anderen Sexualitätsformen erklären ließen, ein erstes und fragiles Frauenforschungsprojekt in Deutschland zu überfordern und eventuell zu kippen.

Eine Öffentlichkeit, die institutionen- und männerkritisch war, begann sich auf das Tübinger Forschungsprojekt einzuschießen. Dazu gehörten zahlreiche Mitglieder des «Komitees Christenrechte in der Kirche». Dazu gehörten Frauenzeitschriften und Stimmen von Frauentagungen. Die Zeitschrift «Schlangenbrut» schrieb, daß es nahezu unmöglich sei, «mit einem Kirchenmann, der in der patriarchalen Kirche und Theologie groß geworden ist, Frauenforschung zu betreiben, auch wenn dieser Mann nur das Geld herbeischafft».

Um wieder Sachlichkeit in die entgleisende Diskussion einzubringen, veröffentlichten die Projektleiterin Doris Kaufmann, die Institutsassistentin Anne Jensen und ich im Mai 1985 noch einmal folgende Stellungnahme zu dem Konflikt.

> «Stellungnahme zum Konflikt zwischen Prof. Dr. Hans Küng und Dr. Bernadette Brooten im Forschungsprojekt ‹Frau und Christentum›:
>
> Der Konflikt, der vor einem Jahr im Forschungsprojekt ‹Frau und Christentum› am Institut für ökumenische Forschung in Tübingen entstanden ist, wird gegenwärtig in der Öffentlichkeit diskutiert. Dabei werden insbesondere gegen den Initiator und Leiter des Projektes, Professor Hans Küng, haltlose Vorwürfe erhoben: Die Freiheit der Wissenschaft sei im Projekt gefährdet, mit Männergewalt werde autonome Frauenforschung verhindert, strittige Themen wie lesbische Liebe würden systematisch unterdrückt. Wir wenden uns gegen die Diffamierungskampagne

gegen einen Theologen, der seit Jahren öffentlich für die Rechte der Frauen in der Kirche eingetreten ist und sich auch wiederholt gegen die Diskriminierung homosexueller Männer und Frauen geäußert hat. Gegenüber der von Dr. Bernadette Brooten in der Öffentlichkeit verbreiteten Darstellung möchten wir daher einige Fakten klarstellen.

Bernadette Brooten hatte die Themenstellung ihres Teilprojektes ‹Sexualität, Ehe und Alternativen zur Ehe in den ersten vier christlichen Jahrhunderten›, das von der Stiftung Volkswagenwerk bewilligt wurde, selbst bestimmt. Im März 1984 informierte sie Hans Küng und ihre Kolleginnen im Forschungsprojekt, daß sie in der verbleibenden Zeit ausschließlich an einer Untersuchung lesbischer Existenz anhand von Röm 1,26 (‹Darum lieferte Gott sie entehrenden Leidenschaften aus: Ihre Frauen vertauschten den natürlichen Verkehr mit dem widernatürlichen›) arbeiten wolle. Darüber wurde innerhalb des Forschungsprojektes mehrfach gemeinsam diskutiert, und dann auch einmal mit allen wissenschaftlichen Mitarbeiter/innen des Instituts für ökumenische Forschung. Wir haben versucht, Bernadette Brooten davon zu überzeugen, daß es im Hinblick auf den vorgegebenen Forschungsauftrag und beim gegenwärtigen Stand der theologischen Frauenforschung wichtig sei, an der ursprünglichen Breite der Themenstellung festzuhalten. Ihre Weigerung führte zwangsläufig zu einer Eskalierung des Konfliktes, was Arbeit und Arbeitsklima im Projekt über längere Zeit erheblich beeinträchtigt hat. Bernadette Brooten zog es schließlich vor, das Projekt zu verlassen, anstatt den Forschungsauftrag zu Ende zu führen. Ihre Kündigung hat die Weiterführung des Teilprojektes I ernstlich gefährdet.

Wir sind davon überzeugt, daß der von Bernadette Brooten verursachte und nun von ihr in die Öffentlichkeit getragene Konflikt der ersten institutionalisierten theologischen Frauenforschung in Deutschland erheblichen Schaden zugefügt hat.

gez. Dr. Doris Kaufmann,

Leiterin des Teilprojektes II,

Dr. Elisabeth Moltmann-Wendel,
Beraterin des Gesamtprojektes,
Dr. Anne Jensen, Hochschulassistentin
am Institut für ökumenische Forschung.
Tübingen, 10. Mai 1985»

Diese Stellungnahme wurde uns nun wieder so ausgelegt, als ob sie unter dem Druck von Hans Küng zustande gekommen wäre. Wir protestierten in unserer Tageszeitung, die diesen Verdacht gebracht hatte, aber diese Affäre am Rande zeigte nur, wie besessen die Frauenszene war, nur noch Abhängigkeiten zu wittern. Zwischen der ersehnten Frauenautonomie und der Hörigkeit vom Patriarchat gab es keine Zwischentöne.

Das Forschungsprojekt «Frau und Christentum» lief trotz aller Querelen weiter, ja, es begann nun eigentlich erst die ungestörte Arbeit, die sich später in zwei erfolgreichen Forschungsarbeiten niederschlug, wenn auch von Teilen der Frauenszene kritisch beäugt. Ab Oktober 1985 führte Anne Jensen, die als Hochschulassistentin die Arbeit des Projektes schon begleitet hatte, das Teilprojekt I weiter. 1986 beendete Doris Kaufmann als Teilprojekt II ihre in der theologischen Frauenforschung bis dahin einmaligen Untersuchungen zur protestantischen Frauenbewegung und veröffentlichte unter dem Titel: «Frauen zwischen Aufbruch und Reaktion. Protestantische Frauenbewegung in der ersten Hälfte des 20. Jahrhunderts» (Piper, München). 1992 erschien Anne Jensens umfassendes Standardwerk über das Selbstverständnis und die Rolle der Frau im frühen Christentum «Gottes selbstbewußte Töchter. Frauenemanzipation im frühen Christentum?» (Herder, Freiburg), als erste Habilitationsschrift in theologischer Frauenforschung. Bis 1996 fanden im Institut für Ökumenische Forschung und in der Katholisch-Theologischen Fakultät durch Anne Jensen Vorlesungen und Seminare zur Feministischen Theologie statt. Noch immer hat sich aber unter Frauen die Meinung festgebissen, daß – wie Hedwig Meyer-Wilmes 1990 schrieb – «an der Universität Tübingen – genauer am Institut für ökumenische Forschung – in aller Stille ein Projekt aus[lief], das 1982 mit vielen Vorschußlorbeeren eröffnet worden ist». Hier war ein Forschungsprojekt heruntergespielt, das nicht in das Ideal einer sogenannten autonomen Frauenforschung paßte. Nur solche autonome Frauenforschung konnte demnach feministisch korrekte Ergebnisse erzielen – das war und ist das geheime Credo, das in Gruppen feministischer Theologie bis heute seinen festen Ort hat und alle die ins Zwielicht bringt, die bei einem männlichen Lehrstuhlinhaber promovieren. Daraus ergeben sich historische Fehldarstellungen. Damit übersieht man die Wirklichkeit und die Möglichkeiten, die sich heute für Frauen in der schwierigen deutschen Universitäts-Situation ergeben. Trotz des berechtigten Verlangens nach Autonomie sollten nicht die Chancen übersehen werden, die sich auch in patriarchalen Institutionen für Frauen bieten. Ideale Vorstellungen können leicht zu Ideologien werden, die unsere Wirklichkeit verstellen.

Ich wurde nach diesen Erlebnissen mißtrauischer gegen Ideologien, die nun nicht mehr nationalsozialistisch wie in meiner Jugend und nicht mehr sozialistisch wie in der DDR, aber nun zunehmend feministisch wurden. «Gehe von deinen Beständen und nicht von deinen Parolen aus» – dieses Wort Gottfried Benns mit seiner preußischen Realitätsnähe wurde mir zunehmend wichtig. Es gab mir die notwendige Distanz und auch Ironie, um manchen feministischen Spektakel besser zu überstehen. Wogegen ich aber auch innerlich machtlos und hilflos blieb, war das wachsende Mißtrauen lesbischer Gruppen, die in mir nun nicht nur Patriarchatsabhängigkeit, theologische Orthodoxie, sondern auch Lesbenfeindlichkeit witterten.

Der nächste Konflikt dieser turbulenten Zeit kam bereits im Mai 1985. Frauen vom Weltrat der Kirchen in Genf luden vom 30. Mai bis zum 2. Juni zwanzig europäische Frauen, die sich führend mit der Feministischen Theologie befaßt hatten, zu einer Konsultation mit Workshop nach Boldern (Schweiz) ein. Das Thema war: «Auf dem Weg zu einem europäischen feministischen Netzwerk».

In der Planung war vorgesehen, die Standortbestimmung feministischer Theologinnen zu erörtern, zu fragen, wo der Weg hinführe, und Strategien zu diskutieren. Am zweiten Tag trennten wir uns in verschiedene Arbeitsgruppen auf. Zu einer, die sich mit der Wissenschaftlichkeit Feministischer Theologie befassen wollte, gehörten Catharina Halkes, die inzwischen verstorbene Holländerin Fokkelien van Dijk, die Norwegerin Dagny Kaul, die Dänin Ellen Juhl Christensen, Joann Nash Eakin vom Genfer Stab, Luise Schottroff und ich. Wir saßen bei schönstem Sonnenschein auf der Wiese in Boldern, im Hintergrund die Schweizer Berge, und plötzlich war die Idee da: Wir brauchen eine feministische Institution. Zunächst schwebte uns so etwas wie ein «Verein» vor, dann wurden wir kühner und begeisterten uns an der Idee, eine «Gesellschaft» zu gründen. Nur nicht mehr bescheiden am Rande stehen, nur nicht mehr tiefstapeln! Eine Art Champagnerstimmung hatte uns erfaßt. Ich selbst sah plötzlich die Möglichkeit, daß all das, woran ich in den letzten Jahren gelitten hatte – die Unterstellungen, die dogmatisierten Positionen, die Verdächtigungen, die globalen Diffamierungen einer Männertheologie, die kritiklosen Emotionen –, einer größeren Sachlichkeit weichen würde. Feministische Theologie könnte so auf einen Weg geraten, wo sie größere Akzeptanz erfahren würde.

Doch als wir mit einigen schnell formulierten Grundsatzthesen in das Plenum zurückkamen, geschah Unerwartetes: Unsere Begeisterung ging nicht nur nicht auf die anderen über, vielmehr begegneten wir heftigem Widerstand, gerade von wichtigen feministischen Theologinnen. Feministische Theologie sei Barfußtheologie, gerade von Laiinnen, und sie wollten nicht wieder unter die Herrschaft einer wissenschaftlichen Theologie kriechen. Der Streit wurde heftig und grundsätzlich. Es war, als ob wir der Feministischen Theologie den Abschied geben wollten, obwohl wir alle doch gerade durch intensive Basisarbeit bekannt geworden waren. Bärbel Wartenberg, damals die Direktorin der Frauenabteilung, wollte vermitteln: Man könne das eine tun und das andere nicht lassen, aber der Konflikt schwelte weiter. Herta Leistner und Marga Bührig fühlten sich durch unsere Pläne tief verletzt. Dagegen halfen auch wenig der wunderbare Sommerabend auf Boldern, zu dem viele Schweizerinnen eingeladen waren, das kalte Buffet, die Polonaise, der Mond über den Bergen, die abendliche große Diskussion und die vielen schönen Einzelbegegnungen. Mir ist allerdings noch in Erinnerung, wie mich ein paar junge Frauen wegen der Kreuzestheologie attackierten, aber angesichts unseres neuen Schritts in eine bessere Zukunft feministischer Theologie war mir das auch schon weniger wichtig.

Im Oktober traf sich unsere kleine Bolderngruppe bei Luise Schottroff in Mainz, um weitere Schritte zur Bildung der Society zu planen. Es ging um die vielen praktischen Schritte. Es ging auch um die Frage, ob es uns um «feministisch-theologische Forschung» oder um «theologische Frauenforschung» gehen sollte. Sollte die Beziehung zur traditionellen, akademischen Forschung oder feministischen Bewegung betont werden? Schließlich kam das Wort «feministisch» im Titel der Gesellschaft nicht vor. Ich selbst war daran dann nicht mehr aktiv beteiligt, weil ich im Winter in den USA war zu Vorlesungen in der Emory University in Atlanta, einer transkontinentalen Konferenz des Episkopalistischen New Yorker Trinity-Instituts und auf einer anschließenden privaten Reise nach Hawaii und China. Ein Stück weit war ich erleichtert, der unerfreulichen deutschen Szene zu entfliehen. Als ich zurückkam, fand vom 13. bis zum 15. Juli 1986 bereits die erste Tagung der «European Society for Women's Research in Theology» mit einundsiebzig Frauen aus dreizehn europäischen Ländern in Magliaso (Schweiz) statt. Der Beschluß zur Gründung wurde angenommen. Die Zusammenarbeit gelang, und die Konferenz hatte europäische Weite, was unserer deutschen Streit-Vergangenheit guttat. Mir selbst saßen allerdings die Konflikte des letzten Jahres noch tief in den Knochen. Als ich auf der Rückfahrt mit Anne Jensen und Dorothea Wendebourg auf dem Marktplatz von Lugano saß, entfuhr es mir: «Ich schreibe irgendwann mal einen Artikel: Feminismus ade!» «Das dürfen Sie auf keinen Fall tun», entrüstete sich Dorothea Wendebourg. Ich machte es auch nicht, aber es war wohltuend, solche Gedanken Frauen zu sagen, die auch zu feministischer Selbstironie fähig waren.

Seit dem Sommer 1987 kam eine Aufgabe auf mich zu, die mich noch einmal neu herausforderte. Raul Niemann, der Lektor des

Gütersloher Verlagshauses, besuchte mich und besprach mit mir den Plan des Verlages, ein Frauen-Lexikon herauszubringen. Ich war bereits informiert über parallele Pläne im Herder-Verlag, die schon fortgeschritten waren und 1988 zum «Frauen Lexikon» führten, und wir beschlossen deshalb, ein speziell theologisches Wörterbuch zu machen. Der Verlag stellte sich Catharina Halkes und mich als Herausgeberinnen vor. Aber Catharina Halkes lehnte ab, und so schlug ich vor, das Wörterbuch auf die Füße von sechs gestandenen, wissenschaftlich arbeitenden Theologinnen zu stellen, die jeweils Fachbereiche vertraten, so daß die Verantwortung für jede einzelne geringer wurde. Denn wir waren ja alle durch ständige Überforderung mehr als ausgelastet! Ich nannte Namen von Theologinnen, die sich nicht nur in Ablehnung patriarchaler Theologie ergingen, sondern auch einen vorfeministischen und zum Teil leidenschaftlichen Zugang zur Theologie gehabt hatten: Elisabeth Gössmann als Theologiegeschichtlerin, Helen Schüngel-Straumann als Alttestamentlerin, Luise Schottroff für Neues Testament, Herlinde Pissarek-Hudelist für Katholische Dogmatik und Religionspädagogik. Zunächst hatte auch Christine Janowski ihre Teilnahme als Systematikerin zugesagt. Nach ihrem Ausscheiden trat Ina Prätorius mit dem Spezialgebiet der feministischen Ethik an ihre Stelle. Ich übernahm den Part feministischer und protestantischer Theologie. Nachdem wir uns in den ersten Sitzungen mühsam zusammengerauft hatten, wurde die Zusammenarbeit in unserer auch ökumenisch gut aufgeteilten Gruppe optimal, und alle Bedenken des Verlages, daß die Herausgeberinnenzahl zu groß sei, verflüchtigten sich. Vom Verlag wurde alles getan, um die immense Arbeit zu erleichtern. Raul Niemann erwies sich als geschickter und jederzeit flexibler Leiter des Unternehmens. Wir kamen ein- bis zweimal im Jahr für zwei Tage zusammen, was jedesmal mit einem festlichen Essen abgeschlossen wurde, und hatten am Ende eine einwöchige Klausurtagung in Salzburg, ohne allerdings Zeit zu finden, um etwas von den Schönheiten Salzburgs zu sehen. Unter fünfundneunzig Stichworten faßten wir den damaligen Bestand der Feministischen Theologie zusammen, gewannen siebenundsiebzig Autorinnen für die verschiedenen

Endredaktion des «Wörterbuch(s) Feministische Theologie», Salzburg 1990. Von links nach rechts: Helen Schüngel-Straumann, Herlinde Pissarek-Hudelist, Luise Schottroff, Ina Prätorius, Elisabeth Moltmann-Wendel, Elisabeth Gössmann. Vorn: Raul Niemann.

Artikel und übernahmen selbst eine größere Anzahl. Auf Raul Niemanns Vorschlag endeten wir mit dem Buchstaben Z = Zukunft, indem jede von uns ihre Zukunftsvisionen Feministischer Theologie darstellte.

Mir war diese Arbeit wichtig, weil ich zum ersten Mal in Zusammenarbeit mit anderen Frauen die Weite und Breite feministischer Perspektiven mitgestalten konnte. So stellten wir zum Beispiel die unterschiedlichen feministischen Zugänge zur Bibel dar, ohne zu werten und abzuurteilen, was richtig und was minderwertig war. So bekam der Artikel «Kreuz» verschiedene Deutungen, ohne daß hier eine feministische Dogmatik die Feder geführt hätte. War schon die Zusammenarbeit beglückend, so war das Ergebnis, das «Wörterbuch Feministische Theologie» in nahezu allen Besprechungen und Beurteilungen ein Glücksfall. Frauen und Männer bekamen einen Eindruck, was Feministische Theologie überhaupt sei. Manche schrieben, wie «spannend» sie die Lektüre gefunden hätten, wie einen «Schmöker», schrieb eine sonst sehr kritische Frau voller Wohlgefallen an Text und Stil. Lediglich die FAZ mäkelte in gewohnter Weise mit dem Artikel «Göttin sucht Hausmann» an dem von ihr gehaßten Feminismus herum.

In all die schönen und seriösen Aufbrüche nach den Turbulenzen der vergangenen Jahre klotzte ein Antrag aus der Württembergischen Synode 1987 mit der Bitte an die Evangelisch-Theologische Fakultät Tübingen um ein Gutachten, «das die Grenzen der sogenannten Feministischen Theologie aufzeigt». 1988 nahm die Landessynode einstimmig den folgenden Antrag des theologischen Ausschusses an:

> «Der Oberkirchenrat wird gebeten, den Prüfungsausschuß der Evangelisch-Theologischen Fakultät der Universität Tübingen um eine gutachterliche Äußerung zur Bewertung der Feministischen Theologie auf der Grundlage der reformatorischen Bekenntnisse zu bitten.»

Da sich einige Professoren bemüßigt und autorisiert fühlten, dieser Aufforderung zu folgen, kam 1990 eine «Stellungnahme zu Fragen der Feministischen Theologie» zustande, die auf der Basis selektiver feministisch-theologischer Literatur und unaufgegebener patriarchaler Positionen ein höchst dürftiges theologisches Produkt darstellte. Vermutlich hatten diese Professoren nie die Tübinger theologische Vorlesungsreihe im Wintersemester 1987/88 wahrgenommen: «Theologische Frauenforschung, Perspektiven Feministischer Theologie», die ich mit den Wörterbuchfrauen veranstaltet hatte, die sogar vom Oberkirchenrat in Stuttgart unterstützt und vom Institut für Praktische Theologie mitorganisiert worden war. Nach der Veröffentlichung der sechs professoralen Stellungnahmen ging ein Sturm der Empörung über dieses engstirnige und oberflächliche Kunst-Stück durch die kirchliche und zum Teil auch säkulare Presse, der zeigte, daß die Feministische Theologie kein Kuriosum, sondern eine ernsthafte und nicht leichtfertig abzuhandelnde Angelegenheit sei. Ermuntert vom Gütersloher Verlag und in Zusammenarbeit mit dem Bonner Theologen Günter Kegel, der einen kritisch-ironischen Kommentar schrieb, gab ich diese Stimmen in einem Band «Feministische Theologie im Kreuzfeuer» heraus. Er wurde den Synodalen der Württembergischen Synode auf ihrer Frühjahrssynode 1992 auf den Tisch gelegt, zeigte allen, wie obsolet Universitätstheologie sein konnte, und trug dazu bei, daß Feministische Theologie in Württemberg eine zu beachtende Größe wurde. Zugleich mit der Universitäts-Stellungnahme hatten wir von der Frauenarbeit mit der geschäftsführenden Pfarrerin Renate Ganzhorn-Burkhardt eine kleine Einführung in die Feministische Theologie geschrieben, die zu gleicher Zeit unter dem Titel «Feministische Theologie. an-stöße, stich-worte, schwer-punkte» erschien und die – wie die «Evangelischen Kommentare» schrieben – «durchaus auch als Antwort auf die Tübinger Stellungnahme gelesen werden kann». Wir hatten gelernt, mit Argumenten statt Anklagen in die Öffentlichkeit zu gehen und neue konstruktive Wege für ein biblisches und theologisches Denken und Leben aufzuzeigen.

Mir kam es vor, daß ich mich Anfang der 90er Jahre von einem nur sozialen oder nur psychologischen Feminismus freigeschwommen hatte. Dabei hatte ich wissenschaftlich und kirchlich arbeitende Frauen getroffen, die fern von Sozialmoralismus und Psychokultur ebenfalls nach einer befreienden Feministischen Theologie suchten. Das gab mir das Gefühl von Identität und Souveränität und die Fähigkeit zu größerer Toleranz.

Ich hatte auch immer wieder Männer getroffen, die aufmerksam der Feministischen Theologie begegneten und selbst ein neues Denken probten. Vor allem in der Diskussion und in dem Leben mit Jürgen hatte ich bei ihm die Fähigkeit erlebt, aufzunehmen, sich zu verändern und alte Absolutheitsansprüche hinter sich zu lassen. Ich lernte von ihm, welche Fülle von scheinbar neuen Denkmustern schon in der Geschichte der Christenheit vorgegeben waren, und er lernte von mir, mehr Mut zu bekommen, die Transzendenz in der Immanenz auszudrücken, seine Schöpfungstheologie «Gott in der Schöpfung» zu nennen, statt «Gott und Schöpfung» zu sagen. Ein Journalist sah ihn so:

> «Seine Frau hat, so dürfen wir vermuten, ihren Mann stets davor bewahrt, an einer Klippe zu scheitern, an der so viele patriarchale Gottesmänner stranden, an der männlichen Selbstgerechtigkeit. Jürgen Moltmann hat die neue, ehrliche Gemeinschaft von Frauen und Männern in der Kirche nicht nur in seiner über vierzigjährigen Ehe mit der Theologin Elisabeth praktiziert, sondern für die wissenschaftliche Theologie, eine Domäne der Männer, eingefordert.»

Oft werde ich allerdings gefragt, wie ich mit der so ganz anderen Theologie meines Mannes umgehen könnte. «Was machen Sie nur mit seiner Trinitätslehre?» fragte mich kürzlich eine Frau. Ich versuchte ihr zu erklären, daß ich nicht in diesen Mustern denke, aber daß mir zum Beispiel das Anliegen seiner Trinitätslehre wichtig sei: die Beziehungsfähigkeit Gottes darzustellen, in der sich die Beziehungsfähigkeit der Menschen spiegelt. Ich selbst gebrauche andere Bilder dafür, etwa das Mutter-Kind-Verhältnis, das für mich Gegenseitigkeit darstellt. Vielleicht könnten wir – wie es die alte Kirche getan hat – auch wieder von dem Vater-Mutter-Kind-Verhältnis ausgehen. Unserer eigenen Erfahrung und unserer Phantasie sind keine Grenzen gesetzt. Wir müssen sie untereinander jedoch ernst nehmen, sofern sie einen Sitz im Leben haben und auf konkretes Leben hinweisen.

Kirchenärger

Für viele Theologen, Kirchenmänner und Professoren war der Umgang mit Feministischer Theologie schwierig, denn sie erschütterte das, was sie bisher gelernt und bisher vertreten hatten. Nur ganz wenige unterstützten Feministische Theologie von Anfang an, wie zum Beispiel Hans Küng, der schon 1976 sechzehn Thesen «Für die Frau in der Kirche» in der «Tübinger Theologischen Quartalsschrift» veröffentlicht hatte, Philip Potter, der Generalsekretär des Weltrats der Kirchen, Jörg Zink und Jürgen. Das Fremde darin zu akzeptieren und nicht an dem subjektiven Maßstab zu messen war für solche, die ihre Theologie mit dem letzten Wahrheits- und Absolutheitsanspruch verbanden, kaum zu leisten. Wer nahm sich schon Jörg Zinks Worte zu Herzen, der 1981 schrieb:

Mit John Bowden, dem Verleger von SCM-Press und englischen Übersetzer meiner Bücher, und Hans Küng.

«Könnten wir Theologen es nicht riskieren, erst einmal der Frau in uns selbst, dem weiblichen Anteil, Luft zum Atmen zu geben und ihm Sprache zu verleihen? Vielleicht gelänge uns, wenn wir lange still und geduldig genug zuhörten, zu begreifen, wie anders Frauen leben und erfahren als wir und wie oft wir ihnen in bester Absicht männliche Steine zu essen gegeben haben statt des Brots aus dem Himmel, das uns beiden zugedacht ist. Das Evangelium würde sich dabei nicht ändern, wohl aber die Theologie, und die, schätze ich, gründlich.»

Und wenige deutsche Theologieprofessoren können sich bis heute zu den Sätzen des Chicagoer Theologieprofessors David Tracy bekennen, der 1995 schrieb:

«Es besteht heute kein Zweifel mehr daran, daß die modernen Rationalitätsbegriffe zu drei fatalen Spaltungen beigetragen haben: der Abspaltung des Denkens von Gefühl und Erfahrung, der Trennung von Form und Inhalt und der Entzweiung von Theorie und Praxis.

In allen diesen Fällen war es das feministische Denken, das die schärfste Kritik und die überzeugendsten Neuentwürfe formulierte. Feministische und womanistische Theologien haben deutlich gemacht, wie kontextgebunden alle ‹Erfahrung› ist und wie zeitbedingt und typisch männlich sich die Trennung von Denken und Gefühl in Wahrheit darstellt.»

Karl Barth hatte die Theologen mit Fragen nach der eigenen Psyche allein gelassen, und auch die historisch-kritischen Methodiker hatten dafür keine Hilfe gegeben. Wer sich hier weiterentwickelt hatte, hatte es auf eigene Kosten gemacht. Wer über die eigene theologische Schule hinausblickte, hatte das meist im ökumenischen Kontext getan, war sensibel für fremde Kontexte und zuweilen auch für die «Fremdheit» der Frauen in einer männlichen Kultur geworden.

Schmerzlich war es, wenn frühere enge theologische Weggefährten nicht mehr mitgehen zu können meinten. Unser Bremer Freund, der alte Kämpfer in der Bekennenden Kirche Karl Kampffmeyer, sah mich nach einem Vortrag, den ich in der Kirchlichen Hochschule Wuppertal gehalten hatte, lange enttäuscht an und sagte schließlich: «Ja, das ist wirklich ganz anders!» Und Eberhard Bethge bekannte mir nach einer Veranstaltung in Bad Godesberg traurig, daß er so viele theologische Wandlungen in seinem Leben durchgemacht hätte, aber diese nicht mehr mitmachen könnte.

Fast zur Normalität gehörten seit Beginn der feministischen Bewegung die Angriffe aus dem evangelikalen Lager. Sie kamen so regelmäßig und waren von immer ähnlichem Inhalt, daß es schon langweilig war, sie zur Kenntnis zu nehmen. Ihre Hauptorgane waren das evangelikale Informationsmagazin «Idea» und die Tageszeitung «Die Welt». Ihre Hauptobjekte waren Hildegunde Wöller, Mary Daly, Catharina Halkes und ich. Ihre Hauptargumente faßte Ingeborg Hauschildt, eine der evangelikalen Vertreterinnen, schon 1981 so zusammen:

> «Feministische Theologie ist
> a) eine sektiererische Verengung christlichen Glaubens,
> b) ein gradliniges Aufnehmen von säkularen Emanzipationsbewegungen, vor allem aus dem Marxismus,
> c) eine Art Dekadenz-Erscheinung bei innerlich verunsicherten Menschen,
> d) deshalb nach meinem Eindruck eine kurzlebige Welle, trotz ihrer Prognosen für eine Verweiblichung der Welt.»

Die Ursache solcher Bewegung sah sie in weiblichen geschlechtsspezifischen Eigenheiten, denn:

> «Leider neigen Frauen etwas zum Schwärmertum. Anders kann ich es mir nicht erklären, daß
> a) Befreiungsbewegungen in aller Welt ständig mit der für die Frauen für nötig gehaltenen zusammen gesehen werden,

b) Frauen ihren Auftrag in einem wirtschaftlichen Boykott sehen, angeblich um jemandem damit zu helfen,

c) gerade die Intelligenz unter den Frauen so unerklärlich zu marxistischen Utopien neigt,

d) es auch unter den Terroristen nicht wenige Frauen gibt. Hier kommen sie zu einer völligen Perversion fraulichen Wesens.»

Noch 1982 hieß es, daß Feministische Theologie eine «fragwürdige neue Welle» sei. Später sah man sie von dieser Seite als «klare Irrlehre» an, die sich keineswegs als kurzlebig erwiesen habe, die auf die Zerstörung der Familie, die klassenlose wie geschlechtslose Gesellschaft hintendiere und Unterwerfung bis hin zur Vernichtung des Mannes wolle.

Waren diese Ängste eher irrational, so drückten manche Vertreter sie doch sehr rational aus: Feministische Theologie entzöge sich jeder Form von Kritik, klagte Rolf Scheffbuch. In dem Aussagegeflecht Feministischer Theologie entdecke man «Splitter von heidnischer und christlicher Religiosität, von Vorstellungen verschiedener Kulturen und Kulturstufen, von Psychologie und Philosophie, von Kunst und Naturwissenschaft, von gruppendynamischen Erfahrungen und von theologischen Erwägungen. Jedoch sei «ein ordnender Gesamtzusammenhang nicht zu erkennen. Die einzelnen Puzzlestücke scheinen keinen festen, unverwechselbaren Platz zu haben, sondern können nach eigenem Ermessen frei zusammengestellt werden.» Damit entzöge sich die Feministische Theologie jeder Form von «nüchterner Auseinandersetzung». Die Grundsätze «der Logik, der Bibel, des Glaubensbekenntnisses und des Anstandes» seien aufgegeben. Gefordert wurden statt dessen vernünftige, nüchterne Auseinandersetzungen um die Wahrheit des Wortes Gottes und Rückkehr zur gesunden Lehre, zur Ordnung.

Es ist erstaunlich, welche trockenen, prüden, rationalistischen Gegenargumente aus dem einstmals so lebendigen, erfahrungsbezogenen Pietismus kamen, aus dem die evangelikale Bewegung entstanden war. Man war besessen von der Angst vor einer unbekannten Flut, einer roten Flut, denn Kommunismus und Sozialismus geisterten immer als Verbündete des Feminismus umher. Man war orthodox lutherisch geworden. Bibel und Bekenntnis mußten herhalten, um die christliche Bastion in dieser Sturmflut zu befestigen. Die ungreifbare Feministische Theologie war verführerisch und ein apokalyptischer Greuel.

Fast fünfzehn Jahre nach Ingeborg Hauschildts erster Charakterisierung der feministischen Häresien blieben die Argumente die gleichen. Nur die Adressaten waren erweitert: Die kirchliche Obrigkeit war herausgefordert, endlich etwas gegen die Irrlehren zu tun. Doch wo standen die Kirchen, die Bischöfe?

Ich war seit Mitte der achtziger Jahre, seit die Feministische Theologie eine öffentliche Angelegenheit geworden war, einige Male zu Gesprächen mit Kirchenleitungen eingeladen: zur Hessischen Kirche, zum Reformierten Moderamen, zu den VELKD-Bischöfen und zur bayerischen Kirchenleitung. Die Gespräche liefen immer sachlich und vernünftig ab, denn manche von diesen Kirchenmännern waren meine Alters- oder Studiengenossen. Ich kannte ihre theologische Ausbildung, ihre Denkweise und Sprache und konnte mich in etwa in sie hineinversetzen, vor allem auch in all ihre Defizite, an denen ihre theologische Weiterentwicklung krankte. Überall begegnete ich den gleichen Problemen:

1. der Angst, daß Frauen ein Übergewicht bekämen und sich als die besseren Menschen sähen;

2. der Unfähigkeit, aus ihren theologisch-philosophischen Denkmustern auszusteigen und sich die soziologischen Voraussetzungen der Befreiungstheologien anzueignen;

3. der Schwierigkeit, festgezurrte Vorstellungen von der Diastase von Gott und Mensch und der Sünde als Ursprungsort für die Theologie zu relativieren;

4. der ängstliche Ablehnung von sogenannten «heidnischen» Mythen.

Theologie, die aus Erfahrung kommt, war ihnen im Studium verdächtig gemacht worden, und diesen Verdacht konnten sie nicht aufgeben. Aber ganz subjektiv wurden sie, wenn es um die Beurteilung von Frauen ging. Da sahen sie nur ihre Ehefrau vor sich, die sie brauchten und die in dieser Generation noch ganz im Haushalt aufging, oder sie erzählten von ihren Müttern. Aber diese Patriarchatserfahrungen brachten das Gespräch nie recht weiter.

Eine dieser Begegnungen, die Klausurtagung der Bischofskonferenz der Vereinigten Evangelisch-Lutherischen Kirchen Deutschlands (VELKD) 1987 in Hamburg, brachte mir aber noch ganz andere Erfahrungen, die ich, weil ich sie so bemerkenswert fand, in meinem Tagebuch festhielt:

«S. empfing mich auf der Treppe, beamtenhaft starr und zugleich jovial... Ich fand mich gleich zum Kaffee ein, wo ich Frau H., die ich vor zehn Jahren bei der Evangelischen Frauenarbeit schon mal getroffen hatte, sah, sie begrüßte und mich an ihre Seite setzte. Sie – erfreut, daß ich sie kannte, ich – erfreut, daß ich überhaupt jemanden kannte. Bischof H., Mann und Frau, nahmen mich dann freundschaftlich zwischen sich im Vortragssaal, wo der Philosoph Rohrmoser begrüßt wurde und mit seinem Vortrag begann. ‹Warum sind Sie denn nicht begrüßt worden?› murmelte Frau H. Abends holte es dann der leitende Bischof nach. Frau H. informierte mich, was da alles herumsaß: Bischöfe von Bayern, Braunschweig, Hannover, Österreich, Württemberg, Lübeck, Hamburg, Schleswig-Holstein, Finnland, Dänemark, Mecklenburg – wie kleine Regenten, aber mit finsteren oder starren Gesichtern, schwarz bekleidet, neben sich Frauen, die wie aus den dreißiger Jahren aussahen. Immer schön neben den Männern. (Der Mecklenburger kam gleich auf mich zu, fühlte sich auch etwas fremd. Wir hatten schönes Gespräch, mußte leider am nächsten Tag weg!)

Rohrmoser holte weit aus und langweilte schließlich. Beim Abendessen geriet ich neben einen Außenseiter, Vertreter einer lutherischen Minderheit im reformierten Bereich, der sympathisch wirkte und in Anbetracht der kommenden Hessenwahl murmelte: ‹Hier wird man sich nicht mal freuen dürfen, wenn die

SPD gewinnt!› Zu uns gesellte sich ein anderer ungewöhnlicher Einzelmensch, der sich der ehelichen Gemeinschaft entzogen hatte: eine Ärztin, die unabhängiger wirkte und sich kritisch über Rohrmoser äußerte.

Abends ging es dann weiter mit dem Rohrmosern. Ich meldete mich schließlich mit der Frage, ob seine Abendland-Analyse nicht aus der Sicht eines männlichen Abendländers gemacht sei inklusive der Urteile über Frauenbewegung. Ich hatte den Eindruck, die Frage war schüchtern, aber treffend gestellt und fand Beifall, denn Rohrmoser stoppte seine Suada: ‹Jetzt kann ich aber wirklich gar nichts mehr sagen.› Abends trank ich noch mit Frau L. und Frau K. ein Glas Wein.

Die Morgenandacht am nächsten Tag war trotz des Eingangsliedes ‹Morgenglanz der Ewigkeit› grau und sündig, und der Oberkirchenrat, der sie hielt, sah aus wie ein Sargträger. Mein Referat danach lief glatt und geübt, merkte nur, daß sie nie lachten, wo andere lachten. Beifall bekam ich, als ich mich gegen Sorge abgrenzte. In der Pause Diskussion mit W., der im Unterschied zu seinen Kollegen erfrischend lebendig wirkte.

Die Diskussion danach war kein Problem, wenigstens kann ich mich auf Einzelheiten gar nicht mehr besinnen... Frau L. strahlte, gratulierte: ‹Wunderbar, klar und gut.› Aß mit ihr, machte einen Spaziergang, hielt Mittagsruhe. Dann Referat L. aus G: Kritisches zur Feministischen Theologie und Biblisches zum Gottes- und Menschenbild. Eineinhalb Stunden nörgeln, unkreativ, dogmatisch beschränkt. Kritik an Sölle, Halkes und mir – sofern unsere Äußerungen männerfeindlich klangen. Traf hinterher die Ärztin, der am Referat nichts weiter aufgefallen war. Gleichmütig sagte sie: ‹Eben das Übliche, das wir gewohnt sind.›

In der Diskussion konnte ich mich angesichts des starr-sturen Griffekloppens nicht mehr zurückhalten. Sagte ungefähr so, daß L. mich kritisiert habe, ich jetzt aber nicht darauf eingehen wolle (Gemurmel ringsherum: warum nicht?). Vielmehr bewege mich die Richtigkeit und Ausgewogenheit des Gottesbildes, die alle anderen Erfahrungen abschnitten. Wenn ich an den Kirchentag dächte mit seinen vielen Gotteserfahrungen ungewöhnlicher Art und daß die Kirchen immer leerer würden... ‹Ho-ho-ho-›, tönte es, ‹bei uns aber nicht!› Aus dem Vortrag hätte ich auch einen Herrschaftsanspruch herausgehört, an den Frauen heute kritische Anfragen hätten... Diese Kritik mißfiel offensichtlich. S. konterte böse, damit schlösse ich andere aus. Und dann fiel die Bombe: Die Frau des Sünden-Sargträgers, die schon am Morgen versucht hatte, Spitzen zu verbreiten, und von der Frau L. gesagt hatte, daß sie nur gekommen sei, um mich anzugreifen, zischte wie eine Furie, ich sei wie ein Bazillus, der nichts wie Zerstörung hinter sich ließe. Die Rede war weit länger, ich weiß nur noch diesen Satz. Es dauerte wohl ein paar Minuten, bis mir die ganze Bosheit bewußt wurde und sie mich erfaßte. Zum Glück war Abendessenszeit. Ich ging mit letzter Haltung in mein Zimmer und brach in Tränen aus. Selbst der Sorge-Angriff war noch milder bei mir gelandet. Nach zehn Minuten klopfte es an meine Tür. Frau L.! Ich wollte nicht aufmachen, aber es ging nicht anders. Ich konnte mich nicht verleugnen, ich konnte mich aber auch nicht mehr weiter beherrschen, auch wenn mir mein Ausbruch gegenüber der beherrschten Frau L. peinlich war. Sie kritisch, warum ich *das* gesagt hätte? Dann kam die Ärztin. Ich schluchzte noch mal auf. Sie war die, die mich am besten verstand, sprach von der Psychotherapie-Tagung in Lindau, wo ihr Gott-Sophia deutlich geworden sei und daß der Körper Tempel des Heiligen Geistes sei. Sie meinte, ich sollte mich nicht mehr beherrschen, das sei unmenschlich. Frau H. kam mit einem Tablett voller Essen, immer ein bißchen ängstlich auf Frieden, Liebe, Harmonie aus, kritisch mir gegenüber, daß ich das nicht verbreitet hätte... Sie hätte ja auch immer Schwierigkeiten mit ihrem Mann! Dann Frau K. – Gott sei Dank ohne gute Ratschläge, sondern mit Tee –, sie machte mein verrammeltes Bett, auf dem wir dann alle fünf saßen, und wir berieten, wie der Abend zu Ende gehen sollte. Sollten wir in den ‹Ödipus› ins Thalia-Theater fliehen? Die Ärztin war für Rückzug meinerseits. Frau L. riet für Weitermachen: Bloß den Männern keine Schwachstelle zeigen! Ob ich das könnte? Durch

Tee, Schinken und Salat hatte ich wieder ein paar Nervenkräfte gewonnen und dazu ein Stück kalten Zorns. Also weitermachen! Notfalls mit Ironie und Bosheit. So zogen wir kurz vor acht zu fünfen wieder in den Saal. Wie ich aussah, weiß ich nicht, aber die Fragen konterte ich rational: Auferstehung, Kreuz, Tod, Christologie, Schrift... alles Traditionsgut, mit dem ich umgehen konnte. Nett war der dänische Bischof, der meine Interpretation ‹Für uns (gestorben)› = ‹vor uns› auch aus seiner dänischen Sprache stützte, ebenso mein ‹ganz = heil – heel›. Nett war, daß Frau L. und die Ärztin ihre persönlichen Erfahrungen preisgaben (Erfahrung von Kreuz, Erfahrung von Körper), worauf dann meine Angreiferin von mir abließ und diese beiden sich als Opfer suchte.

Frau L. gratulierte mir zum Durchhalten. Irgendwas Schwesterliches war zwischen uns aufgebrochen. Wir gingen alle noch eine Stunde spazieren. Hinterher war ich wie betäubt, schlief kaum und hatte Ideen, nachts zu fliehen, nichts mehr von all dem zu sehen und zu hören nach so viel Beschädigung und Kränkung. Hielt (leider) trotzdem durch. Ging zitternd zum Frühstück (wo ist ein Platz bei einem einigermaßen erträglichen Lutheraner?) – traf mit Bischof K. und dessen Frau zusammen, die mir leise gestand, daß ich ihr aus der Seele gesprochen hätte. Ich war etwas getröstet, blieb kühl bis kalt gegenüber S., bis Anne-Ruth mich abholte, um mich zum Flugplatz zu fahren. Ich mußte in die Schweiz zu einer Tagung nach Boldern.

Ich weinte im Flugzeug, ich weinte bei der Autofahrt im Angesicht der mich immer so begeisternden Schweizer Berge. Ich weinte in Boldern, als ich der Frauengruppe alles erzählte. Elisabeth Miescher, die Studienleiterin vom Schweizer Leuenberg, deutete es so: ‹Ja, Sie sind ein Bazillus, aber ohne den würde nichts Neues geschaffen.›

Spüre jetzt ganz stark die Dissonanz in mir: Ich will friedlich den Feminismus aufbauen und merke dabei nicht oder verdränge, daß ich was dabei zerstöre. Will den Tod nicht wahrhaben, halte mich am Pazifismus fest – als Glaubensbekenntnis. ‹Dabei zerstörst Du Dich selbst›, sagte mir mal Angelika Wagner. Hat die

Frau mich deshalb so tief verwundet, weil sie aufdeckte, was ich nicht wahrhaben will? Es bleibt der bürgerliche Zorn über das unanständige Verhalten der Bischofskonferenz, daß sich keiner entschuldigte, bedauerte, erklärte. Bekam heute eine nette Karte von ein paar Bischofsfrauen, wieviel ‹angestoßen› sei. Möchte am liebsten antworten, daß bei mir für alle Zeiten etwas ‹umgestoßen› sei.»

So weit mein Tagebuch.

Das Arbeitsergebnis der Klausurtagung kam in einer kleinen Broschüre heraus, die mir wenigstens die Genugtuung gab, daß das törichte Urteil der Nordelbischen Bischöfe von 1983 über die Feministische Theologie einer reflektierteren Beurteilung gewichen war.

Was für mich zurückblieb, waren:

– die Erinnerung an eine in den ehelichen Grenzen erlebte Schwesterlichkeit,

– die Einsicht in eine vergreiste und erfrorene Mentalität leitender Kirchenfunktionäre,

– die Bestätigung meines Verdachts, daß die Sündhaftigkeit des Menschen die Existenzberechtigung mancher lutherischer Kirchen ist,

– die Tatsache, daß es überall Minderheiten gibt, die aber keinen Mut haben, sich gegen Mehrheitsmeinungen zu stellen,

– die Frage an mich, wie ich mit meiner bisherigen integrierenden Theologie fortfahren wolle.

Fast zehn Jahre später ereilte mich noch einmal ein Kirchenärger, der groteske Züge trug. Im Oktober 1995 hatte ich auf Vorschlag des Theologinnenkonvents auf dem Württembergischen Tag des Pfarrervereins in Eßlingen einen Vortrag über ein neues Abendmahlsverständnis von Frauen gehalten. Dieser Vortrag war das Ergebnis einer Studie über das Abendmahl im Markusevangelium, das ich innerhalb einer am Problem Abendmahl arbeitenden «Projektgruppe Abendmahl» der Württembergischen Frauenarbeit gemacht hatte.

Ich schlug darin vor, den Grau- und Sündenschleier vom Abendmahl wegzunehmen, nicht mehr mit dem «armen, elenden, sündigen Menschen» zu beginnen und beim Abendmahl – wie es große Teile des Neuen Testaments und auch viele ernst zu nehmende Theologien tun – nicht das Sühnopfer in den Mittelpunkt zu stellen, sondern die Hingabe Jesu, in der sich unsere eigene Hingabefähigkeit entfalten kann. Ich bekam einen langen Beifall und einen begeisterten Bericht darüber in der säkularen Eßlinger Presse. Dann folgte ein fast viermonatiges Schweigen, bis schließlich der Altlandesbischof Theo Sorg mich wegen «unerträglicher Lehre» in der kirchlichen Presse frontal angriff. Und dann war's, als ob sich mit diesem Angriff die Pforten der Unterwelt aufgetan hätten. Über mich ergoß sich eine Flut von Beschimpfungen, ich hätte die «Ehre Jesu» in den Staub getreten, ich gehörte «ausgebootet», verträte einen «radikalen Feminismus» und hätte das Zentrum des Christentums verleugnet. Es kamen seitenlange Männerbriefe, mit denen ich belehrt werden sollte, wie über das Abendmahl zu denken sei. Viele Theologen – auch Theo Sorg – begannen noch mal ihre exegetischen Kenntnisse (und Vorurteile) aus der Studienzeit heraufzuholen, und das Ergebnis war stets, daß ich unbiblisch sei. Von vornherein wurde jede befreiungstheologische oder materialistische Exegese als unbiblisch disqualifiziert. Ich bekam zwar viele zustimmende Briefe von Frauen und auch von Männern («Machen Sie weiter so!»). Verständige Glieder der Kirchenhierarchie bemühten sich um einen Dialog. Das «Gemeindeblatt» versuchte mit «Pro und Contra» verschiedene Meinungen gegenüberzustellen, aber letzen Endes schlug sich die Kirchenleitung mit einer abschließenden «Erklärung» auf die Seite des Altbischofs, dankte ihm für seine Stellungnahme in der Öffentlichkeit und stellte sich damit im Grunde hinter die Diffamierungskampagne, die Theo Sorg eingeleitet hatte. Mir schien dies wie eine Mischung von Feigheit und Dummheit zu sein; auf der einen Seite wußte ich, daß einige aus der Kirchenleitung liberaler dachten und merkten, daß im Abendmahl für viele Menschen ein theologisches Problem lag. Auf der anderen Seite waren sie unter Fraktionszwang und mußten einem Altbischof, der sich verrannt hatte, und einer evangelikalen Kirchengruppierung, die mit Spaltung drohte, ihren Tribut zahlen. Ein offener, erklärungsfreier Zustand wäre weit hilfreicher gewesen. Von «Solidarität der Kirchen mit den Frauen», wie es die ökumenische Dekade forderte, war keine Rede. Am 7. Mai folgte nun aber unsere Studie «Wir Frauen und das Herrenmahl», die von der Frauenarbeit der Württembergischen Landeskirche herausgegeben wurde, und in der nun aus unterschiedlichen Perspektiven ähnliche Positionen, wie ich sie vertreten hatte, enthalten waren. Am 4. Juli 1996 bestätigte dann leider nochmal der neue Bischof auf der Landessynode den theologischen Irrtum, daß «der Tod Jesu als Sühnopfer elementar zum christlichen Glauben gehört».

Wie in anderen Konflikten stand ich wieder zwischen Feminismus und christlicher Tradition: «Hingabe», wie ich sie aus der Jesusgeschichte entnahm, war für feministische Ohren kein Lockruf, aber für die Württembergische Kirchenleitung scheinbar noch weniger.

In dieser Affäre ergab sich für Jürgen und mich wieder eine schöne Gemeinsamkeit, wenn auch aus unterschiedlichen Zugängen. Wie ich lehnte auch er die Sühnopfertheologie als ausschließliches Dogma ab. Setzte ich für ein Neuverständnis des Abendmahls bei dem Leben Jesu und bei den aus diesem Leben kommenden Lebenskräften an, so begann er mit der Auferstehung und der aus ihr kommenden Heilkraft, in der unzerstörbares Leben zum Vorschein kommt.

Warum ist eine Kirchenleitung nicht zu solchem differenziertem theologischem Denken und entsprechendem Handeln fähig? Hemmt das Amt eigene Urteilsfähigkeit? Ist Aussagen von Frauen von vornherein zu mißtrauen? Noch sind das offene Fragen.

Antijudaismus

Ein Konfliktfeld in der Feministischen Theologie wurde seit Mitte der achtziger Jahre das Thema Antijudaismus. Soweit ich weiß, war ich die erste im deutschen Sprachraum, der aufgefallen war, wie negativ, finster, gesetzlich der Jahwe des Alten Testaments in der Göttinnenbewegung gezeichnet wurde, gegen den sich der christliche Jesus oder die Göttin befreiend abhoben. Das erinnerte mich an deutsch-christliche Religionsstunden, in denen uns eine junge Religionslehrerin diesen unbiblischen Dualismus beizubringen versucht hatte. Ich schrieb in dem schon oben erwähnten Artikel im «Deutschen Allgemeinen Sonntagsblatt», in dem ich mich kritisch mit der Feministischen Theologie auseinandersetzte: «... feministische Theologinnen erfaßt zuweilen ein antisemitisch anmutender Eifer!» Das brachte mir einen empörten, mit vielen Unterschriften versehenen Brief eines Kongresses «Feminismus und Spiritualität» ein, in dem es hieß, ich benutzte «den Schrecken, der in diesem Lande vom Antisemitismus ausgeht, um Frauen, die ihre Mitstreiterinnen sein sollten, aufs unsachlichste zu verunglimpfen». Doch schon im Jahr darauf wurden führende Frauen einer matriarchalen Religiosität: Christa Mulack, Gerda Weiler, Hiltrud Steinbart, aber auch Hanna Wolff wegen ihres Antisemitismus viel massiver angegriffen. Auf einer Jüdisch-Christlich-Moslemischen Frauenkonferenz in Bendorf stellte Gisela Hommel Texte dieser Frauen vor und analysierte sie: Christa Mulacks Jahwe als «tyrannischen, unmenschlichen Stammesgott», den «von allen erotischen Aspekten matriarchaler Kulte gereinigten» abstrakten Jahwe Heide Göttner-Abendroths, Hiltrud Steinbarts Jahwebild als «oberste patriarchale Justizinstanz», Gerda Weilers Jahwe, «der Schreckensgott vom Sinai», der sich nur hielt, indem er sich «mit der Weisheit matriarchaler Vorstellungen verband», und Hanna Wolffs Ausfälle gegen den vorjesuanischen Richtergott: «Gott Zebaoth, Symbol des Krieges und der Aggression». Hommel schloß, daß die Frauen, die so vehement gegen die eigene Unterdrückung und Herabwürdigung kämpften, ein Gespür dafür haben müßten, wo sie anderen ihr Recht und ihre Würde absprächen. Das sei in Beziehung zum Judentum bei vielen christlichen Feministinnen «leider nicht besonders entwickelt». Zuletzt wies sie auf Auschwitz und die niemals endende Angst «vor Hunden, Uniformen, Schreien, weißen Kitteln und der deutschen Sprache». Nach Bendorf wehrte frau die Vorwürfe nicht mehr ab. Nach Bendorf herrschte Betroffenheit und begannen die verschiedensten Auseinandersetzungen, die bis in die Gegenwart gehen und Christinnen noch immer neu herausfordern, ihre Beziehungen zum Judentum zu klären. Aber neben der Gottesfrage kam gleich das zweite Problem dazu, die Deutung Jesu, die Bedeutung des Christus. Der christliche Jesus, der Frauen befreit, war nur allzuoft in Kontrast zum Alten Testament gestellt worden. Aber Jesus war Jude, stammte aus dieser Tradition und sollte auch in seinem befreienden Handeln aus dieser Tradition gedeutet werden. Noch steht seitdem für die meisten Theologinnen aus, etwas Eigenes und Eigentümliches in der christlichen Jesusgestalt und Jesusgeschichte zu sehen. Noch sitzt der Schreck der jüdischen Angriffe tief. Der Schrecken von Auschwitz macht es schwer, sich neu auf die Eigentümlichkeit und Besonderheit des Christentums und eines auch christlichen Jesus zu besinnen. Das war das Konfliktfeld der folgenden Jahre.

Im Juni des gleichen Jahres hatte mich eine mir unbekannte jüdische Theologin, Susannah Heschel, die schon mehrmals in Deutschland gewesen war, angeschrieben und gefragt, ob sie mich einmal besuchen dürfe. Sie hatte zwei Anliegen: Einmal wollte sie Jürgen kennenlernen, der der erste Nachkriegstheologe in Deutschland war, der ihren Vater, Abraham Heschel, wieder bekannt gemacht hatte, und zweitens wollte sie mit mir wegen «Antijudaismus» in meinen

Büchern Kontakt aufnehmen. Ich lud sie ein zu kommen, aber sie mußte ihre Deutschlandreise aus Termingründen absagen, und eine weitere Verabredung im folgenden Herbst kam nicht zustande, weil sie krank wurde. So war ich sehr erstaunt und menschlich enttäuscht, daß statt der Begegnungen in der Zeitschrift «Schlangenbrut» im März 1987 ein Interview mit ihr erschien, in dem sie mich frontal des Antisemitismus beschuldigte. Sie sagte darin:

«Wenn es zum Beispiel um die Frage geht, ob Jesus ein Feminist war, und dies nachgewiesen wird mit antisemitischen Argumenten wie etwa bei Elisabeth Moltmann-Wendel, dann ist das antisemitisch. Wenn ein Jude das gleiche schreibt, ist es nicht antijüdisch, sondern eine Kritik an der eigenen Religion.

Elisabeth Moltmann-Wendel schreibt in ihrem Buch ‹Freiheit, Gleichheit, Schwesterlichkeit› auf Seite 12, ich zitiere:

‹Noch bestimmten jüdische Traditionen und Gesetzesauslegungen trotz mancher Reformbestrebungen das Bewußtsein der Menschen und die Sitten des Landes. Noch dankte der fromme Jude morgens Gott, daß er kein Ungläubiger, kein Sklave und keine Frau sei... In der Synagoge sitzen Frauen auf der Empore, gehen also gar nicht durch das geheiligte Innere des Gotteshauses. Ob sie da sind oder nicht, hat für das Zustandekommen des Gottesdienstes nach orthodoxer jüdischer Sitte keine Bedeutung... Das jüdische Patriarchat ist streng, auch wenn manche frauenfreundliche Züge nicht fehlen. Von einer Frauenemanzipation ist natürlich keine Rede. Um so auffallender sind die Botschaft und Erscheinung Jesu.›»

Ich reagierte darauf mit einem offenen Brief in der gleichen Zeitschrift:

«17. März 1987

Liebe Susannah Heschel,

ich fand heute zufällig in der Zeitschrift «Schlangenbrut» das Interview, das Renate Rieger mit Ihnen gemacht hat. Ich muß sagen, daß ich sehr betroffen bin, wie Sie mich in einer öffentlichen Zeitschrift des ‹Antisemitismus› beschuldigen. Ich bestreite Ihnen als jüdischer Frau keineswegs das Recht, ihre Perspektiven, was Antisemitismus ist, zu vertreten, möchte Ihnen aber folgendes zu bedenken geben:

1. Im vorigen Jahr hatten Sie mir zweimal geschrieben und Ihren Besuch angekündigt, der dann wegen Ihrer Erkrankung nicht stattfinden konnte. Bevor Sie so schwere Beschuldigungen schreiben lassen, wären wohl ein persönliches Gespräch und ein Kontakt meines Erachtens nach wichtig gewesen.

2. Die Sätze, die Sie von mir als ‹antisemitisch› zitieren, stammen aus einem Vortrag von 1975, in dem ich die allgemeine Diskussions- und Forschungslage zusammengefaßt habe. Heute würden die von mir indirekt zitierten Autoren und ich selbst solche Zusammenfassungen nicht mehr machen. Wenigstens sehen viele das Verhältnis Judentum–Christentum sehr viel differenzierter. Vielleicht hätten Sie sich die Mühe machen sollen, meine eigenen späteren Forschungen, die auch in den USA erschienen sind (‹Ein eigener Mensch werden. Frauen um Jesus› – ‹Das Land, wo Milch und Honig fließt›), zu überprüfen!

3. Sie freuten sich, bei einem Besuch meinen Mann kennenzulernen, der ein großer Bewunderer Ihres Vaters Abraham Heschel ist und sein Werk wieder in die öffentliche Diskussion gebracht hat. Meinen Sie, daß in einem solchen Haus ‹Antisemitismus› herrscht?

Mich bringen meine eigenen feministisch-theologischen Studien der jüdischen Religion immer näher. Es wäre gut, wenn Feministinnen sich nicht durch Diffamierungen und Beschuldigungen den Weg zueinander abschnitten.

Mit freundlichem Gruß
Elisabeth Moltmann-Wendel»

Meine Freundin Evi Krobath sprang mir in einem Leserbrief an die «Schlangenbrut» zur Seite, indem sie schrieb:

«Liebe Schlangenbrut-Frauen,

mit sehr gemischten Gefühlen habe ich Renate Riegers Interview mit Susannah Heschel gelesen:

Einerseits, weil ich als ‹Mischling› – meine Mutter war Jüdin – während der NS-Zeit in Wien lebend, den Rassengesetzen unterworfen aufwuchs und sehr wohl weiß, was es heißt, geschichtlich mit dem jüdischen Volk verbunden zu sein. Indem ich heute noch offenem und latentem Antisemitismus in Österreich auf Schritt und Tritt begegne, kann ich sehr wohl empfindliche Reaktionen von Juden darauf verstehen und halte sie auch für berechtigt. – Auch mich trifft es hart, wenn ich sogar in feministischer Literatur manchmal auf eine faschistische Sprache stoße, wo Jahwe zum bösen Judengott gemacht wird und die hebräische Bibel zum Sündenbock des Patriarchats. Hier ist inner-feministische Kritik sowohl von jüdischer wie auch von christlicher Seite angebracht.

Andererseits möchte ich als Feministin aber auch das Recht haben, patriarchale Strukturen aufzuzeigen und zu bekämpfen, wo immer ich auf solche stoße, sei es im jüdisch-christlichen Bereich oder woanders, ohne Gefahr laufen zu müssen, von feministischen Schwestern als antikatholisch – antisemitisch oder anti-was-immer – diffamiert zu werden. – Zum Beispiel die von Susannah Heschel zitierten Sätze aus Elisabeth Moltmann-Wendels Buch – die weder inhaltlich falsch noch sprachlich unqualifiziert sind – als antisemitisch zu bezeichnen, halte ich für absurd, diskriminierend und verletzend. Wenn S. H. für sich als Jüdin beansprucht, an ‹ihrer› Religion Kritik zu üben, und Christinnen diese Kritik untersagt, so scheint mir das problematisch zu sein: einmal, weil Christ-Sein m.E. ohne hebräisch-jüdische Tradition gar nicht denkbar ist und sowohl die Hebräische Bibel wie das Neue Testament integrierter Bestandteil theologischer Reflexion (auch feministisch-kritischer!) sind – und außerdem, weil für mich feministische Solidarität auch darin besteht, einander im Kampf gegen patriarchale Tendenzen zu bestärken, wo immer solche auftreten, wie auch im Aufspüren befreiender Traditionen.

Von meinen eigenen Wurzeln her war mir der jüdisch-christliche Dialog schon immer ein großes Anliegen. Im nicht-feministischen Bereich wird er allerdings bereits anders geführt: nicht so verletzend, menschlicher, toleranter – das müssen wir wohl erst lernen.

Evi Krobath, Graz, 29. März 1987»

Susannah Heschels Antwort darauf machte mir einiges deutlich: Einmal sah sie in mir eine Verkörperung von «intellectual and spiritual leadership». Zweitens beobachtete sie Deutschland mit der «Hermeneutik des Verdachts» und entdeckte dadurch natürlich ständig Antisemitismus. Drittens sah sie sich verpflichtet, «to speak my mind to Germans, to make them hear my anger». So war sie gefüllt mit Mißtrauen und missionarischem Eifer und fand natürlich viel Material dafür. So gab sie dann auch zu, daß sie bei mir nur einen «latenten» Antisemitismus in der besagten Passage gefunden habe, gestand mir aber zu, daß es meine Intention nicht war, antisemitisch zu sein. Von einem jüdisch-christlichen Dialog, wie er schließlich nur von zwei gleichgestellten Partnern geführt werden kann, konnte auf diese Weise keine Rede mehr sein.

Da diese Passage bei ihr und in den nachfolgenden deutschen Varianten eine wichtige Rolle spielte, will ich kurz darauf eingehen. Die einzelnen Frauenbenachteiligungen, die ich aufgeführt hatte, stammten alle aus jüdischer Tradition, allerdings aus verschiedenen Richtungen und aus verschiedenen Zeiten. Ich hatte sie klischeehaft zusammengefaßt, was der inzwischen erweiterten jüdischen Forschung nicht mehr entsprach, die aber in Deutschland 1975, als ich den Aufsatz verfaßte, eine völlig unbekannte Forschung war. Bei dem Satz «...das jüdische Patriarchat ist streng...» hatte ich gleich ein ungutes Gefühl. Er stammte nicht aus meinem Sprach- und Gedankengut, sondern von Hanna Wolff, die mit ihrem Buch «Jesus der Mann» zwar nicht mit ihrem Antijudaismus, aber mit der Einführung der Psychologie in die Jesusgeschichte großen Einfluß auf uns gehabt hatte. Die entscheidende Frage war aber nun, wieweit Jesus sich von patriarchalen Traditionen abhob. In meinem ersten

Buch «Menschenrechte für die Frau» hatte ich einen Aufsatz von Leonard Swidler veröffentlicht, in dem er Jesus als Feministen bezeichnet hatte. Dieser Satz hatte ebenfalls großen Unwillen unter jüdischen und manchen christlichen Feministinnen hervorgerufen, stammte allerdings nicht aus meiner Feder. Ich hatte den Artikel sogar in der zweiten Auflage «Frauenbefreiung...» wieder herausgenommen, ihn aber auf vielfachen Wunsch in der dritten Auflage noch einmal aufgenommen. Unter jüdischen Theologen fand er nicht diese Art von Widerspruch. Pinchas Lapide schrieb kürzlich ein Vorwort zu Swidlers Aufsätzen, unter denen auch dieser Artikel war. Unter Frauen schien er einen Keil zwischen jüdische und christliche Frauen zu treiben. Die Bedeutung Jesu zeichnete sich als Kernfrage ab.

Im September 1987 rief mich Leonore Siegele-Wenschkewitz an und fragte mich, ob ich Interesse an einem Treffen mit Susannah Heschel in Tübingen hätte. Ich wollte der Begegnung nicht ausweichen, obwohl es mir nicht gutging. Ich hatte mir am Tag davor den Arm gebrochen, der Gips saß nicht gut, und ich hatte Schmerzen. Unser Gespräch verlief bei Kaffee und Kuchen freundlich. Ich berichtete ihr auf ihre Fragen, daß wir nach dem Krieg in Berlin und Göttingen sehr bewußt Vergangenheitsbewältigung in der Theologie versucht hatten, allerdings global mit aller Barbarei, die im Osten geschehen war und nicht speziell mit dem Mord an sechs Millionen Juden. Ich fragte sie, ob sie denn grundlegenden Antijudaismus in meinen Veröffentlichungen gefunden hätte außer dieser Passage, die ja keineswegs einen Grundtenor in meiner Feministischen Theologie abgab. Sie überlegte lange und sagte dann, ich hätte das Wort «Lebensraum» benutzt, und das sei ein faschistisches Wort. In der Einleitung zu meinem Buch «Das Land, wo Milch und Honig fließt» hatte ich dieses Land als einen «Lebensraum für alle» gedeutet, um es nicht auf Frauen zu beschränken. «Lebensraum» hatte jedoch eine vorfaschistische Vergangenheit, stammte aus der Umweltforschung Jakob von Üxkülls und konnte in meinem Zusammenhang nur mit Akrobatik mißverstanden werden. So kamen wir nicht weiter. Woran ihr aber lag und worauf ich nicht einging, war eine Richtigstellung oder Widerrufung meiner «latent» antisemitischen Passage, weil der kleine Band «Freiheit, Gleichheit, Schwesterlichkeit» sowieso auslief, eine korrigierte Neuauflage gar nicht möglich und er auch von meinen anderen Arbeiten längst überholt war. Als ich in die Taxe stieg und fortfuhr, winkten wir uns lange nach, und ich hatte das – allerdings trügerische – Gefühl, daß zwischen uns etwas geklärt war.

Im selben Herbst war inzwischen die Kenntnis von einem antijüdischen Feminismus in die säkulare Presse übergegangen. In der *taz* erschien ein Artikel, der neben den bekanntesten Frauen wie Mulack, Weiler, Wolff auch Luise Rinser des Antijudaismus bezichtigte. Bei mir rief in dieser Zeit eine Journalistin an, um mich über meinen Antijudaismus zu befragen, und sie hielt mir gleich vor, daß ich Jesus wohl für keinen Juden halte. Auf so viel Plattheit hin erzählte ich ihr nur, daß ich schon als Schulkind gegenüber einer deutsch-christlichen Lehrerin Jesu Jüdischsein verteidigt hätte und sie mir mit solchen Dummheiten nicht kommen könne. Wenn sie über mich etwas schreiben würde, möchte sie es mir vorher zeigen. Es erschien aber nie etwas von ihr. Ich hatte mich als kein geeignetes Objekt erwiesen. Angesichts der im nächsten Jahr kommenden Erinnerung an die Pogromnacht wurden lang verdrängte Erinnerungen an Auschwitz, an die frühen Judenverfolgungen des Dritten Reiches und die in manchen Kreisen tabuisierten Geschehnisse wieder in die Öffentlichkeit gebracht. Es entwickelte sich parallel dazu aber in christlich-feministischen Kreisen ein Klima von Verdächtigung und Angst. Eine junge Theologin schickte mir in dieser Zeit den Text einer Radiosendung, die sie machen sollte, mit der Bitte zu gucken, ob da etwas Antijüdisches enthalten sei. In diesem Klima waren vielen die Kriterien verlorengegangen.

Im Kreis von einigen feministischen Theologinnen, die sich jährlich trafen, kam die Idee auf, Grundsätzliches über Vergangenheitsbewältigung und unberechtigte Verdächtigung zu sagen. Im Februar gaben wir die «Stellungnahme feministischer Theologinnen zum Vorwurf des Antijudaismus» heraus, die in vielen Zeitschriften abgedruckt wurde und zur Klärung der Lage beitrug, allerdings nicht den Beifall Susannah Heschels fand, die in einem Satz, daß pauschale Antisemitismusvorwürfe nicht an Einzelformulierungen festzumachen seien, Kritik an ihrer Antijudaismus-Suche herauslas. (S. 276)

Doch alle Überbrückungsversuche waren vergeblich. Susannah Heschel war auf mich fixiert und fand neue «empörende» Zitate. In einem Sammelband, den Leonore Siegele-Wenschkewitz unter dem Titel «Verdrängte Vergangenheit, die uns bedrängt» 1988 herausgab, hielt sie mir unter anderem den Satz aus «Ein eigener Mensch werden» vor: «Die Griechen brachten freiheitliche Ideen in die Gemeinden», mit dem ich wieder einen negativen jüdischen Hintergrund gemalt hätte. Nun hatte ich solche Zusammenhänge aus der Forschung von Klaus Thraede (1977) übernommen. Zudem hatte die damalige Judaismus-Expertin Bernadette Brooten 1979 mein Manuskript kritisch gelesen und keinerlei Problem daran gefunden. Heschels Vorwurf an mich, «das Christentum zu retten, indem das Judentum verleumdet [wird]», nahm inzwischen groteske Züge an. Ich fühlte mich ohnmächtig und in meiner Situation als freie Publizistin zunehmend bedroht. Dazu kamen auch noch die übereifrigen deutschen Stimmen, die sich noch gründlicher als Jüdinnen mit unserer Vergangenheit auseinandersetzten und noch päpstlicher als der Papst sein wollten. So warf mir eine der Eiferinnen in dem gleichen Band vor, daß ich in meinem ersten Buch «Menschenrechte für die Frau» und seinem historischen Abriß über Christentum und Frauenbewegung die jüdische Geschichte hätte «unsichtbar» machen wollen, indem ich den jüdischen Frauenbund nicht erwähnt hätte. Später folgten Frauen der Frauenhilfe mit ähnlich aufgewärmten Thesen, die immer weniger treffend erschienen. Als ich meine ersten Arbeiten zur Emanzipation herausgab, hatten diese Frauen noch im Winterschlaf gelegen. Hatten sie jetzt Schuldgefühle und wollten das Versäumte so schnell wie möglich nachholen? Zumindest war ich für sie in die bequeme Rolle eines Sündenbocks oder einer Sündenziege geraten, an dem sie sich abarbeiten konnten, ohne konstruktiv etwas zu einer neuen Theologie beizusteuern.

Noch 1996 mußten willkürliches Zitieren und Zitatfälschung in dem Buch «Ihr aber, für wen haltet ihr mich?» (S. 82) herhalten, um meinen «Antijudaismus» zu beweisen. Eine sachbezogene, religionswissenschaftlichen Fakten einbeziehende Auseinandersetzung fand nie statt.

Ich machte Susannah Heschel später noch mal ein Angebot auf einer anderen Gesprächsebene. Seit längerem war mir aufgefallen, wie stark jüdische Theologen Ehe und Partnerschaft als Grundlage ihrer Anthropologie hervorhoben. «Das Paar» hatte hohen Stellenwert, und selbst jüdische ForscherInnen bemerkten, daß der Einzelmensch im Christentum etwas höher eingeschätzt würde (Renée de Tyron Montalembert). War dies nicht aus der kritischen Haltung Jesu zu Familienstrukturen zu erklären? Lagen hier nicht Unterschiede, die wir benennen und für die Feministische Theologie auch fruchtbar machen könnten? Waren hier nicht vor allem Unterschiede zu allen religiösen Familienstrukturen, die auf Ehe und Fortpflanzung beruhten, zu beobachten? In den Arbeiten von Elaine Pagels, «Adam, Eva und die Schlange», die ich für unverdächtig in Fragen des Antijudaismus hielt, fand ich längere Ausführungen über einen «schroffen Bruch Jesu und seiner Jünger mit den im Judentum jahrhundertelang vorherrschenden Praktiken», was «Ehescheidung, Fortpflanzung und Familie» betraf. In meinem Versuch, historisch-religionsgeschichtlich das Christentum – diese Mischung aus vielen kulturellen Strömungen, geprägt von der Jesusbewegung – neu einzuordnen, sah ich in diesem «Bruch» etwas Eigentümliches: die Möglichkeit, Frauen jenseits der Familienstrukturen zu sehen, ihren Körper dem Druck der Fortpflanzung entzogen zu erleben und auch die Chance für einen eigenen, spirituellen, weiblichen Lebensstil. Daß diese Ansätze schnell von asketischen Strömungen erfaßt wurden und nur wenige Spuren solcher eigenen, christlichen Weiblichkeit zu finden sind, kann diesen in anderen Religionen kaum zu findenden Anspruch nicht aufheben. Wäre Jesus nur aus dem Judentum zu erklären, wie könnte er verfolgt und Pontius Pilatus ausgeliefert worden sein? Lagen nicht auch in den Anklagen, daß er Frauen und Kinder abspenstig gemacht hatte, Ursachen seines Todes? Mir schien hier das Eigentümliche des Christentums zu liegen, verborgen unter fatalen Entwicklungen aber ein geheimes Element von Emanzipationskraft. Auf diese Differenz zwischen Judentum und Christentum in ihrer Bedeutung für die Frauengeschichte hinzuweisen, bedeutet jedoch keine Abwertung jüdischer Tradition.

Solche Gedanken waren in der aufgeheizten Atmosphäre seit den späten achtziger Jahren unerwünscht – oder gar verboten. Auffällig war dafür der Paradigmenwechsel, der zwischen 1980 und 1990 stattfand. Hatte zum Beispiel Elisabeth Schüssler Fiorenza noch 1980 geschrieben, daß die Jesusbewegung «in bezug auf die jüdische Glaubensgemeinschaft ‹häretisch›» sei, so schrieb sie zehn Jahre später, Jesus und seine christliche Identität dürfe nicht gegen das Judentum und seine theologischen Befreiungserfahrungen gesetzt werden, sondern könne nur innerhalb jüdischer Theologie und Tradition gefunden werden. Der neue Absolutheitsanspruch lautete nun, «alle emanzipatorischen Elemente, die sich im Jesusbild urchristlicher Traditionen und Schriften finden, [sind] als jüdische Emanzipationstraditionen zu betrachten». Die wichtige Suche nach den jüdischen Wurzeln nahm ideologische Züge an.

In einem Heft der Zeitschrift «Dialog der Religionen» (1992) sollten Susannah Heschel über Frauen im Judentum und ich über Frauen im Christentum schreiben, wobei ich noch einmal die alten Zwiespälte neu zu beleuchten versuchte. (S. 277)

Doch auch dieser Versuch endete mit Susannah Heschels Empörung, diesmal über meine Erwähnung der Bluttabus. Als sie dann im Winter 1993 in mehreren Universitäten, auch in Tübingen, Vorträge hielt, Handzettel dazu mit meiner unseligen Passage von 1975 verteilte und behauptete, daß dies nun in der neunten Auflage veröffentlicht sei, ging ich nach dieser bewußten Diffamierung noch mal an die Öffentlichkeit und stellte die Sache in der Zeitschrift «Publikforum» klar. «Das ist für viele Frauen eine Hilfe», sagte mir eine befreundete Journalistin, Doris Weber. «Jetzt solltest Du aber keinen Satz mehr in dieser Sache sagen!» Ich hielt mich daran.

Auch in den USA wurden in dieser Zeit führende Frauen der Feministischen Theologie wie Rosemary R. Ruether, Carol Christ, Carter Heyward ähnlich angegriffen. Wichtig wurde mir aber, daß die verantwortlichen Frauen des Weltgebetstagskomitees ebenfalls widerständig auf den Druck vieler jüdisch-christlicher Gruppen, zum Beispiel auch auf den der «Arbeitsgemeinschaft Juden und Christen beim Deutschen Evangelischen Kirchentag», reagierten. Es ging um die von Palästinenserinnen für den Weltgebetstag 1994 entworfene Liturgie, in der manche einen «antijüdischen Grundton» herauszuhören meinten und die so ausgelegt wurde, als ob Israel allein die Schuld am Leiden der Palästinenserinnen trug. Das Weltgebetstagskomitee trug m.E. diesen Vorwurf «eines christlichen Antijudaismus» mit bemerkenswerter Gelassenheit und wies alle Auslegungen und Unterstellungen, daß Israel hier die Alleinschuld zugeschoben würde, zurück. Jede Christin habe das Recht, Tod und Sterben Christi im Kontext ihres eigenen Lebens auszulegen. Andernfalls würden zentrale Glaubensinhalte beraubt. Die palästinensische Liturgie sollte nicht verändert werden.

Ebenfalls kritisch reagierte in dem gleichen Zeitraum Dorothee Sölle auf die Vorwürfe der jüdischen Theologin Judith Plaskow gegenüber der amerikanischen feministischen Theologin Carter Heyward, die Gott nicht mehr in traditionellen Bildern, sondern als «Macht in Beziehung» verstand. Plaskow hatte Heyward vorgehalten, daß sie von einem «radikalen Bewußtseinswandel» geschrieben habe, den Jesus mit seinem Werk vorausgesehen hätte, und hatte dies als klassischen Antijudaismus verstanden. Dorothee Sölle entgegnete darauf: «Mir scheint es unfair, weil nicht in Heywards Denkansatz enthalten, aber die Auseinandersetzung zeigt die extreme Schwierigkeit jeder christologischen Formulierung.» An diese Diskussion schloß sich Erika Godel an, die Sölles Kritik noch verschärfte:

> «Sölle hat sich nach meinem Dafürhalten sehr vornehm ausgedrückt. Ich frage mich ernsthaft, ob die ‹extremen Schwierigkei-

ten› wirklich zu überwinden sind, oder ob nicht alle christologischen Formulierungen, die diesen Namen verdienen, für Jüdinnen und Juden inakzeptabel sind, weil auch sie in ihrer Religion einem Fundamentalismus verhaftet sind, der nicht gerade dialogfördernd ist.

Nach meiner Enttäuschung darüber, daß der Weg zu einer auch von Juden akzeptablen Sicht Jesu, die seine Menschlichkeit betont und ihn von seinem Helden-Image befreit, auch nicht über die Beziehungshaftigkeit Gottes zu finden ist, glaubte ich, wenigstens in der Kritik an der bisher nur männlich gedachten Erlösergestalt wäre ich mit jüdisch-feministischen Theologinnen einig. Aber ich bin mir da heute nicht mehr so sicher. Hinzuwarten in der Hoffnung, daß irgendwann einmal ‹der Groschen fällt›, das heißt, daß gemeinsame Interessen erkennbar werden, wäre dann falsch, wenn gar kein ‹Groschen› da ist.»

Ein Dialog hat auch auf der Ebene christlich-jüdischen Engagements, für das sowohl Sölle als auch Godel bekannt sind, bisher wenig gebracht. Es bleibt zu oft ein starres und unfeministisches Entweder-oder-Denken: Entweder Jesus ist nur Jude, oder er wird von Christen ganz vereinnahmt. Zwischentöne gibt es kaum. Die Vielfalt des Lebens ist durch das tote Dogma einer Monokausalität erstickt. Manche christlichen Theologinnen haben sich bis zur Selbstauflösung und Aufgabe ihrer Geschichte an dieses Konzept angepaßt, so daß sie nur noch wie ein Ableger jüdischer Religiosität wirken. Ich selbst taugte für diesen Weg nicht, und er paßte auch nicht in meine Geschichte. Dieser Weg wird auch nicht zu einer Entspannung zwischen verhärteten Fronten führen. Könnten eine allgemeine feministische Religiosität oder gemeinsame Interessen, wie Godel sie sich vorstellt, darüber hinweghelfen? Ich glaube nicht, daß sie Bestand hätten. Erst die bewußt erlebte Differenz macht die Reize unter Menschen, unter Frauen und auch unter Religionen aus. Dazu gehört, daß Frauen ihre religiöse Identität entdecken, ihre Religionen mit allen Defiziten und allen Möglichkeiten wiederfinden und ihren eigenen Platz darin. Dazu gehört, daß Frauen lernen, sich nicht mehr zu diffamieren, nicht den Verdacht zur allzu schlüpfrigen Grundlage von Solidarität zu machen und die andere in ihrem auch unbequemen Anderssein zu akzeptieren. Wo wir Differenzen zu Opposition aufbauen, schädigen wir uns selbst.

Eine Studie von 1992 der feministischen jüdischen Religionswissenschaftlerin Ross Shepard Kraemer über Frauen in der griechisch-römischen Welt – sie ist bis jetzt im deutschen Sprachraum gar nicht aufgenommen worden – bestätigt mir meine Sicht von Differenzen zwischen jüdischen, heidnischen und christlichen Frauen und weist auf das Eigentümliche in den christlichen Gemeinden: das Fehlen geschlechtsspezifischer Rituale und die Befreiung von Frauen aus traditionellen Familienrollen angesichts baldiger Enderwartung. Hier liegen die Wurzeln für die sowohl positive als auch negative Entwicklung christlicher Frauengeschichte. Hieraus konnte sich Leibfeindlichkeit entwickeln, aber hier waren auch Möglichkeiten zu weiblicher Autonomie eröffnet. Hier hat das Christentum sowohl tragische als auch konstruktive Geschichte geschrieben. Von hier aus können wir weder triumphalistisch noch schulderdrückt unsere Vergangenheit annehmen und mit Aufmerksamkeit unsere Spuren suchen.

Wer die Erde berührt...

Wo war mein eigener Standort in dieser sich bewegenden Feministischen Theologie? «Kein Ort. Nirgends» – so hatte Christa Wolf eine Erzählung über Karoline von Günderode genannt. Kein Ort. Nirgends – so kam ich mir manchmal vor. Wo war ich, und wer war ich? Den radikalen Feministinnen entfremdet, von der Kirche verdächtigt, die ich für neues, befreiendes Denken und Handeln öffnen wollte, aus der Männerkameraderie längst ausgeschieden, obwohl es darin auch immer noch eine gewisse Fairneß gab. Mein Ort mußte in mir selbst sein.

Doch war das möglich? Gab es überhaupt so etwas wie einen Standort? War nicht die Bewegung für viele Frauen das Entscheidende, egal, was diese Bewegung auch gerade artikulierte? Und dabei bewegte sich die Spitze der Bewegung, wie es mir schien, ziemlich steil und auch linear oft von einer Erkenntnis zur anderen: weg vom Vatergott, hin zur Muttergöttin, dann zu Gott als Macht in Beziehung; weg von der «Emanzipation» in einer Männergesellschaft, hin zum eigenen Menschen, dann zur autonomen Weiblichkeit und von da zur Frauenkirche. Manches reifte auf solchen Wegen, manches wurde zu schnell vergessen, manches wurde als scheinbar letzte und wichtigste Station überstrapaziert. In Teilen einer akademisierten und auch in einer radikalen feministischen Theorie wurden manche Erkenntnisse und Formulierungen wie Trends auf der Hitliste gehandelt. Kritische Stimmen dazu waren selten, Gegenstimmen – auch von Frauen – aus dem Lager patriarchaler Tradition eher unfruchtbar. Doch darunter gab es den breiten Strom einer feministisch-theologischen Basis, die sich gern bewegen ließ, aber zugleich ihre eigene Wirklichkeit und ihre Erfahrungen mit den Trends verglich. Stimmten sie? War ein entpersonalisierter Gott noch eine Lebenshilfe, zu dem Menschen beten konnten? War nicht die mütterliche Väterlichkeit Gottes auch eine bergende Kraft, die Unabhängigkeit schuf? Wieweit hatte frau Lust, eine eigene Weiblichkeit zu entdecken, wieweit nicht viel eher Lust am eigenen Mensch-Sein? Beides konnte zum Widerspruch werden. Für viele war es auf diesem Weg wichtiger, die eigenen Erfahrungen mit Söhnen, Partnern und Ehemännern zu teilen, statt sich aus dem persönlichen Diskurs abzuseilen. Wachsend und Gemeinschaft stiftend war aber nach meinen Erfahrungen bei den meisten Frauen die Frustration an der Kirche, an Gottesdiensten, ihrer Sprache und ihrer Form. Neue Sprache, neue Liturgien sind deshalb der gemeinsame Nenner, der trotz mancher Unterschiede Frauen vereint. Weibliche beziehungsweise feministische Spiritualität prägt und belebt bis heute die Basisbewegung.

Ich selbst hatte ebenfalls einen Weg – weg von vielen alten Vorstellungen – gemacht, teils lustvoll, teils zögernd und manchmal widerstrebend. Manche feministischen Konsequenzen intellektuell bis zuletzt auszuziehen war zuweilen ein spannendes Abenteuer. Doch es gab auch oft die Heimkehr nach solchen Exkursionen; ich maß die Ergebnisse an meiner Geschichte und meiner Erfahrung; ich maß sie im Gespräch mit anderen, mit Frauen und Männern, und ich merkte, daß es etwas Unaufgebbares für mich gab. Es war eine Geborgenheit, die sich einst aus der Jesusgestalt ergab, die mir wie eine Zusicherung in meiner Kindheit war: Dir kann nichts passieren! Die mir in meinem Anderssein beistand, auch wenn die Welt voll von Teufeln, Bischöfen und Führern war; allerdings kein «Retter», keine «Lichtgestalt», wie mir später feministisch angedichtet wurde. Es war nicht der Jesus, der für meine Sünden und insofern «für mich gestorben» war. Es war der, der vor mir war – zeitlich und räumlich, und in dessen Windschatten ich leben konnte.

In den feministischen Christologien, die sich entwickelten, schien mir wenig von irgendeiner existentiellen Erfahrung spürbar zu sein. Sie belehrten, hatten aber keinen Sitz im Leben. «Christologie» wurde logisch abgeklopft nach Triumphalismus, Männlichkeit, Antijudaismus, selbst Faschismus. Was herauskam, war defensiv und schien für eine feministische Religiosität zuweilen auch entbehrlich. Für eine neue Grundlage waren Jesus und Christologie in einer langen Patriarchatsgeschichte zu fremdbestimmt geworden. Später, in der «Womanist Theology», der Theologie der afro-amerikanischen Frauen, fand ich etwas von der zentralen Jesus-Frömmigkeit wieder. Und als ich selbst seit 1992 als freie Mitarbeiterin in der Evangelischen Akademie Tutzing feministisch-theologische Tagungen organisierte, nannte meine junge Mitarbeiterin Christine Gerber unsere Christologie-Tagung 1995 «Meinen Jesum laß' ich nicht?» einen vorsichtigen Rückgriff auf alte Frömmigkeit, wenn auch mit einer offenen Frage.

In den Konflikten Kreuzestheologie, Frauenforschung, Antijudaismus, in denen ich lautstarke Gegnerinnen, aber auch zahlreiche, jedoch eher schweigende Sympathisantinnen hatte, begann Mitte der achtziger Jahre in mir etwas nach einem eigenen theologischen Ort zu suchen. In den intensiven Auseinandersetzungen hatte ich Klarheit gewonnen: Frauen brauchten einen Ort, wo sie stehen und von wo aus sie sich auch bewegen konnten, der persönlich und politisch war und unbelastet von männlich-theologischen Zugriffen. Ein Ort, um der Transzendenz in der Immanenz einen Ausdruck zu geben. Ein Ort, der uns nicht abheben läßt von unserer Wirklichkeit, sondern darin Heil und Heilung sucht. Während andere sich in dieser Zeit der Heimatsuche dem Gedanken und der Gemeinschaft der Frauenkirche zuwandten, wurde für mich der Körper des Menschen und speziell der der Frau der Erfahrungs- und Erkennungsort für ein neues theologisches Denken, Leben und Überleben. Er war Inbegriff negativer Frauenerfahrung und zugleich Ausgangsort befreiender Erfahrung in Tanz, Bewegung, Berührung, für Prozesse des Wachsens und Reifens. Bei den Frauen von Milano (Wie weibliche Freiheit entsteht) entdeckte ich schließlich Paralleles: die Akzeptanz des Körper-Seins als «unerschöpfliche Quelle immer neuer Bedeutung».

Schon zu Beginn der Feministischen Theologie hatte mich Rosemary Ruethers Analyse des Dualismus in der Theologie – die Aufspaltung in Körper und Geist, Seele und Leib als Folge der römisch-griechischen Patriarchalisierung des ganzheitlichen hebräisch-neutestamentlichen Denkens – überzeugt, in dessen Gefolge dann die Zuordnung des Mannes zum Geist und der Frau zum Körper geschah. Hautnah hatten mich auch die Darlegungen patriarchaler Politik sowohl in Kate Millets «Sexus und Herrschaft» wie auch in Alice Schwarzers temperamentvollen Ausführungen berührt: der Koitus als Modellfall für Sexualpolitik auf intimster Basis. Der Körper auch hier Angelpunkt für alle Konflikte. Und deswegen auch möglicher Ansatz für anderes Leben und Denken? Später fand ich Ansätze dazu bei Doris Strahm, aber vor allem entdeckte ich in der intelligenten und vielschichtigen Darstellung Catherine Kellers ein neues Körper-Geist-Denken, das für mich bis heute modellhaft für eine Feministische Theologie ist.

Noch waren Körper und Sexualität für die Sexismuskonsultation kein Thema gewesen, doch in dem Projekt des Lutherischen Weltbundes «Frauen als Innovationsgruppen» tauchte der Gedanke auf, Leiblichkeit zu einem Thema zu machen, was dann aber schließlich – wohl aus Zeitgründen – fallengelassen wurde. In den Sheffield-Arbeitsheften war «Sexualität» angesprochen, aber wegen ihrer Brisanz schnell wieder ins Abseits gedrängt worden. Ich hatte schon in den siebziger Jahren einen Vortrag über Mündigkeit mit «Leibliche Mündigkeit» enden lassen, hatte dann wegen vieler anderer drängender Themen Körper/Leiblichkeit in den Hintergrund geschoben. Dann holte es mich aber mit Macht ein.

Die ersten Versuche machte ich mit Frauengruppen von 1987 an, zuerst noch unbeholfen wie bei allen neuen Fragestellungen, dann immer überzeugter, daß hier ein Zugang für Frauen und letzten Endes auch für Männer sei, sich selbst neu zu erfahren. Auf einer riesigen Pädagogenkonferenz in Hannover im März 1989 hatte ich dann den Eindruck, daß die Vermittlung dieses theologisch unüblichen Zugangs geschafft sei. Eigentlich hatte Rita Süssmuth hier reden sollen, mußte aber absagen, und nach zweimaligem Drängen der Konferenzleitung sprang ich ein, obwohl meine Tochter mit ihrem neugeborenen Jakob und dem winzigen Christoph zu Besuch war und alle drei mich dringend gebraucht hätten. Aber die Begeisterung, mit der meine Kirchen-Leib-Kritik und meine Körper-Visionen aufgenommen wurden, machten allen Streß und alles schlechte Gewissen des Tages wett. Zu meinen Füßen saß zudem hohe katholische, evangelische und weltliche Hierarchie – ein Grund mehr, mit Leidenschaft das Neue zu vermitteln. Ähnlich geglückt verlief ein halbes Jahr später eine Veranstaltung auf dem Berliner Kirchentag 1989 zum gleichen Thema, zu der noch einzelne Frauen ihre persönlichen Erfahrungen beitrugen. Ein Reporter schrieb erbost, daß die Halle mit dem Thema «Leiblichkeit» völlig überfüllt, die daneben mit Wirtschaftsfragen ziemlich leer gewesen sei, und mutmaßte einen Kirchentagsweg in die Innerlichkeit. Das war das grundsätzliche Mißverständnis, mit dem ich immer wieder zu tun hatte und das ich stets ausräumen mußte: daß Körper etwas Privates, nach innen Gekehrtes bedeutet. Mir war jedoch wichtig, den Körper des Menschen als politisches Organ zu sehen, das in seiner Ganzheit sowohl Zerstörung als auch Heil darstellt.

Mein erstes Buch darüber nannte ich: «Wenn Gott und Körper sich begegnen». Darin faßte ich verschiedene Versuche, Bibelarbeiten, Vorträge, Reflexionen, zusammen, um zu zeigen, daß Heil nicht Seelenheil ist, sondern den ganzen Menschen mit seinem Körper meint. Über psychologische Zugänge näherte ich mich darin einem neuen Körperverständnis, das Abstand nimmt vom Körper-Container-Denken und den Körper wieder in seiner Bewegtheit und in seinem Fließen erfahrbar macht. In einem weiteren Buch «Mein Körper bin Ich», fünf Jahre später, hatte ich mich stärker vom feministischen Standort aus auf den Frauenkörper ausgerichtet, hatte die Differenz der Geschlechter daran aufgezeigt, die männlichen in unserer Kultur dominierenden Körpererfahrungen wie Zeugen, Durchdringen und den Frauenkörper mit seinen nie in die Öffentlichkeit gekommenen Erfahrungen des Gebärens, des Wachsen-Lassens, des Teilnehmens an der Natur, des Verbunden-Seins mit der Natur zum Zentrum neuen kosmischen Denkens gemacht. Im Anschluß daran hatte ich Thesen zu einer Theologie der Leiblichkeit aufgestellt. Wie wichtig solch theologisches Denken war, zeigte, daß das kleine Buch schnell in fünf andere Sprachen übersetzt wurde. Wie sehr das Thema in der Luft lag, bewies die ökumenische Frauenkonferenz von Costa Rica schon 1993, auf der gegen die Gewalterfahrung von Frauen ein «theologischer Diskurs» gefordert wurde, «in dem die Verleiblichung zentral ist und in dem die Verdinglichung der Körper der Frauen unmöglich wird». Eine weitere Forderung lautete: «Wir müssen Theologien des Geistes dekonstruieren, die das physische Leben geringachten, insbesondere das Leben, wie es in den Körpern und der Sexualität von Frauen zum Ausdruck kommt. Der Dualismus von Geist und Körper muß überwunden werden, und wir müssen die ganzheitliche Lebensenergie von Widerstand, Erneuerung, Unterstützung und Erhaltung, Heilen und Wachsen neu begreifen.» Die Auferstehung des Leibes sei eine Realität im gegenwärtigen Leben. Eine «Theologie des Lebens», wie es der Weltkirchenrat forderte, die sich nur um die Leiber von Menschen kümmern soll, drängt in die Öffentlichkeit, denn die Würde des Menschen ist heute in seinem Leib bedroht durch Folter, Gewalt, Armut.

Weit mehr Schwierigkeiten mit solchem Leib/Körper-Denken hat bis heute die westlich-feministische Theologie, die eher darauf beharrt aufzuklären, den patriarchalen Mißbrauch des Frauenkörpers aufzulisten, statt den für sie riskanten Schritt eines positiven Körperansatzes zu tun. Beispiele solchen Mißbrauchs sind, daß der Frauenkörper «ideal», «gefällig», «gut gestylt», «dekoriert» und «gefügig» sein soll. Von der Auferstehung des Leibes als einer Realität im gegenwärtigen Leben ist wenig zu spüren. Zwar sind Körpererfahrung, Tanz, Bewegung in der Praxis der Feministischen Theologie weit verbreitet. Zwar gibt es vor allem in der Feministischen Theologie in den USA häufig die Vorstellung von «embodiment». Doch die weitverbreitete Erfahrung, nicht identisch mit dem Körper zu sein, die altchristliche Lust, im Konflikt zu verharren, bzw. die Sünde als Ausgangsort unseres Menschseins zu sehen, überwiegt. Ist in der traditionellen Theologie das Eschaton die Lösung dieses Konfliktes, ist es in Teilen der Feministischen Theologie die Vision einer gerechten Gesellschaft, eine Kollektiverfahrung, in der Leiblichkeit real werden kann. Die Frauenkirche kann der Ort solcher schon hier ansatzweise eingelösten Visionen werden.

Viel unbefangener können dagegen Frauen einer nicht im Christentum verankerten Spiritualität von der Heiligkeit des Körpers sprechen, ohne sich an den Ambivalenzen zwischen Anspruch und Wirklichkeit aufzureiben. Ich meine, daß Feministische Theologie den Schritt über die patriarchale Lust am Konflikt hinaus tun könnte, um in neue Räume einzutreten, in denen sie die vielfältige eigene Lust entfalten könnte. Das hieße nicht, die Augen vor der Wirklichkeit zu verschließen. Das hieße, die Augen für die Wirklichkeit Gottes in dieser Welt, des menschgewordenen Gottes mit seinem Leben, Lieben und Leiden, zu öffnen.

Für mich weitete sich Feministische Theologie danach noch einmal in neue Bereiche aus. Bei einer Abendgesellschaft hatte ich eine Märchenforscherin kennengelernt, mit der ich meine alte Liebe aus der Anfangszeit der Bibelarbeiten zu Symbolen teilen konnte. Die Gastgeberin, eine Kunstgeschichtlerin, ebenfalls am Thema Symbole interessiert, schlug vor, daß wir uns zu dreien einmal darüber austauschen sollten. Aus unserem Kaffee-trinkenden Interessenaustausch wurde dann bald ein ernsthafteres Arbeitsvorhaben. Unsere Leidenschaft wuchs mit der Erkenntnis, wie eng die Symbolwelten von Bibel, Märchen und Kunst miteinander verbunden sind, und allmählich schälte sich aus unserer privaten Liebhaberei die Idee heraus, mit den Lebenssymbolen Erde, Quelle, Baum an die Öffentlichkeit zu gehen. Aus unserem lockeren, leichten Gedankenaustausch wurde ein Buch, das mit ungeteilter Begeisterung aus den verschiedensten Fachbereichen begrüßt wurde. Was für uns drei so selbstverständlich schien, unsere Arbeitsbereiche Theologie, Märchenforschung, Kunst zu teilen und nach Verbindungen zu suchen, war für viele Lesende ein überraschender Schock und darin gerade überzeugend. Für mich war es ein Weg, Feministische Theologie auch außerhalb der Frauenerfahrungen zu konkretisieren, einen eher spielerischen, bildhaften, farbigen Weg zurück zur verlassenen

Erde zu gehen und sie zugleich mit dem Leib wieder zum Ort unserer Erfahrungen und Hoffnungen zu machen. Unser Buch «Erde, Quelle, Baum. Lebenssymbole in Märchen, Bibel und Kunst» wurde für mich zu einem Tanz der Phantasien, für den in der Theologie oft kein Raum war.

In ein anderes feministisch-theologisches Neuland für mein Leib-Denken stieß ich mit einigen Frauen, teils Theologinnen der Frauenarbeit der Württembergischen Landeskirche, deren Vorstand ich lange angehört hatte und zu deren theologischer Beraterin ich später geworden war. Nachdem wir in einem Team bereits einige Jahre zuvor eine kleine Studie mit verständlichen Zugängen zur Feministischen Theologie erarbeitet hatten («Feministische Theologie. an-stösse stich-worte schwer-punkte». Gütersloh 1992), reizte es uns, die gemeinsame Arbeit fortzusetzen und über das Abendmahl neu nachzudenken. Ein Herrenmahl? Ein Mahl Jesu mit seinen Jüngern, wie es uns Tausende Bilder christlicher Ikonographie zeigen? Ein Trauermahl, das uns an unsere Sünden erinnert und an den Sühnetod Jesu? Die Leitsätze: «Ich armer, elender, sündiger Mensch...», oder: «Ich bin nicht wert, daß du in mein Haus kommst...», waren von vielen Frauen in aller Welt als Stolpersteine zu dem Festmahl der Christenheit erklärt worden.

Wir hatten gemerkt, welch trauriger Grauschleier über dem Ganzen lag und wie viele männliche Traditionen sich darunter verbargen. War das Abendmahl aber nicht auch eine leib- und lebensbezogene Mahlzeit für Hungrige? War in unserem vergeistigten und vergeistlichten Christentum hier nicht noch etwas Heiliges, Materielles enthalten, das uns entschwunden war? Was war der Anteil der Frauen daran? Waren Frauen nicht immer die gewesen, die das Essen bereitet hatten, und gab es nicht auch eine Frauentradition im Abendmahl? In der Priscilla-Katakombe in Rom entdeckte ich auf einem Fresko aus dem Ende des 1. Jahrhunderts n. Chr. sieben Frauen bei einem eucharistischen Mahl. ExegetInnen weisen nach, daß auch bei dem jesuanischen Abendmahl Frauen anwesend waren, und Judy Chicagos großes Kunstwerk «Die Dinnerparty» holt

Frauen aus der Weltkultur wieder an den für sie und von ihnen gedeckten und geschmückten Tisch zurück. Wir nannten unsere Studie «Wir Frauen und das Herrenmahl», verstanden sie als Beitrag zur ökumenischen Dekade «Solidarität der Kirchen mit den Frauen 1988–1998» und schmückten sie mit dem Bild von dem eucharistischen Frauenmahl aus der Priscilla-Katakombe.

Zu meinem 65. Geburtstag am 25. Juli 1991 hatten Frauen einen Teil solcher Gedanken aufgegriffen und mir eine von Herlinde Pissarek-Hudelist und Luise Schottroff im Gütersloher Verlag herausgegebene Festschrift mit dem Titel gewidmet: «Mit allen Sinnen glauben...» Sie wurde mir bei einem großen Gartenfest in unserem Tübinger Garten überreicht, wozu Freunde, Freundinnen, Kinder, Enkel, die so lange in Ost und West gespaltene Verwandtschaft und auch zwei Mitglieder der Tübinger Evangelisch-Theologischen Fakultät und Raul Niemann vom Gütersloher Verlag gekommen waren. In ihr hatten Frauen und Männer sich wieder an ihre verlorengehenden Sinne erinnert: den Musiksinn, Hände und Füße als Ausdruck des Glaubens, Augen, die blind geworden waren, die unbekannt gewordenen Sinne bei Hildegard von Bingen, unsere Alltagssinne, die das Triviale wieder verzaubern. Es war ein bunter Blumenstrauß geworden, in dem meine Ansätze, bei den Frauen, bei den Menschen, im Alltag zu beginnen, historisch, biblisch, systematisch aufgegriffen waren. Meinen theologischen Ort hatte die inzwischen verstorbene Dekanin in der Katholisch-Theologischen Fakultät in Innsbruck, Herlinde Pissarek-Hudelist, mir dabei aufgezeigt: In ihrer einmaligen, an Karl Rahner geschulten Art, Theologisches und Feministisches zu verbinden, wies sie auf «die inkarnatorische Grundstruktur des Heils», die uns eigentlich stets auf die Leiblichkeit und Sinnenhaftigkeit des Christentums stoßen müßte. Eine Eigentümlichkeit des Christentums? Bisher jedoch nie eingelöst, weil mehr Hirne als Leiber, mehr Männer als Frauen die Tradition prägten? Herlinde Pissarek-Hudelist stellte in diesem Zusammenhang auch noch einen zentralen feministischen Gedanken: die Vorstellung von der «Erdung», die «durch die Frauenerfahrung einen großen Schub» bekommt und hilft, Theologie konkret zu machen. Herlinde Pissarek-Hudelist starb drei Jahre später – ein unersetzlicher Verlust in der deutschsprachigen Feministischen Theologie.

Evi Krobath entzückte mit ihrem Kabarett «Das himmlische Telefon» die bunte Menge. Als Lambada tanzender Engel hüpfte sie den Rasenhang hinunter und versuchte mit ihrem himmlischen Telefon Festschrift-Beiträge aus dem himmlischen Chor derer, mit denen ich mich beschäftigt hatte, einzufangen. Aber ach, Prinzessin Antonia von Württemberg war inzwischen so eingebildet, daß sie nur noch als «Gotteslehrerin» angeredet werden wollte. Maria war gekränkt, daß ich ihr Maria Magdalena vorgezogen hatte, und Martha war wieder zu beschäftigt. Und schließlich hatte sie noch den Schlüsselbund hingeschmissen und sich der Hausarbeit verweigert. Und erst die Männer: Bei Luther hatten sich die nordelbischen Bischöfe beschwert, daß ich gegen die Sünde sei; Karl Barth war eingeschnappt, weil ich seine Schöpfungsordnung kritisiert hätte, und die «Höchste Instanz» – so erfuhr der Engel – gehe nicht mal mehr aus dem Haus, nicht mal zu einem Abendspaziergang, seit sie gehört habe: «Wenn Gott und Körper sich begegnen». Aber Jesus reagierte positiv, weil er sich vor der Feministischen Theologie immer geärgert hatte, als großer Macker hingestellt zu werden. Es war ein klassisch-schönes Kunstwerk, sprühend von Einfällen aus der Frauenszene, geworden und brachte uns zum Lachen über uns selbst.

Im Oktober veranstaltete der Gütersloher Verlag noch ein großes Frauentreffen im Stuttgarter Hospitalhof zu dem gleichen Thema: «Mit allen Sinnen glauben. Zwanzig Jahre Feministische Theologie im deutschsprachigen Raum.» Der Anlaß waren das Erscheinen des «Wörterbuch(s) Feministische Theologie» sowie die Veröffentlichung meiner Festschrift. An der großen Podiumsdiskussion nahmen Annemarie Schönherr, Dorothee Sölle, Luise Schottroff, Bärbel Wartenberg-Potter, Herlinde Pissarek-Hudelist und Silvia Schroer teil, und Evi Krobath führte noch einmal vor der begeisterten Menge ihren Sketch «Das himmliche Telefon» auf. Wir hatten ein Stück Öffentlichkeit erreicht, so daß sowohl alle dubiosen

«Mit allen Sinnen glauben. Zwanzig Jahre Feministische Theologie im deutschsprachigen Raum», Stuttgart 1991. Podiumsdiskussion. Von links nach rechts: Herlinde Pissarek-Hudelist, Luise Schottroff, Elisabeth Moltmann-Wendel, Dorothee Sölle. (Foto: epd)

Erscheinungsformen Feministischer Theologie als auch rückwärtsgewandte Theologie-Versuche wie das Tübinger Gutachten in den Schatten gerieten. Den Frauen auf dem Podium gelang es, Erfahrung und Wissenschaft, Spiritualität und Engagement, Kritisches und Zukunftsweisendes zur Feministischen Theologie glaubwürdig zu vertreten.

Die Situation der Feministischen Theologie ist bis heute in Deutschland höchst ambivalent. Wir haben keine feministisch-theologischen Lehrstühle und wenig Hoffnungen für eine Feministische Theologie an den Universitäten. Wir müssen andere Lösungen für Information und Weiterbildung suchen. Was wir haben, ist jedoch eine starke, hungrige, kritische und selbständige Basisbewegung, um

Symposion der Nachkriegstheologengeneration in Tübingen am 8. Juni 1996: «Wie ich mich geändert habe – How my mind has changed. Biographische Wege der Theologie».

die uns andere Länder, zum Beispiel die USA, beneiden. Diese Basisbewegung ist in die Kirchen eingedrungen und ist nicht mehr aus ihnen wegzudenken. Sie läßt sich auch nicht dogmatisch vereinnahmen und mißt Feministische Theologie an der Realität. So bleibt zwischen Resignation und Hoffnung ein weites Feld für Experimente und Aktionen, in denen nicht Schulmeinungen, sondern die Wirklichkeit von Frauen, ihre Unterschiede und ihre Erwartungen der Feministischen Theologie ein Stück Erdhaftigkeit geben.

Wir werden auch mit neuen Fragen nach Tod und Sterben konfrontiert werden, die in der von sozialen Erfahrungen ausgehenden Feministischen Theologie wenig Beachtung fanden. «Was nützt mir jetzt die Feministische Theologie?» fragte kürzlich eine todkranke Frau. «Einen Dreck!»

Gibt Feministische Theologie Trost? Kann sie die ars moriendi lehren? Halten angesichts der Todesangst die sozialen Netze, was sie versprachen?

Die großen Erwartungen des Anfangs sind umgeschlagen in geduldiges, kontinuierliches Aufklären und Arbeiten am Männlichkeits- und am Weiblichkeitswahn, an survival – Überleben, wie es die Womanist Theology sieht. Für mich selbst bleibt ein humanistischer Feminismus tragend, der die Abgründe zwischen den Geschlechtern und ihre sozialen und psychologischen Folgen nicht verschweigt, aber die Brücken nicht zerstört und uns auf Inseln von Freundschaft leben läßt. Wichtig bleibt es, in welcher Form auch immer, an den Veränderungen der Strukturen mitzuwirken, aber zugleich sich Audre Lords Sätze in Erinnerung zu halten:

«Manche Frauen warten auf etwas
Veränderung und nichts
ändert sich
so ändern sie
sich selbst.»

In der Anfangszeit der Feministischen Theologie hatte ich einen Traum, den ich damals aufschrieb: Ich steure einen vollbesetzten Autobus (vollbesetzt mit Frauen?), weiß nicht recht, wo Gas und Bremse sind, der Bus schlingert, reißt rechts etwas um. Ich kriege ihn zum Halten. Am nächsten Tag komme ich mit Jürgen an dem Unglücksort vorbei. Die Seitenstange vom Bus ist abgerissen. Jürgen montiert sie ganz ab und nimmt sie zur Reparatur mit.

Waren es Allmachtsphantasien, daß ich mich als Busfahrerin träumte? Waren es aber nicht eher die Erwartungen von Frauen, die sie in mich hineinprojizierten und denen ich mich gar nicht gewachsen fühlte? Der hilfreiche Jürgen, am nächsten Tag zur Stelle, markierte meine Hilfsbedürftigkeit und meine Möglichkeit, Unterstützung zu finden.

Einen anderen Alptraum hatte ich einige Jahre später: Mein Auto

Mit den Enkeln (von links nach rechts): Malte, Jakob, Christoph, Jonas.

stand eingeklemmt von vorn, von hinten, von rechts und links auf einem Parkplatz. Ich konnte nicht mal mehr ein Wendemanöver machen. Also abwarten, gelassen sein, bis sich die anderen Autos entfernen... Der Traum läßt sich als eine neue Phase deuten: Ich war bedrängt, aber ich war bei mir und lernte Gelassenheit. Solche Träume haben sich später nicht wiederholt. Ich war sicherer geworden. Ich war nicht mehr ort-los.

Eine Freundin schickte mir vor einiger Zeit ein Bild mit einem tanzenden Engel und der Unterschrift:

«Wer die Erde nicht berührt, kann den Himmel nicht erreichen.»

Ich war nicht der tanzende Engel, aber mir war, als ob ich die Erde berührt hatte und die Erde mich berührte. Und es war noch immer erstaunlich, und ich war noch immer neugierig, wie der Himmel sich darüber auftat.

Anhang

Literaturhinweise und Texte zu einzelnen Kapiteln

Einführung

Robin Morgan (Ed.), *Sisterhood is powerful,* New York 1970.

Kate Millet, *Sexus und Herrschaft,* München 1971.

Valerie Saiving Goldstein, *Die menschliche Situation. Ein weiblicher Standpunkt.* In: Elisabeth Moltmann-Wendel, *Menschenrechte für die Frau,* München 1974.

Elisabeth Moltmann-Wendel, *Menschenrechte für die Frau,* München 1974. 2. Aufl. *Frauenbefreiung. Biblische und theologische Argumente,* 1978. Dort auch Literatur zur Frauenbewegung!

Berlin: Sexismuskonsultation

World Council of Churches (Ed.), *Sexism in the 1970s, a Report of the World Council of Churches Consultation,* West-Berlin 1974, Genf 1975.

Verena McRae, *Frauen, eine Mehrheit als Minderheit.* Einleitung Liselotte Nold, Gelnhausen 1975.

Nelle Morton, *Auf dem Weg zu einer ganzheitlichen Theologie.* In: Elisabeth Moltmann-Wendel (Hg.), *Frau und Religion. Gotteserfahrungen im Patriarchat,* Frankfurt 1983.

Kirchenarbeit

Kennzeichen. Studien und Problemberichte aus dem Projekt «Frauen als Innovationsgruppen» des Deutschen Nationalkomitees des Lutherischen Weltbundes, hg. von Gerta Scharffenorth, Gudrun Diestel und Niels Hasselmann. 9 Bände, Burkhardthaus-Laetare Verlag Gelnhausen, Berlin, Stein/Mfr., 1977ff.

Die Frau in Familie, Kirche und Gesellschaft. Eine Studie zum gemeinsamen Leben von Frau und Mann, Gütersloh 1979.

Wiesensteig, Erste Werkstatt Feministische Theologie

Die blutflüssige Frau. Eine Schwestern-Hexegese zu Lk 8,43–48. In: Arbeitshilfen. 3. Feministische Theologie-Praxis. Ein Werkstattbuch. Ev. Akademie Bad Boll 1981.

Ein eigener Mensch werden. Frauen um Jesus

Carter Heyward, *Und sie rührte sein Kleid an.* Stuttgart 1986.

Elisabeth Schüssler Fiorenza, *Zu ihrem Gedächtnis,* München 1988.

Monika Fander, *Die Stelllung der Frau im Markusevangelium,* Altenberge 1989.

Helga Novotny, *Eigenzeit,* Frankfurt 1989.

Annegret Stopczyk, *Nein danke, ich denke selber,* Berlin 1996.

Mary Daly, *Jenseits von Gottvater, Sohn und Co.,* München 1980.

Catharina Halkes, *Gott hat nicht nur starke Söhne,* Gütersloh 1980.

Kirchentage und Bibelarbeiten

Erika Godel, *Gegenreden. Bibelarbeiten von Frauen auf Deutschen Evangelischen Kirchentagen,* München 1992.

H. Langer / H. Leistner / E. Moltmann-Wendel, *Mit Mirjam durch das Schilfmeer,* Stuttgart 1982.

Anke Martiny, *Wer nicht kämpft, hat schon verloren,* Reinbek 1986.

H. Langer / H. Leistner / E. Moltmann-Wendel / A. Schönherr, *Wir Frauen in Ninive,* Stuttgart 1984.

E. Moltmann-Wendel / A. Schönherr / R. Traitler, *Seid fruchtbar und wehrt Euch,* München 1986.

Sheffield: Die Gemeinschaft von Frauen und Männern in der Kirche

Constance Parvey (Hg.), *Die Gemeinschaft von Frauen und Männern in der Kirche. Der Sheffield-Report,* Neukirchen 1985.

Jean Baker Miller, *Die Stärke weiblicher Schwäche,* Frankfurt 1979.

Ich bin gut, ganz und schön

Erich Fromm, *Die Kunst des Liebens,* Frankfurt 1982.

Nancy Friday, *Wie meine Mutter,* Frankfurt 1982.

Matthew Fox, *Original Blessing,* Santa Fe 1983.

Herlinde Pissarek-Hudelist, *Mann und Frau in der Sicht der feministischen Theologie.* In: E.Gössmann u. a. (Hg.), *Mann und Frau – Grundprobleme theologischer Anthropologie,* Freiburg-Basel-Wien 1989.

Christine Janowski, *Theologischer Feminismus.* In: Elisabeth Moltmann-Wendel (Hg.), *Weiblichkeit in der Theologie,* Gütersloh 1988.
Christine Schaumberger/Luise Schottroff, *Schuld und Macht,* München 1988.

Reisen und Erfahren

Lily Braun, *Memoiren einer Sozialistin.* Ges. Werke, Berlin o. J.
Elisabeth Moltmann-Wendel, *Bettina von Arnim und Schleiermacher.* In: Evangelische Theologie 31 (1971).
Hildegund Keul, *Menschwerden durch Berührung. Bettina Brentano-Arnim als Wegbereiterin für eine Feministische Theologie,* Frankfurt 1993.
Christiane Markert-Wizisla, *Elisabeth Malo. Anfänge feministischer Theologie im Wilhelminischen Deutschland,* Pfaffenweiler 1996.
Zu E. Malo s. Ursula Baumann, *Protestantismus und Frauenemanzipation in Deutschland,* Frankfurt 1992.
Elisabeth Moltmann-Wendel, *Ein Altar weiblicher Heilsschau.* In: *Wenn Gott und Körper sich begegnen,* Gütersloh 1989.
Christa Mulack, *Die Weiblichkeit Gottes,* Stuttgart 1983.

Kreuzestheologie

Jürgen Moltmann, *Der gekreuzigte Gott,* München 1972.
Helmut Gollwitzer, *Jesu Tod und Auferstehung,* München o. J.
Elga Sorge, *Religion und Frau. Weibliche Spiritualität im Christentum,* Stuttgart 1985.
Dorothee Sölle, *Leiden,* Stuttgart 1973.
Anne Carr, *Transforming Grace,* San Francisco 1988.
Rita Nakashima Brock, *Journeys by Heart.* A Christology of Erotic Power, New York 1988.
Ursa Krattiger, *Die perlmutterne Mönchin,* Stuttgart 1983.
Zur Situation der Hofgeismarer Tagung s. Günther Bader, Martha Heizer (Hg.), *Theologie erden! Erinnerungen an Herlinde Pissarek-Hudelist,* Innsbruck 1996.

Texte: Zur Kreuzestheologie

Elisabeth Moltmann-Wendel

1. Es gibt in der feministischen Kritik an der Kreuzestheologie ein völlig berechtigtes Anliegen, das ich unterschreiben möchte: Das Kreuz, oft einziges Symbol in unseren Kirchen, ist für viele Menschen keine Ermutigung mehr

zum Leben. Das «Kreuz», wie es oft gepredigt wurde und wie es bei Frauen ankam, hieß praktisch, das Kreuz, d.h. den prügelnden Ehemann oder andere Unbill, auf sich nehmen und geduldig die auferlegten Leiden dieser Welt ertragen. So sollte es nach Gottes Willen sein. Frauenbiographien sind voll von diesen Erfahrungen.

2. Aus diesem berechtigten Anliegen ist nun in der Feministischen Theologie eine Anklage gegen die gegenwärtige Kreuzestheologie geworden, die ich kritisch hinterfragen muß. Denn wir können es uns in der gegenwärtigen Situation nicht mehr leisten, pauschale und plakative Urteile zu tradieren. Aus Jürgen Moltmanns Kreuzestheologie (*Der gekreuzigte Gott,* München 1972) wird stets ein Satz zitiert, der gar nicht von ihm stammt, aber an dem sich der ganze feministische Abscheu vor Kreuzestheologie entzündet. Es ist ein Zitat aus W. Popkes, *Christus Traditus,* 1967, S. 286f, das Moltmann aufgenommen hat:

«Daß Gott seinen Sohn dahingibt, gehört zu den unerhörtesten Aussagen des Neuen Testaments; wir müssen das ‹Dahingeben› im Vollsinn verstehen und es nicht zu ‹Sendung› oder ‹Geschenk› abschwächen. Hier ist geschehen, was Abraham an Isaak nicht zu tun brauchte: Christus wurde vom Vater in voller Absicht dem Schicksal des Todes überlasssen; Gott hat ihn hinausgestoßen in die Mächte des Verderbens, ob diese nun Mensch oder Tod heißen..., Gott hat Christus zur Sünde gemacht (2Kor, 5,21), Christus ist der Verfluchte Gottes... Hier kommt theologia crucis zur Sprache, wie sie radikaler nicht sein kann» (Jürgen Moltmann, *Der gekreuzigte Gott,* München 1972, S. 178f). Dieser Satz wiederholt sich – mit gewissen Auslassungen oder Zusätzen – bei Dorothee Sölle (*Leiden,* Stuttgart 1973, S. 38), Elga Sorge (*Religion und Frau,* Stuttgart 1985, S. 43), Doris Strahm, *«Wahrlich erlöst sehen sie nicht aus, diese Leute, an deren Erlöser ich glauben soll.»* In: Fama. Feministisch-theologische Zeitschrift, Nr. 1, März 1988, S. 5; dies.: *Aufbruch zu neuen Räumen,* Freiburg 1987, S. 54). Hier scheinen Frauen schlicht voneinander abgeschrieben zu haben, ohne sich der Quelle selbst noch mal zu vergewissern. Die Ursache solch falschen Zitierens liegt wohl bei Dorothee Sölle, die in ihrem Buch «Leiden» statt Moltmann den von Moltmann zitierten Popkes bringt und am Ende des Zitats feststellt: «Der Autor ist fasziniert von der Brutalität seines Gottes.» Wer ist nun der Autor? Eigentlich müßte es Popkes sein, doch einige haben nun angenommen, daß sie Moltmann meint, und es ist anzunehmen, daß in dieser Weise weiter falsch zitiert wird und sich weiter falsche Erregung verbreitet.

3. Es geht mir in meiner Kritik nicht um eine wissenschaftliche Pingeligkeit, sondern um eine Akzentverschiebung mit sehr emotionalen Folgen. In

Popkes Zitat wird Gott nämlich zum Akteur, der seinen Sohn «hinausgestoßen» hat «in die Mächte des Verderbens». Soweit ich sehe, hat Moltmann viel reflektierter und auch biblischer das Wort «preisgegeben» (paradidonai) ausgelegt. Er verweist auf die «Passionsterminologie», in der das vielschichtige Wort paradidonai gebraucht wird, und in der es soviel wie «ausliefern, verraten, verlassen» heißt. Bereits bei Sölle bekommen nun diese Verben einen anderen Akzent. Sie werden zu «hinausstoßen, verstoßen, vernichten». Damit erscheint der Gott der Kreuzestheologie in der Rolle eines aktiven Sadisten. Das quälende Verborgensein Gottes, das im Preisgeben – paradidonai – steckt, wird schlicht aufgelöst, und das Feindbild eines sado-masochistischen Kreuzestheologen ist geschaffen.

Ähnliches ist mit Hellmut Gollwitzer passiert, der in seinem Buch «Jesu Tod und Auferstehung» (München o. J., S. 58) von der «Einwilligung dessen, der da geschlagen und getötet wird, in den Willen dessen, der ihn schlagen und töten läßt» schreibt. Sorge macht nun aus dem «Tötenlassen» das «*Ermorden*lassen» (S. 40, 44), eine sehr viel zynischere Ausdrucksform. Ferner läuft es ihr aus der Feder: «...entweder man glaubt an einen Vatergott, der niemals seinen Sohn verraten und töten würde...» (S. 45). Sie unterstellt also Kreuzestheologen, daß sie einen Gott verehren, der seinen Sohn selbst (aktiv) tötet. Und sie schließt daraus: «Das traditionelle Gottesbild fördert eine Glaubenshaltung, die sich eher an Leiden, Quälen und Gewalt als an Liebe, Lust und Freude orientiert» (S. 41). Sorge verdreht und verstellt Worte, die dann der Anklage gegen Kreuzestheologie das entsprechende Gewicht geben sollen.

Feministische Theologinnen haben berechtigte Fragen an das traditionelle Gottesbild. Doch mit schiefen Anklagen wird nie ein Dialog beginnen. Ansetzen müßten wir neu bei dem Verständnis von «preisgeben» (paradidonai) in den Evangelien, wo nicht Gott mit diesem schillernden Begriff verbunden wird, sondern Judas es ist, der «preisgab» (paredoken). Dann würde das Rätsel des Leidens und Todes Jesu offenbleiben, und der Schmerz Gottes könnte an die Stelle von folgenreichen Kausalerklärungen treten. Aber Paulus transferierte diese Vorstellung dann in das Gottesbild und verleitet zu mißverständlichen Spekulationen. Das Problem liegt m.E. in der starken Identifizierung der Kreuzestheologen mit Paulus und einer paulinischen und traditionsbelasteten Kreuzestheologie. Eine kritische Beurteilung paulinischer Terminologie, in deren Sog männliche Theologen allzuleicht gerieten, wäre zunächst einmal am Platze.

4. Die Angriffe gegen «sadistische» Kreuzestheologien sollten den Kon-

text der Theologien nicht vergessen, denn nur so kann auch die Wirkungsgeschichte solcher Theologien beurteilt werden. Beide Theologen, Gollwitzer und Moltmann, die im lustvollen Zentrum des Angriffs stehen, sind sogenannte politische Theologen und stark geprägt von Auferstehungshoffnungen. Von diesen theologischen Entwürfen sind keine Masochisten ausgegangen, im Gegenteil: Sie haben ihren wichtigen Teil zu kirchlichen und gesellschaftlichen Veränderungen beigetragen (s. «Die Freigelassenen der Schöpfung»). Zu fragen wäre, wo die wirklichen Ursachen für eine nekrophile theologische Wirkungsgeschichte des Kreuzes liegen.

5. Gegenwärtige Kreuzestheologie hat zum Zentrum die Kritik an bürgerlichen Gott- und Weltvorstellungen. Sie ist eine Religionskritik, die in dem Kreuz das «eigentlich Unreligiöse des christlichen Glaubens» sieht. Vom Kreuz geht die Durchkreuzung alles Religiösen aus. Im Kreuz liegt kein Muster religiöser Denkprojektionen.

Die feministische Theologie hat mit solcher Religionskritik Schwierigkeiten, denn sie setzt ein bei den Bedürfnissen und Erfahrungen von Frauen, die entfremdet von sich selbst und diskriminiert von der Gesellschaft sind. Sie sucht wieder nach Religion. Mir scheint, daß wir auf Dauer nicht diese aus Kreuzestheologie kommende Religionskritik aufgeben dürfen. Andernfalls geraten wir in die Falle einer Glückseligkeits- und Erosreligion, die blind wird für den Kampf um Gerechtigkeit. Noch wird in der Feministischen Theologie dafür gekämpft, daß das Private auch stets das Politische ist. Nur ist auch der Rückzug in die religiöse Innerlichkeit zu beobachten. Wer das Kreuz auskreuzt, verliert sich in Illusionen und verliert Realität.

6. Hinter Kreuzestheologien steckt eine persönliche Erfahrung, die ich nicht zur Seite schieben kann: die Erfahrung der Gottverlassenheit. Kreuzestheologien sind meist in Situationen entstanden, die in unserer westlich-bürgerlichen Wohlstandsgesellschaft vergessen sind: Situationen hinter Stacheldraht, in sibirischen Lagern und anderen hoffnungslosen Lagen. Die persönliche Erfahrung des Preisgegebenseins, des paredoken Gottes, wurde in der eigenen Geschichte gesehen und wurde ein Stück weit in die Jesusgeschichte hineintransferiert. Diesen Kontext kann ich nicht übersehen. Maria Kassel hat auf die Erfahrungen Elie Wiesels vom Gott am Galgen, dem ermordeten Gott, neu aufmerksam gemacht und damit eigentlich auch eine Sensibilität für Gottes Kreuzeserfahrungen angezeigt. In: Maria Kassel (Hg.), *Feministische Theologie,* Stuttgart, 1988, S. 192.

Feministische Theologie muß gegenwärtig die Erfahrung der Nähe Gottes, der/die das Leben ist, betonen. Das ist ihre wichtige Aufgabe. Aber sie wird letzten Endes am Leben vorbeigehen, wenn sie keinen Zugang mehr zu Erfahrungen der Gottverlassenheit hat. Anne Carr, die amerikanische Theologin, hat in ihrer umfassenden systematisch-feministischen Theologie *(Transforming Grace)* auf die Bedeutung des gekreuzigten Gottes in der lateinamerikanischen Befreiungstheologie und zugleich auf das Kreuz als wichtiges Symbol für Christinnen hingewiesen, «die den Schmerz des Ausschlusses und der Kränkung in ihrem christlichen Erbe erleben».

Wir würden lebensblind, wenn wir solche Erfahrungen von Gottverlassenheit, wie sie sich in Kreuzestheologien ausdrücken, in der Feministischen Theologie nicht mehr wahrnähmen und eine kurzlebige Wohlstandsreligion entwickelten, die zumindest ohne Verständnis für die Gotteserfahrungen bedrängter Christen und Christinnen in verzweifelten persönlichen und gesellschaftlichen Situationen bliebe.

Kirchenärger

David Tracy, *Feministisches Denken als Herausforderung für die Fundamentaltheologie.* In: CONCILUIUM, 32. Jg., Heft 1.

Friedrich Hausschildt (Hg.), *Frau und Mann – befreundet in Christus,* Hamburg 1987.

Zu «Sühnopfer» s. z.B. Hans Kessler, *Das Kreuz und die Auferstehung.* In: H. Schmidinger (Hg.), *Jesus von Nazareth,* Styria Graz 1995. – ders. *Die theologische Bedeutung des Todes Jesu,* Düsseldorf 1970.

Antijudaismus

Leonard Swidler, *Der umstritttene Jesus,* Gütersloh 1993.

Leonore Siegele-Wenschkewitz (Hg.), *Verdrängte Vergangenheit, die uns bedrängt,* München 1988.

Klaus Thraede, *Ärger mit der Freiheit.* In: G. Scharffenorth, *«Freunde in Christus werden...»,* Gelnhausen 1977.

Renate Jost, Eveline Valtink (Hg.), *Ihr aber, für wen haltet ihr mich?,* Gütersloh 1996.

Renée de Tyron Montalembert, *Ist das Judentum frauenfeindlich?* In: Judaica 3, 1985.

Elaine Pagels, *Adam, Eva und die Schlange,* Reinbek 1991.

Elisabeth Schüssler Fiorenza, *Der Beitrag der Frau zur urchristlichen Bewegung.* In: Schottroff/Stegemann, *Traditionen der Befreiung,* Bd. 2, München 1980.

Dies., *Zur Methodenproblematik einer feministischen Christologie.* In: Strahm/Strobel (Hg.), *Vom Verlangen nach Heilwerden,* Luzern 1991.

Elisabeth Moltmann-Wendel, *Frau-sein – Frei-sein. Frauen im Christentum.* In: Dialog der Religionen, 2. Jg., 2–92.
Dokumentation zum Weltgebetstag 1994 aus Palästina (Hg. Deutsches Weltgebetstagskomitee), Düsseldorf 1995.
Dorothee Sölle, *Warum brauchen wir eine feministische Christologie?* In: Evangelische Theologie 53, 1–93.
Erika Godel, *Christologie im Spannungsfeld jüdischer und feministischer Anfragen.* In: Evangelische Theologie 55, 1–95.
Ross Shepard Kraemer, *Her Share of the Blessings,* Oxford University Press 1992.

Texte:
Stellungnahme feministischer Theologinnen zum Vorwurf des Antijudaismus

«Die christliche Theologie ist von ihren Ursprüngen her mit antijüdischen Denkmustern durchsetzt. Sie hat Anteil am Antijudaismus und daher auch Mitschuld am Antisemitismus und seinen geschichtlichen Auswirkungen. Darum ist alle christliche Theologie nach Auschwitz zur selbstkritischen Reflexion und Veränderung ihrer Methoden und Aussagen gerufen.

Auch wir als feministische Theologinnen schleppen das Erbe des christlichen Antijudaismus mit uns und reproduzieren ihn – häufig unreflektiert – zum Beispiel in der Kritik am Patriarchat des Judentums. Deshalb bekennen wir uns mitschuldig am christlichen Antijudaismus. Wir distanzieren uns von theologischen Entwürfen, die eine christliche Liebesreligion idealisieren vor dem dunklen Hintergrund eines jüdischen Gottes, der zum Urbild des Patriarchats erklärt wird. Wir werden daran arbeiten, feministische Theologie weiterzuentwickeln unter folgenden Gesichtspunkten:

– Kritik am Antijudaismus der herrschenden Exegese;
– Wahrnehmung des Selbstverständnisses jüdischer Traditionen, insbesondere rabbinischer Überlieferungen;
– Entdeckung jüdischer Frauengeschichte, nicht nur als Unterdrückungs-, sondern auch als Befreiungsgeschichte;
– Entwicklung einer Jesusdeutung ohne jüdisches Feindbild.

Zugleich stellen wir fest:

Es ist ungerecht, pauschale Antisemitismusvorwürfe an Einzelformulierungen festzumachen, ohne die Gesamttendenz einer feministischen Autorin zu berücksichtigen.

Es ist ungerecht, den Vorwurf des Antijudaismus allein an die Adresse der feministischen Theologinnen zu richten, weil so der Schuldzusammenhang christlicher Theologie verschwiegen wird. Diese isolierte Diskussion, die den Antijudaismus in der herrschenden Theologie nicht benennt, ist ein Versuch, die christliche Frauenbewegung zu diskreditieren.

Anne Jensen
Evi Krobath
Elisabeth Moltmann-Wendel
Elke Rüegger-Haller
Luise Schottroff
Helen Schüngel-Straumann
Dorothee Sölle

21. Februar 1988»

Aus: E. Moltmann-Wendel, Frau-sein – Frei-sein.
In: Dialog der Religionen.

«In der Feministischen Theologie wird heute gegen Auffassungen polemisiert, nach denen Jesus sich, ‹wo er Frauen unterstützend und heilend begegnet, vom Judentum entferne›. So wichtig es ist, Jesus den Juden in seinem Judentum und in seiner Geschichte verwurzelt zu sehen, so wichtig es ist, den christlichen Christus triumphans, der siegreich und herrschend über alle Religion sich erhebt, endlich abzulegen, so dürfen wir auch wieder nicht die Augen vor dem verschließen, was das frühe Christentum als ‹das Neue› in der Jesusbewegung ansah. Aus Sorge, politische und religiöse Gegensätze unter Frauen zu stabilisieren, statt sie aufzuheben, sind die religiösen Differenzen heute in Gefahr, nivelliert zu werden. In Differenzen statt in Gegensätzen zu denken ist allerdings ein Experiment, das noch nicht immer gelingt. Hier stehen manche unqualifizierte Polemiken im Raum, die aufgearbeitet werden müssen. Ohne die Differenzierung der Religionen bleiben auch deren Frauenkonzepte blaß und werden nivelliert. Jesus einen Feministen zu nennen, halte ich für falsch, insofern Feminismus eine moderne kulturelle Bewegung ist. Daß die Jesusbewegung aber in Fortsetzung prophetischer Traditionen sich in kritischer Haltung gegenüber den levitischen Reinheitsgesetzen sah, läßt sich nicht leugnen. Daß einige Frauen auch heute wieder einen Sinn in solchen Schutzgesetzen sehen, ist eine andere Sache. Was aber die frühe Christenheit als Freiheit der Frau von Blutsfamilie und Fruchtbarkeitszwängen als Weg in den Schalom, die Ganzheit (Mk 5,34), sich vorstellte, sollte nicht ausgeblendet werden. Es gehört mit allen nicht eingelösten und später auch pervertierten Folgen in unsere Geschichte. Der Traum von der christlichen Freiheit des Leibes, den die Christin Melanie träumte, konnte ins Gegenteil umschlagen oder sich spiritualisieren in einer leibfremden Fömmigkeit, aber er barg die Hoffnung auf eine noch kaum vorstellbare weibliche Freiheit.

Aus der Perspektive der frühen Christen und Christinnen und vieler Christinnen bis heute brachte Jesus wirklich etwas Neues. Das ‹Neue› ist stets das Neue zu meiner alten Erfahrung, in Zwängen, in Unfreiheiten, in Gesetzlichkeiten, unter Imperativen zu leben. Daß hier ‹das Judentum› oft pauschalisierend in der christlichen Theologie das ‹Alte› zu verkörpern schien, ist eine bedauerliche Fehlentwicklung, die Antijudaismus in der christlichen Theologie immer wieder hervorgebracht hat. Das ‹Neue› kann im traditionellen Gegensatzdenken arrogant gegen das ‹Alte› ausgespielt werden. Es kann aber auch als differenzierend, alternierend, als neuer Raum oder neue Zeit erlebt werden, das eine andere Existenz eröffnet. Wenn wir die Erfahrung des ‹Neuen› im Christentum nicht mehr wollen, kommen wir nicht über eine christliche Moral hinaus. – Das christliche ‹Neue›, das wir in unserem Kontext sehen müssen, sind Spuren einer sich selbst bestimmenden weiblichen Lebensform.»

Wer die Erde berührt...

Libreria delle donne di Milano, Wie weibliche Freiheit entsteht. Berlin 1991.
Rosemary R. Ruether, *Sexismus und die Rede von Gott,* Gütersloh 1985.
Doris Strahm, *Aufbruch zu neuen Räumen,* Freiburg (Schweiz) 1987.
Catherine Keller, *Penelope verläßt Odysseus,* Gütersloh 1993.
Delores Williams, *Sisters in the Wilderness,* The Challenge of Womanist God-talk, New York 1995.

Lebensdaten

1926	in Herne geboren
1933–1944	Schulzeit in Herne und Potsdam
1944–1945	Reichsarbeitsdienst und Kriegsdienst
1945–1947	Studium der evangelischen Theologie in Berlin
1947–1951	Fortsetzung in Göttingen
1951	Fakultätsexamen und Promotion
1952	Heirat mit Jürgen Moltmann
1952–1953	Religions- und Sozialkundeunterricht in Berlin, Erndtebrück, Wuppertal
1953	Umzug nach Bremen-Wasserhorst
1955	Geburt von Susanne
1956	Geburt von Anne-Ruth
1957	*Theologie und Kirche bei Hermann Friedrich Kohlbrügge*, München
1958	Umzug nach Wuppertal
1959	Geburt von Esther
1963	Geburt von Friederike
1964	*Hoffnung jenseits von Glaube und Skepsis. Fontane und die bürgerliche Welt. Theologische Existenz heute*, München
1964	Umzug nach Bonn
1967	*Sintflut und Arche. Biblische Motive bei Wilhelm Raabe*, Wuppertal
1967	Umzug nach Tübingen
1967/68	Aufenthalt in Durham N.C., USA
1974	*Menschenrechte für die Frau*, München
1977	*Freiheit, Gleichheit, Schwesterlichkeit*, München. Engl., ital., holl., dän. Ausgaben
1978	*Frauenbefreiung. Biblische und theologische Argumente*, München (2. Aufl. von *Menschenrechte für die Frau)*

1980	*Ein eigener Mensch werden. Frauen um Jesus,* Gütersloh Engl./amerik., holl., ital., korean., schwed., japan. Ausgaben
1982	*Mit Mirjam durch das Schilfmeer,* Stuttgart. Zusammen mit H. Langer / H. Leistner
1982	*Frau und Religion. Gotteserfahrung im Patriarchat,* Frankfurt
1984	*Wir Frauen in Ninive,* Stuttgart. Zusammen mit H. Langer/ H. Leistner
1985	*Das Land, wo Milch und Honig fließt,* Gütersloh. Engl./amerikan., korean., japan., chines. Ausgaben
1986	*Seid fruchtbar und wehrt Euch,* München. Zusammen mit A. Schönherr / R. Traitler
1986	Gastsemester in Atlanta, USA, Emory University
1988	*Weiblichkeit in der Theologie* (Hg.), Gütersloh
1988	*Was geht uns Maria an?* Hg. zusammen mit H. Küng / J. Moltmann, Gütersloh. Japan. Ausgabe
1988	*Wenn Gott und Körper sich begegnen,* Gütersloh
1990	Mitherausgeberin der Zeitschrift «Evangelische Theologie»
1991	*Als Frau und Mann von Gott reden,* München. Zusammen mit J. Moltmann. Engl./amerikan., span., japan. Ausgaben
1991	*Wörterbuch Feministische Theologie* (Hg. zusammen mit Gössmann u.a.), Gütersloh. Japan. Ausgabe
1992	Johanna-Löwenherz-Preis des Landkreises Neuwied
1992	Lehrauftrag Theologische Fakultät Luzern
Ab 1992	Freie Mitarbeiterin der Evangelischen Akademie Tutzing
1992	*Feministische Theologie im Kreuzfeuer* (Hg. zusammen mit G. Kegel), Gütersloh
1994	*Mein Körper bin Ich,* Gütersloh. Engl./amerikan., italien., holländ., schwed. Ausgaben
1994	*Erde, Quelle, Baum. Lebenssymbole in Märchen, Bibel und Kunst,* Stuttgart. Zusammen mit M. Schwelien / B. Stahmer
1995	*Die Weiblichkeit des Heiligen Geistes* (Hg.), Gütersloh
1997	Herbert-Haag-Preis, zusammen mit Elisabeth Gössmann «Für Freiheit in der Kirche»

Personenregister in Auswahl

Frank Geerk

Kongress der Weltweisen

Ein Lesebuch des Humanismus

Am des Ende des 20. Jahrhunderts stehen wir ziemlich ratlos da: politische, menschliche und ökologische Katastrophen prägen die Weltlage. Wie geht es weiter?

Dieses Buch versteht sich als Einladung zu einem fiktiven «Kongreß der Weltweisen», an dem sich die besten Kräfte der verschiedenen Kulturen und Völker versammeln, um sich Gedanken über einen künftigen Humanismus zu machen.

Die verschütteten Wurzeln der Humanität wieder in uns selbst zu entdecken und zu zeigen, wie eine Rückbesinnung auf diese Wurzeln die Basis für ein friedlicheres und fruchtbares Zusammenleben im 3. Jahrtausend sein könnte, ist das zentrale Anliegen dieses Werkes.

592 Seiten, gebunden

Benziger Verlag Zürich und Düsseldorf

Samsam Renate Makowski und Stefan Makowski

Sufismus für Frauen

Zugänge zur islamischen Mystik

Der Sufismus – die mystische Lehre und der mystische Übungsweg des Islam – zieht mit seiner das Herz ansprechenden Art auch in Deutschland, der Schweiz und Österreich viele Frauen an. Oft ist es aber für sie nicht leicht, zwischen modischer Banalisierung der Mystik und fundamentalistischer Starrheit den eigenen, richtigen Weg zu finden. Dieser Orientierung dient das Buch von Samsam Renate und Stefan Makowski: Sie sind mit der authentischen Tradition vertraut und eröffnen sinnvolle, zeitgemäße Zugänge zu einer spirituellen Praxis.

144 Seiten, gebunden

Benziger Verlag Zürich und Düsseldorf